安全生产法配套宣贯教材

安全生产法律责任解读与评析

赵正宏　编著

气象出版社
China Meteorological Press

内容简介

本书对《刑法修正案(六)》、《安全生产法》(2014 修正版)、《生产安全事故报告和调查处理条例》、《危险化学品安全管理条例》、《最高人民法院、最高人民检察院关于办理危害矿山生产安全刑事案件具体应用法律若干问题的解释》、《最高人民检察院关于渎职侵权犯罪案件立案标准的规定》、《安全生产领域违法违纪行为政纪处分暂行规定》等有关安全生产法律责任的条款,或逐条,或针对案例,或解答问题,结合实际情况进行全面解读与评析。

本书适用于各级政府有关安全监管人员和行政执法人员,企事业单位负责人、安全管理人员及广大从业人员。

图书在版编目(CIP)数据

安全生产法律责任解读与评析/赵正宏编著.
—北京:气象出版社,2015.3
安全生产法配套宣贯教材
ISBN 978-7-5029-6100-8

Ⅰ.①安… Ⅱ.①赵… Ⅲ.①安全生产法-法律解释-中国-教材 Ⅳ.①D922.545

中国版本图书馆 CIP 数据核字(2015)第 045844 号

出版发行:气象出版社
地　　址:北京市海淀区中关村南大街 46 号　　**邮政编码**:100081
总 编 室:010-68407112　　**发 行 部**:010-68406961　68409198
网　　址:http://www.qxcbs.com　　**E-mail**:qxcbs@cma.gov.cn
责任编辑:张盼娟　彭淑凡　　**终　　审**:章澄昌
封面设计:燕彤　　**责任技编**:吴庭芳
印　　刷:北京奥鑫印刷厂
开　　本:850 mm×1168 mm　1/32　　**印　　张**:12
字　　数:323 千字
版　　次:2015 年 3 月第 1 版　　**印　　次**:2015 年 3 月第 1 次印刷
定　　价:28.00 元

目 录

第一章 《中华人民共和国刑法修正案(六)》生产安全法律责任解读

《中华人民共和国刑法修正案（六）》（以下简称《刑法修正案（六）》）已由中华人民共和国第十届全国人民代表大会常务委员会第二十二次会议于2006年6月29日通过并公布，自公布之日起施行。

第一节 《刑法修正案(六)》全文

中华人民共和国刑法修正案(六)

（中华人民共和国主席令第五十一号）

一、将刑法第一百三十四条修改为："在生产、作业中违反有关安全管理的规定，因而发生重大伤亡事故或者造成其他严重后果的，处三年以下有期徒刑或者拘役；情节特别恶劣的，处三年以上七年以下有期徒刑。

"强令他人违章冒险作业，因而发生重大伤亡事故或者造成其他严重后果的，处五年以下有期徒刑或者拘役；情节特别恶劣的，处五年以上有期徒刑。"

二、将刑法第一百三十五条修改为："安全生产设施或者安全生产条件不符合国家规定，因而发生重大伤亡事故或者造成其他严重后果的，对直接负责的主管人员和其他直接责任人员，处三年以下有期徒刑或者拘役;情节特别恶劣的,处三年以上七年以下有期徒刑。"

三、在刑法第一百三十五条后增加一条,作为第一百三十五条之一:"举办大型群众性活动违反安全管理规定,因而发生重大伤亡事故或者造成其他严重后果的,对直接负责的主管人员和其他直接责任人员,处三年以下有期徒刑或者拘役;情节特别恶劣的,处三年以上七年以下有期徒刑。"

四、在刑法第一百三十九条后增加一条,作为第一百三十九条之一:"在安全事故发生后,负有报告职责的人员不报或者谎报事故情况,贻误事故抢救,情节严重的,处三年以下有期徒刑或者拘役;情节特别严重的,处三年以上七年以下有期徒刑。"

五、将刑法第一百六十一条修改为:"依法负有信息披露义务的公司、企业向股东和社会公众提供虚假的或者隐瞒重要事实的财务会计报告,或者对依法应当披露的其他重要信息不按照规定披露,严重损害股东或者其他人利益,或者有其他严重情节的,对其直接负责的主管人员和其他直接责任人员,处三年以下有期徒刑或者拘役,并处或者单处二万元以上二十万元以下罚金。"

六、在刑法第一百六十二条之一后增加一条,作为第一百六十二条之二:"公司、企业通过隐匿财产、承担虚构的债务或者以其他方法转移、处分财产,实施虚假破产,严重损害债权人或者其他人利益的,对其直接负责的主管人员和其他直接责任人员,处五年以下有期徒刑或者拘役,并处或者单处二万元以上二十万元以下罚金。"

七、将刑法第一百六十三条修改为:"公司、企业或者其他单位的工作人员利用职务上的便利,索取他人财物或者非法收受他人财物,为他人谋取利益,数额较大的,处五年以下有期徒刑或者拘役;数额巨大的,处五年以上有期徒刑,可以并处没收财产。

"公司、企业或者其他单位的工作人员在经济往来中,利用职务上的便利,违反国家规定,收受各种名义的回扣、手续费,归个人所有的,依照前款的规定处罚。

“国有公司、企业或者其他国有单位中从事公务的人员和国有公司、企业或者其他国有单位委派到非国有公司、企业以及其他单位从事公务的人员有前两款行为的，依照本法第三百八十五条、第三百八十六条的规定定罪处罚。”

八、将刑法第一百六十四条第一款修改为：“为谋取不正当利益，给予公司、企业或者其他单位的工作人员以财物，数额较大的，处三年以下有期徒刑或者拘役；数额巨大的，处三年以上十年以下有期徒刑，并处罚金。”

九、在刑法第一百六十九条后增加一条，作为第一百六十九条之一：“上市公司的董事、监事、高级管理人员违背对公司的忠实义务，利用职务便利，操纵上市公司从事下列行为之一，致使上市公司利益遭受重大损失的，处三年以下有期徒刑或者拘役，并处或者单处罚金；致使上市公司利益遭受特别重大损失的，处三年以上七年以下有期徒刑，并处罚金：

“（一）无偿向其他单位或者个人提供资金、商品、服务或者其他资产的；

“（二）以明显不公平的条件，提供或者接受资金、商品、服务或者其他资产的；

“（三）向明显不具有清偿能力的单位或者个人提供资金、商品、服务或者其他资产的；

“（四）为明显不具有清偿能力的单位或者个人提供担保，或者无正当理由为其他单位或者个人提供担保的；

“（五）无正当理由放弃债权、承担债务的；

“（六）采用其他方式损害上市公司利益的。

“上市公司的控股股东或者实际控制人，指使上市公司董事、监事、高级管理人员实施前款行为的，依照前款的规定处罚。

“犯前款罪的上市公司的控股股东或者实际控制人是单位的，对单位判处罚金，并对其直接负责的主管人员和其他直接责任人员，依照第一款的规定处罚。”

十、在刑法第一百七十五条后增加一条，作为第一百七十五条之一：“以欺骗手段取得银行或者其他金融机构贷款、票据承兑、信用证、保函等，给银行或者其他金融机构造成重大损失或者有其他严重情节的，处三年以下有期徒刑或者拘役，并处或者单处罚金；给银行或者其他金融机构造成特别重大损失或者有其他特别严重情节的，处三年以上七年以下有期徒刑，并处罚金。

“单位犯前款罪的，对单位判处罚金，并对其直接负责的主管人员和其他直接责任人员，依照前款的规定处罚。”

十一、将刑法第一百八十二条修改为：“有下列情形之一，操纵证券、期货市场，情节严重的，处五年以下有期徒刑或者拘役，并处或者单处罚金；情节特别严重的，处五年以上十年以下有期徒刑，并处罚金：

“（一）单独或者合谋，集中资金优势、持股或者持仓优势或者利用信息优势联合或者连续买卖，操纵证券、期货交易价格或者证券、期货交易量的；

“（二）与他人串通，以事先约定的时间、价格和方式相互进行证券、期货交易，影响证券、期货交易价格或者证券、期货交易量的；

“（三）在自己实际控制的账户之间进行证券交易，或者以自己为交易对象，自买自卖期货合约，影响证券、期货交易价格或者证券、期货交易量的；

“（四）以其他方法操纵证券、期货市场的。

“单位犯前款罪的，对单位判处罚金，并对其直接负责的主管人员和其他直接责任人员，依照前款的规定处罚。”

十二、在刑法第一百八十五条后增加一条，作为第一百八十五条之一：“商业银行、证券交易所、期货交易所、证券公司、期货经纪公司、保险公司或者其他金融机构，违背受托义务，擅自运用客户资金或者其他委托、信托的财产，情节严重的，对单位判处罚金，并对其直接负责的主管人员和其他直接责任人员，处三年以下有期徒刑或者拘役，并处三万元以上三十万元以下罚金；情节特别严重的，处三年以上十年以下有期徒刑，并处五万元以上五十万元以下罚金。

“社会保障基金管理机构、住房公积金管理机构等公众资金管理机构，以及保险公司、保险资产管理公司、证券投资基金管理公司，违反国家规定运用资金的，对其直接负责的主管人员和其他直接责任人员，依照前款的规定处罚。”

十三、将刑法第一百八十六条第一款、第二款修改为：“银行或者其他金融机构的工作人员违反国家规定发放贷款，数额巨大或者造成重大损失的，处五年以下有期徒刑或者拘役，并处一万元以上十万元以下罚金；数额特别巨大或者造成特别重大损失的，处五年以上有期徒刑，并处二万元以上二十万元以下罚金。

“银行或者其他金融机构的工作人员违反国家规定，向关系人发放贷款的，依照前款的规定从重处罚。”

十四、将刑法第一百八十七条第一款修改为：“银行或者其他金融机构的工作人员吸收客户资金不入账，数额巨大或者造成重大损失的，处五年以下有期徒刑或者拘役，并处二万元以上二十万元以下罚金；数额特别巨大或者造成特别重大损失的，处五年以上有期徒刑，并处五万元以上五十万元以下罚金。”

十五、将刑法第一百八十八条第一款修改为：“银行或者其他金融机构的工作人员违反规定，为他人出具信用证或者其他保函、票据、存单、资信证明，情节严重的，处五年以下有期徒刑或者拘役；情节特别严重的，处五年以上有期徒刑。”

十六、将刑法第一百九十一条第一款修改为：“明知是毒品犯罪、黑社会性质的组织犯罪、恐怖活动犯罪、走私犯罪、贪污贿赂犯罪、破坏金融管理秩序犯罪、金融诈骗犯罪的所得及其产生的收益，为掩饰、隐瞒其来源和性质，有下列行为之一的，没收实施以上犯罪的所得及其产生的收益，处五年以下有期徒刑或者拘役，并处或者单处洗钱数额百分之五以上百分之二十以下罚金；情节严重的，处五年以上十年以下有期徒刑，并处洗钱数额百分之五以上百分之二十以下罚金：

"（一）提供资金账户的；

"（二）协助将财产转换为现金、金融票据、有价证券的；

"（三）通过转账或者其他结算方式协助资金转移的；

"（四）协助将资金汇往境外的；

"（五）以其他方法掩饰、隐瞒犯罪所得及其收益的来源和性质的。"

十七、在刑法第二百六十二条后增加一条，作为第二百六十二条之一："以暴力、胁迫手段组织残疾人或者不满十四周岁的未成年人乞讨的，处三年以下有期徒刑或者拘役，并处罚金；情节严重的，处三年以上七年以下有期徒刑，并处罚金。"

十八、将刑法第三百零三条修改为："以营利为目的，聚众赌博或者以赌博为业的，处三年以下有期徒刑、拘役或者管制，并处罚金。

"开设赌场的，处三年以下有期徒刑、拘役或者管制，并处罚金；情节严重的，处三年以上十年以下有期徒刑，并处罚金。"

十九、将刑法第三百一十二条修改为："明知是犯罪所得及其产生的收益而予以窝藏、转移、收购、代为销售或者以其他方法掩饰、隐瞒的，处三年以下有期徒刑、拘役或者管制，并处或者单处罚金；情节严重的，处三年以上七年以下有期徒刑，并处罚金。"

二十、在刑法第三百九十九条后增加一条，作为第三百九十九条之一："依法承担仲裁职责的人员，在仲裁活动中故意违背事实和法律作枉法裁决，情节严重的，处三年以下有期徒刑或者拘役；情节特别严重的，处三年以上七年以下有期徒刑。"

二十一、本修正案自公布之日起施行。

第二节 《刑法修正案(六)》的安全条款及修正特点

《刑法修正案（六）》对 1997 年修订的刑法进行了大幅度修正。主要原因是随着我国经济成分的多样化、从业人员的复杂化、经济利益的多元化、安全生产形势的严峻化，使得许多 1997 年修订的《刑法》有关安全的内容已经不能完全适应形势的需要，而且，诸多方面还存在立法缺位的问题，这就要求必须针对实际，对其进行修正。

《刑法修正案（六）》是我国安全生产法制史的一座里程碑，是一把严惩安全违法犯罪行为的利剑，必将为强化安全生产管理，遏制重特大事故发生起到巨大的促进作用。

一、《刑法》(1997 年修订)的安全条款

第一百三十一条 航空人员违反规章制度，致使发生重大飞行事故，造成严重后果的，处三年以下有期徒刑或者拘役；造成飞机坠毁或者人员死亡的，处三年以上七年以下有期徒刑。

第一百三十二条 铁路职工违反规章制度，致使发生铁路运营安全事故，造成严重后果的，处三年以下有期徒刑或者拘役；造成特别严重后果的，处三年以上七年以下有期徒刑。

第一百三十三条 违反交通运输管理法规，因而发生重大事故，致人重伤、死亡或者使公私财产遭受重大损失的，处三年以下有期徒刑或者拘役；交通运输肇事后逃逸或者有其他特别恶劣情节的，处三年以上七年以下有期徒刑；因逃逸致人死亡的，处七年以上有期徒刑。

第一百三十四条 工厂、矿山、林场、建筑企业或者其他企业、事业单位的职工，由于不服管理、违反规章制度，或者强令工人违章冒

险作业，因而发生重大伤亡事故或者造成其他严重后果的，处三年以下有期徒刑或者拘役；情节特别恶劣的，处三年以上七年以下有期徒刑。

第一百三十五条 工厂、矿山、林场、建筑企业或者其他企业、事业单位的劳动安全设施不符合国家规定，经有关部门或者单位职工提出后，对事故隐患仍不采取措施，因而发生重大伤亡事故或者造成其他严重后果的，对直接责任人员，处三年以下有期徒刑或者拘役；情节特别恶劣的，处三年以上七年以下有期徒刑。

第一百三十六条 违反爆炸性、易燃性、放射性、毒害性、腐蚀性物品的管理规定，在生产、储存、运输、使用中发生重大事故，造成严重后果的，处三年以下有期徒刑或者拘役；后果特别严重的，处三年以上七年以下有期徒刑。

第一百三十七条 建设单位、设计单位、施工单位、工程监理单位违反国家规定，降低工程质量标准，造成重大安全事故的，对直接责任人员，处五年以下有期徒刑或者拘役，并处罚金；后果特别严重的，处五年以上十年以下有期徒刑，并处罚金。

第一百三十八条 明知校舍或者教育教学设施有危险，而不采取措施或者不及时报告，致使发生重大伤亡事故的，对直接责任人员，处三年以下有期徒刑或者拘役；后果特别严重的，处三年以上七年以下有期徒刑。

第一百三十九条 违反消防管理法规，经消防监督机构通知采取改正措施而拒绝执行，造成严重后果的，对直接责任人员，处三年以下有期徒刑或者拘役；后果特别严重的，处三年以上七年以下有期徒刑。

第二百二十九条 承担资产评估、验资、验证、会计、审计、法律服务等职责的中介组织的人员故意提供虚假证明文件，情节严重的，处五年以下有期徒刑或者拘役，并处罚金。

前款规定的人员，索取他人财物或者非法收受他人财物，犯前款罪的，处五年以上十年以下有期徒刑，并处罚金。

第一款规定的人员，严重不负责任，出具的证明文件有重大失实，造成严重后果的，处三年以下有期徒刑或者拘役，并处或者单处罚金。

第二百七十七条 以暴力、威胁方法阻碍国家机关工作人员依法执行职务的，处三年以下有期徒刑、拘役、管制或者罚金。

以暴力、威胁方法阻碍全国人民代表大会和地方各级人民代表大会代表依法执行代表职务的，依照前款的规定处罚。

在自然灾害和突发事件中，以暴力、威胁方法阻碍红十字会工作人员依法履行职责的，依照第一款的规定处罚。

故意阻碍国家安全机关、公安机关依法执行国家安全工作任务，未使用暴力、威胁方法，造成严重后果的，依照第一款的规定处罚。

第三百零七条 以暴力、威胁、贿买等方法阻止证人作证或者指使他人作伪证的，处三年以下有期徒刑或者拘役；情节严重的，处三年以上七年以下有期徒刑。

帮助当事人毁灭、伪造证据，情节严重的，处三年以下有期徒刑或者拘役。

司法工作人员犯前两款罪的，从重处罚。

第三百四十三条 违反矿产资源法的规定，未取得采矿许可证擅自采矿的，擅自进入国家规划矿区、对国民经济具有重要价值的矿区和他人矿区范围采矿的，擅自开采国家规定实行保护性开采的特定矿种，经责令停止开采后拒不停止开采，造成矿产资源破坏的，处三年以下有期徒刑、拘役或者管制，并处或者单处罚金；造成矿产资源严重破坏的，处三年以上七年以下有期徒刑，并处罚金。

违反矿产资源法的规定，采取破坏性的开采方法开采矿产资源，造成矿产资源严重破坏的，处五年以下有期徒刑或者拘役，并处罚金。

第三百九十七条 国家机关工作人员滥用职权或者玩忽职守，

致使公共财产、国家和人民利益遭受重大损失的，处三年以下有期徒刑或者拘役；情节特别严重的，处三年以上七年以下有期徒刑。本法另有规定的，依照规定。

国家机关工作人员徇私舞弊，犯前款罪的，处五年以下有期徒刑或者拘役；情节特别严重的，处五年以上十年以下有期徒刑。本法另有规定的，依照规定。

二、《刑法修正案(六)》的安全条款

1.《刑法修正案(六)》的修改条款

(1)将刑法第一百三十四条修改为："在生产、作业中违反有关安全管理的规定，因而发生重大伤亡事故或者造成其他严重后果的，处三年以下有期徒刑或者拘役；情节特别恶劣的，处三年以上七年以下有期徒刑。

"强令他人违章冒险作业，因而发生重大伤亡事故或者造成其他严重后果的，处五年以下有期徒刑或者拘役；情节特别恶劣的，处五年以上有期徒刑。"

(2)将刑法第一百三十五条修改为："安全生产设施或者安全生产条件不符合国家规定，因而发生重大伤亡事故或者造成其他严重后果的，对直接负责的主管人员和其他直接责任人员，处三年以下有期徒刑或者拘役；情节特别恶劣的，处三年以上七年以下有期徒刑。"

2.《刑法修正案(六)》的新增条款

(1)在刑法第一百三十五条后增加一条，作为第一百三十五条之一："举办大型群众性活动违反安全管理规定，因而发生重大伤亡事故或者造成其他严重后果的，对直接负责的主管人员和其他直接责任人员，处三年以下有期徒刑或者拘役；情节特别恶劣的，处三年以上七年以下有期徒刑。"

(2)在刑法第一百三十九条后增加一条，作为第一百三十九条之

一:“在安全事故发生后,负有报告职责的人员不报或者谎报事故情况,贻误事故抢救,情节严重的,处三年以下有期徒刑或者拘役;情节特别严重的,处三年以上七年以下有期徒刑。”

三、《刑法修正案(六)》修正的显著特征

《刑法修正案(六)》对刑法的修正,呈现以下五个显著特征:

1. 扩大了犯罪主体范围

《刑法修正案(六)》对刑法原规定中带有限制条件的特定犯罪主体进行了取消条件限制的一般化处理,使得犯罪主体范围扩大。

如刑法原第一百三十四条规定:“工厂、矿山、林场、建筑企业或者其他企业、事业单位的职工,由于不服管理、违反规章制度,或者强令工人违章冒险作业,因而发生重大伤亡事故或者造成其他严重后果的,处三年以下有期徒刑或者拘役;情节特别恶劣的,处三年以上七年以下有期徒刑。”

《刑法修正案(六)》将刑法第一百三十四条修改为:“在生产、作业中违反有关安全管理的规定,因而发生重大伤亡事故或者造成其他严重后果的,处三年以下有期徒刑或者拘役;情节特别恶劣的,处三年以上七年以下有期徒刑。

“强令他人违章冒险作业,因而发生重大伤亡事故或者造成其他严重后果的,处五年以下有期徒刑或者拘役;情节特别恶劣的,处五年以上有期徒刑。”

对第一百三十四条的修改,使犯罪主体范围大大增加。原来的犯罪主体为“工厂、矿山、林场、建筑企业或者其他企业、事业单位的职工”,而现在取消了行业、身份的限制,只要是在生产、作业过程中,任何人违反有关安全管理的规定,并因而发生重大伤亡事故或者造成其他严重后果的,都要受到刑法的追究。

同时,刑法第一百三十五条和第一百三十九条中增加了举办大

型群众性活动违反安全管理规定,因而发生重大伤亡事故或造成其他严重后果;在安全事故发生后,不报或谎报事故等相关责任人的处罚,使得刑法对安全违法行为的主体范围进一步扩大。

2. 拓宽了犯罪行为范畴

《刑法修正案(六)》对刑法原规定中带有限制条件的特定犯罪行为进行了取消条件限制的一般化处理,使得犯罪行为构成范畴扩大。

如对刑法第一百三十四条的修改,原来的犯罪构成行为是"不服管理、违反规章制度,或强令工人违章冒险作业",因而发生重大伤亡事故或者造成其他严重后果。现在改成"违反有关安全管理的规定"。有关安全管理的规定比规章制度范畴更广,无疑增加了犯罪构成行为。

同时,刑法第一百三十五条和第一百三十九条中增加了举办大型群众性活动违反安全管理规定,因而发生重大伤亡事故或造成其他严重后果;在安全事故发生后,不报或谎报事故等行为的处罚,使得刑法对安全违法行为的犯罪行为构成范畴进一步扩大。

3. 简化了犯罪认定程序

《刑法修正案(六)》对安全违法行为的认定程序大大简化,使得安全违法行为的认定简单明了,易于操作。

如对刑法第一百三十四条的修改,原来的犯罪构成行为是"不服管理、违反规章制度,或强令工人违章冒险作业,因而发生重大伤亡事故或者造成其他严重后果"。现在改成"违反有关安全管理的规定",即不再认定是否"不服管理、违反规章制度,或强令工人违章冒险作业",只要"违反有关安全管理的规定",并"因而发生重大伤亡事故或者造成其他严重后果",就触犯了刑法。

又如,刑法原第一百三十五条规定:"工厂、矿山、林场、建筑企业或者其他企业、事业单位的劳动安全设施不符合国家规定,经有关部门或者单位职工提出后,对事故隐患仍不采取措施,因而发生重大伤亡事故或者造成其他严重后果的,对直接责任人员,处三年以下有期徒刑或者拘役；情节特别恶劣的，处三年以上七年以下有期徒刑。”现在修改为，只要“安全生产设施或者安全生产条件不符合国家规定”，不用再附加“经有关部门或者单位职工提出后，对事故隐患仍不采取措施”条件，发生重大伤亡事故或者造成其他严重后果，就要“对直接负责的主管人员和其他直接责任人员，处三年以下有期徒刑或者拘役；情节特别恶劣的，处三年以上七年以下有期徒刑”。

这些都大大简化了安全违法犯罪的认定程序。

4. 大大提高了刑罚幅度

《刑法修正案（六）》对安全违法打击的处罚力度比刑法原规定的处罚大大加重。如“强令工人违章冒险作业”，并因而发生重大伤亡事故或者造成其他严重后果的，刑法原第一百三十四条规定：“工厂、矿山、林场、建筑企业或者其他企业、事业单位的职工，由于不服管理、违反规章制度，或者强令工人违章冒险作业，因而发生重大伤亡事故或者造成其他严重后果的，处三年以下有期徒刑或者拘役；情节特别恶劣的，处三年以上七年以下有期徒刑。”

《刑法修正案（六）》将刑法第一百三十四条修改为：“在生产、作业中违反有关安全管理的规定，因而发生重大伤亡事故或者造成其他严重后果的，处三年以下有期徒刑或者拘役；情节特别恶劣的，处三年以上七年以下有期徒刑。

“强令他人违章冒险作业，因而发生重大伤亡事故或者造成其他严重后果的，处五年以下有期徒刑或者拘役；情节特别恶劣的，处五年以上有期徒刑。”

这就将“强令他人违章冒险作业”明确为一种加重处罚的“重刑”规定，最高可判 5 年；情节特别恶劣的，可判 15 年。而在此之前，“强令他人违章冒险作业”只是刑法的一种基本犯罪表现形式，最高只可判 3 年；情节特别恶劣的，也顶多判 7 年。

同时，对发生事故，不报或谎报的行为进行刑事责任追究，这在刑法原规定中是没有的。《刑法修正案（六）》在刑法第一百三十九条后增加一条,作为第一百三十九条之一:"在安全事故发生后,负有报告职责的人员不报或者谎报事故情况,贻误事故抢救,情节严重的,处三年以下有期徒刑或者拘役;情节特别严重的,处三年以上七年以下有期徒刑。"很明显,刑法对不报或谎报行为的处罚力度大幅提高。

5. 与《安全生产法》有机对应

《安全生产法》第十七条规定:"生产经营单位应当具备本法和有关法律、行政法规和国家标准或者行业标准规定的安全生产条件。不具备安全生产条件的,不得从事生产经营活动。"

《刑法修正案(六)》将刑法第一百三十五条修改为:"安全生产设施或者安全生产条件不符合国家规定,因而发生重大伤亡事故或者造成其他严重后果的,对直接负责的主管人员和其他直接责任人员,处三年以下有期徒刑或者拘役;情节特别恶劣的,处三年以上七年以下有期徒刑。"将"安全生产设施或者安全生产条件"作为安全违法犯罪行为的前置条件,与《安全生产法》第十七条规定进行了对应,就会通过刑法强力约束任何生产经营单位都必须"具备基本安全生产条件",抓住这个牛鼻子,安全生产就会从源头上得到根本性保障。

同样,对于不报或谎报事故的行为,《安全生产法》也明文禁止:

第八十条 生产经营单位发生生产安全事故后,事故现场有关人员应当立即报告本单位负责人。

单位负责人接到事故报告后,应当迅速采取有效措施,组织抢救,防止事故扩大,减少人员伤亡和财产损失,并按照国家有关规定立即如实报告当地负有安全生产监督管理职责的部门,不得隐瞒不报、谎报或者迟报,不得故意破坏事故现场、毁灭有关证据。

第八十一条 负有安全生产监督管理职责的部门接到事故报告后,应当立即按照国家有关规定上报事故情况。负有安全生产监督管理职责的部门和有关地方人民政府对事故情况不得隐瞒不报、谎报或者迟报。

第八十二条 有关地方人民政府和负有安全生产监督管理职责的部门的负责人接到生产安全事故报告后，应当按照生产安全事故应急救援预案的要求立即赶到事故现场，组织事故抢救。

参与事故抢救的部门和单位应当服从统一指挥，加强协同联动，采取有效的应急救援措施，并根据事故救援的需要采取警戒、疏散等措施，防止事故扩大和次生灾害的发生，减少人员伤亡和财产损失。

事故抢救过程中应当采取必要措施，避免或者减少对环境造成的危害。

任何单位和个人都应当支持、配合事故抢救，并提供一切便利条件。

而对于不报或谎报事故行为的刑事处罚，《刑法修正案（六）》在刑法第一百三十九条后增加一条，作为第一百三十九条之一："在安全事故发生后，负有报告职责的人员不报或者谎报事故情况，贻误事故抢救，情节严重的，处三年以下有期徒刑或者拘役；情节特别严重的，处三年以上七年以下有期徒刑。"这就将不报或谎报事故的刑罚，与《安全生产法》第八十条、八十一条、八十二条实现了对应。为从源头上杜绝不报、谎报事故现象，严厉打击漠视法律、漠视监管、漠视生命的黑心业主、黑心矿主，提供了强大的法律武器！

总之，《刑法修正案（六）》不仅扩大了安全生产犯罪的主体范围、犯罪行为构成，更重要的是加大了对事故责任人的刑事处罚力度，对安全生产违法行为进行前所未有的严厉打击。用重典来治乱，是当前国民经济快速发展，全面建设小康社会、和谐社会，以及安全生产形势严峻情形之下的必由之举，也是形势所迫、民愿所需。可以预见，随着刑法利刃所至，那些漠视法律、漠视监管、漠视生命的毒瘤终将被切除，中国的安全生产形势将迅速从根本上得到好转，为国民经济的健康发展，全面建设小康社会的宏伟目标打下坚实的基础，提供强有力的保障。

《刑法修正案(六)》给广大劳动者带来了福音,也给那些漠视安全、漠视生命、漠视法律者敲响了警钟！安全生产领域必将掀起一场严厉打击安全生产违法行为,坚决遏制重特大事故的强劲风暴！从广大一线操作工人到企业各级负责人,从政府各级安全监督管理人员到政府各级领导,都将受到严峻的洗礼！

当此之时,人人须学法,知其要义;人人须守法,知其利害。法之有威,在于法之必行;法之必行,在于执法必严。正是“利剑高悬莫去碰,侥幸玩火必自焚”！

学法守法,利国利民,利己利人！

第三节 《刑法修正案(六)》的安全条款解读

一、安全违法犯罪的种类变化

刑法中的安全条款很多,内容涉及航空、铁路、交通运输、工厂、矿山、林场、建筑企业及监理、消防、学校等企业、事业单位。以重大安全事故责任罪为总体范畴可以分列重大航空安全事故责任罪、重大铁路安全事故责任罪等多种犯罪类型,当然还有国家工作人员的渎职罪等。

《刑法修正案(六)》对相关的条款进行了修正,相应地带来了犯罪种类的变化。内容不仅涉及航空、铁路、交通运输、工厂、矿山、林场、建筑企业及监理、消防、学校等企业、事业单位,而且,还扩展到了个体工商户等任何有生产、作业的单位,当然,也增加了大型群众性活动重大事故罪,不报、谎报事故罪等。这都需要对照修正后的规定进行相应的比较和学习。

二、《刑法修正案(六)》安全条款逐条解读

1.《刑法修正案(六)》第一条解读

《刑法修正案(六)》第一条,将刑法第一百三十四条修改为:"在生产、作业中违反有关安全管理的规定,因而发生重大伤亡事故或者造成其他严重后果的,处三年以下有期徒刑或者拘役;情节特别恶劣的,处三年以上七年以下有期徒刑。

"强令他人违章冒险作业,因而发生重大伤亡事故或者造成其他严重后果的,处五年以下有期徒刑或者拘役;情节特别恶劣的,处五年以上有期徒刑。"

修正前后发生的变化如下:

(1)犯罪主体构成范畴扩大

原来的犯罪主体为"工厂、矿山、林场、建筑企业或者其他企业、事业单位的职工"。现在取消了行业、身份的限制,不管是企业、事业单位的职工,还是个体工商户、个体包工头、个体作坊主,只要在生产、作业过程中,违反有关安全管理的规定,并因而发生重大伤亡事故或者造成其他严重后果,都要受到刑法的追究。

犯罪的主体构成从计划经济下企业、事业单位职工,扩大到了市场经济体制下的多种经济成分、多种组织形式下的所有生产、作业从业人员,这样就消除了个体工商户、个体包工头、个体作坊主违反有关安全管理规定,造成重大伤亡事故或其他严重后果,却无法依据刑法对其进行刑事责任追究的立法缺位现象。

(2)犯罪行为构成范畴拓宽

原来的犯罪构成行为是"不服管理、违反规章制度,或强令工人违章冒险作业",因而发生重大伤亡事故或者造成其他严重后果。现在改成了"违反有关安全管理的规定"。有关安全管理的规定比规章制度范畴更广,无疑增加了犯罪构成行为。

规章制度，通常是指国家制定的法律、法规、规章、标准，而“安全管理规定”则在此基础上，包纳了一切非法定的有利于安全生产行业、企业、事业单位的安全管理规定。只要违背了这些有效的“安全管理规定”，并造成了重大伤亡事故或其他严重后果，都是违法犯罪行为，并让严惩犯罪行为的执法者做到有法可依。这就更有利于推动安全工作在生产实践中不断朝着法制化、规范化、标准化的方向迈进。

(3)犯罪行为认定程序简化

原来的犯罪构成行为是“不服管理、违反规章制度，或强令工人违章冒险作业”，并因而发生重大伤亡事故或者造成其他严重后果。现在无须先去认定是否“不服管理、违反规章制度，或强令工人违章冒险作业”，只要“违反有关安全管理的规定”，并因而发生重大伤亡事故或者造成其他严重后果，就可直接判定为触犯了刑法。

(4)“强令他人违章冒险作业”的处罚力度加大

修改之前。“强令工人违章冒险作业”只是刑法的一种基本犯罪表现形式。“强令工人违章冒险作业”，并因而发生重大伤亡事故或者造成其他严重后果的，最高只可判 3 年；情节特别恶劣的，也顶多判 7 年。而《刑法修正案(六)》明确“强令他人违章冒险作业”是一种必须加重处罚的“重刑”规定，最高可判 5 年；情节特别恶劣的，可判 5 年以上，最高可判至 15 年。

这一修正，对当前的安全生产具有重要的保障作用。当前，在经济利益的驱动下，许多企业主为了尽快在短时间内获取最大的经济利益，常常在不具备安全生产条件，特别是不采取安全防护措施的情况下，强令工人违章冒险作业，如在煤矿井下开采时，不进行瓦斯检测，或在瓦斯检测超标、出现透水征兆等情况下，仍强令工人下井作业，从而造成瓦斯爆炸、透水等重大伤亡事故发生。将这种犯罪行为的最高刑期从 7 年提高至 15 年，处罚力度翻番，其产生的震慑力之大，必将使得企业主重视安全，改进工作，消除重金钱轻安全、重生产轻安全等不良思想，从而消除大量违章指挥行为，让生产、作业行为的安全得到良好的保障。

2.《刑法修正案(六)》第二条解读

《刑法修正案(六)》第二条，将《刑法》第一百三十五条修改为："安全生产设施或者安全生产条件不符合国家规定，因而发生重大伤亡事故或者造成其他严重后果的，对直接负责的主管人员和其他直接责任人员，处三年以下有期徒刑或者拘役；情节特别恶劣的，处三年以上七年以下有期徒刑。"

修正前后发生的变化如下：

(1)犯罪主体构成范畴扩大

修正之前，犯罪主体是"工厂、矿山、林场、建筑企业或者其他企业、事业单位"的劳动安全设施不符合国家规定，经有关部门或者单位职工提出后，对事故隐患仍不采取措施，因而发生重大伤亡事故或者造成其他严重后果的"直接责任人员"。修改后，将"工厂、矿山、林场、建筑企业或者其他企业、事业单位"这一限制性条件取消了，即任何生产、作业单位都可能构成本罪，犯罪主体的范围大大增加了。

(2)犯罪行为构成范围拓宽

《刑法修正案(六)》将原《刑法》的"劳动安全设施不符合国家规定"改成"安全生产设施或者安全生产条件不符合国家规定"，这一改动，可谓内容巨变、意义深远。

"劳动安全设施不符合国家规定"指的仅是保护劳动者安全的"硬件"，而"安全生产设施或者安全生产条件"既包括保障生产安全运行、保障劳动者生命安全的安全生产设施、危险物质等"硬件"，也包括保障生产安全运行、保障劳动者生命安全的规章制度、生产工艺等"软件"，约束范围大大增加，防范力度大大加强，因此，将在更大范围内对搞好安全生产起到强大的促进作用。

与此同时，原《刑法》在要求"劳动安全设施不符合国家规定"的基础之上，还要具有"经有关部门或者单位职工提出后，对事故隐患仍不采取措施”这种对不安全因素不作为的情况，才能被刑法处罚。而《刑法修正案（六）》将这一规定取消，只要“安全生产设施或者安全生产条件不符合国家规定”，因而发生重大伤亡事故或者造成其他严重后果，就构成本罪。这也使得构成本罪的行为范围进一步增加。

当前，这一刑法规定，能够有效消除企业不具备基本安全生产条件就冒险开工生产，以及采用淘汰、落后工艺和危险物质的现象。特别是《安全生产法》的颁布实施，使得此条规定操作更具体，效果将更加明显。

《安全生产法》第十七条规定：“生产经营单位应当具备本法和有关法律、行政法规和国家标准或者行业标准规定的安全生产条件。不具备安全生产条件的，不得从事生产经营活动。”近些年来，有关执法部门对一些企业只顾赚钱，不顾安全，以至不具备基本的安全生产条件就冒险生产的行为，没有严格有效的办法加以查处。将“安全生产设施或者安全生产条件”上升到刑法的高度，用刑法来约束，就会抓住任何生产经营单位都必须“具备基本安全生产条件”这个牛鼻子，使得安全生产从源头上得到根本性保障。

(3)犯罪行为认定程序简化

修正之前，对“劳动安全设施不符合国家规定”的行为，还须附加“经有关部门或者单位职工提出后，对事故隐患仍不采取措施”情形，才能认定“因而发生重大伤亡事故或者造成其他严重后果”的行为触犯了刑法。现在，只要“安全生产设施或者安全生产条件不符合国家规定”，无须再加其他附加认定条件，即可判定“因而发生重大伤亡事故或者造成其他严重后果”的行为触犯了刑法。

(4)主管负责人的责任突出

修正之前，对本条犯罪的行为人处罚的是“直接责任人员”，而《刑法修正案（六）》则改为对“直接负责的主管人员和其他直接责任人员”进行处罚。

依照法学理论，本罪属于单位犯罪，也就是说，本罪是在单位集体意志下，以单位名义实施的危害社会的行为。对触犯本罪的，只需处罚直接负责的主管人员和其他直接责任人员。之所以如此，既符合当前实际，又实现了与《安全生产法》的有机衔接。

《安全生产法》第二十条规定："生产经营单位应当具备的安全生产条件所必需的资金投入，由生产经营单位的决策机构、主要负责人或者个人经营的投资人予以保证，并对由于安全生产所必需的资金投入不足导致的后果承担责任。"

《安全生产法》第九十条对相应的处罚作出了规定："生产经营单位的决策机构、主要负责人或者个人经营的投资人不依照本法规定保证安全生产所必需的资金投入，致使生产经营单位不具备安全生产条件的，责令限期改正，提供必需的资金；逾期未改正的，责令生产经营单位停产停业整顿。有前款违法行为，导致发生生产安全事故的，对生产经营单位的主要负责人给予撤职处分，对个人经营的投资人处二万元以上二十万元以下的罚款；构成犯罪的，依照刑法有关规定追究刑事责任。"

《刑法修正案（六）》与《安全生产法》中"生产经营单位的决策机构、主要负责人或者个人经营的投资人不依照本法规定保证安全生产所必需的资金投入，致使生产经营单位不具备安全生产条件的"，"导致发生生产安全事故"，"构成犯罪的，依照刑法有关规定追究刑事责任"作出了刑法处罚的衔接，即重点对直接负责的主管人员进行刑事责任追究，同时，也追究其他直接责任人员的刑事责任。追究的力度是：处三年以下有期徒刑或者拘役；情节特别恶劣的，处三年以上七年以下有期徒刑。

3.《刑法修正案（六）》第三条解读

《刑法修正案（六）》第三条，在刑法第一百三十五条后增加一条，作为第一百三十五条之一："举办大型群众性活动违反安全管理规定，因而发生重大伤亡事故或者造成其他严重后果的，对直接负责的主管人员和其他直接责任人员，处三年以下有期徒刑或者拘役；情节特别恶劣的，处三年以上七年以下有期徒刑。”

对此新增条款，有以下理解：

(1)明确犯罪主体

该条没有明文说出犯罪的主体，但是，可以看出，举办大型群众性活动的主办单位、组织单位、承办单位，甚至参加单位，以及各方人员等都可能成为本罪的犯罪主体。当然，直接负责的主管人员无论如何也是难逃干系的。

如，对于一次室内大型文艺会演，举办方考虑不周，不向承办单位提出要制定应急预案的要求；承办单位知道应急预案，但没有按应急预案备足相应的灭火器、应急灯等应急器材；现场组织人员知道如何进行应急操作，但是，事发之时，却脱岗串岗，甚至见险不救；参与单位或个人在险情到来之时，不听专业人员指挥，私自行动等。这些行为，只要造成了重大伤亡事故或者其他严重后果，相关的主要负责人、直接责任人都可能成为犯罪主体。主管人员无论如何也难逃干系，要通过刑法最大限度地使直接负责的人员担负起保障大型群众性活动的安全责任。

(2)犯罪行为构成

此条规定，构成本罪的违法行为是举办大型群众性活动“违反安全管理规定”，这里是“安全管理规定”，而非“国家安全管理规定”。也就是说，这里不仅包括《消防法》等法律法规明确的国家安全管理规定，也包括主办单位根据具体情况牵头组织制订的内容各异的安全管理规定，但是，只要是有效的，就应遵守。违反了，并造成重大伤亡事故或者其他严重后果的，对直接负责的主管人员和其他直接责任人员，就要处三年以下有期徒刑或者拘役；情节特别恶劣的，处三年以上七年以下有期徒刑。

(3)犯罪认定程序

犯罪认定程序主要有4个：一是举办的群众性活动是大型的；二是举办活动过程中，有违反安全管理规定的行为；三是违反安全管理规定的行为，导致了“重大伤亡事故或者造成其他严重后果”；四是情节特别恶劣。

(4)在主观上本罪应该是过失犯罪

《刑法》第十五条规定：“应当预见自己的行为可能发生危害社会的结果，因为疏忽大意而没有预见，或者已经预见而轻信能够避免，以致发生这种结果的，是过失犯罪。”

行为人特别是举办群众性大型活动的主要负责人，对活动可能产生的重大后果要有所预见，制订周密的安全管理规定，采取相应的防范应急措施，并进行严格的审批。如果不去进行预想，不去制订安全管理规定，采取相应的措施，发生了重大伤亡事故，辩解说“对可能的后果和相应的安全知识一无所知”，想以此逃避打击，是行不通的。无论是“真糊涂”，还是“装糊涂”，都必将受到法律的严惩。

4.《刑法修正案(六)》第四条解读

《刑法修正案(六)》第四条，在刑法第一百三十九条后增加一条，作为第一百三十九条之一：“在安全事故发生后，负有报告职责的人员不报或者谎报事故情况，贻误事故抢救，情节严重的，处三年以下有期徒刑或者拘役；情节特别严重的，处三年以上七年以下有期徒刑。”

对此，应从以下方面进行理解：

(1)犯罪主体

本罪的犯罪主体是“负有报告职责的人员”，具体有哪些呢？对此，《安全生产法》第八十条、第八十一条有明确的规定：

第八十条 生产经营单位发生生产安全事故后，事故现场有关人员应当立即报告本单位负责人。

单位负责人接到事故报告后，应当迅速采取有效措施，组织抢救，防止事故扩大，减少人员伤亡和财产损失，并按照国家有关规定立即如实报告当地负有安全生产监督管理职责的部门，不得隐瞒不报、谎报或者迟报，不得故意破坏事故现场、毁灭有关证据。

第八十一条 负有安全生产监督管理职责的部门接到事故报告后，应当立即按照国家有关规定上报事故情况。负有安全生产监督管理职责的部门和有关地方人民政府对事故情况不得隐瞒不报、谎报或者迟报。

由此，不难确定，负有报告职责的人，包括现场人员、事故单位负责人、安全监管部门、有关地方人民政府。

对于举办大型群众性集体活动，事业单位、个体工商户等经济组织作业中发生的事故，也应自现场人员逐级上报。

(2)犯罪行为构成

构成本罪的犯罪行为是负有报告职责的人员“不报或者谎报事故情况，贻误事故抢救”。同时，情节严重，情节特别严重的就更不用说了。

要特别注意，这里只讲“贻误事故抢救”，但是，并没有讲“贻误事故抢救”造成的后果是轻是重。这里面强调的一个重要思想就是：发生事故，必须立即如实逐级上报，以便有关各方迅速采取有效措施，组织抢救，防止事故扩大，减少人员伤亡和财产损失。因此，发生事故，造成重大伤亡事故或其他严重后果，只是“情节严重、情节特别严重”的一个方面，而其中是否及时、是否如实、失真程度等都可能是“情节严重、情节特别严重”的重要决定因素。对此，必须有足够的认识，不要妄想因该条没有明确不报或者谎报造成的后果而钻法律的空子。

(3)犯罪行为认定程序

犯罪认定程序主要有5个：一是特定安全事故发生之后，而非其他自然灾害、治安事件等，但是由于自然灾害、治安事件等引发的安全事故包括在内；二是负有报告职责的人员不报或谎报事故；三是负有报告职责的人员是故意的；四是贻误事故抢救；五是情节严重。

(4)行为人在主观上是故意的

负有报告职责的人员在主观上是故意的，这一点必须明确。但是，对理应知道发生事故须及时如实上报而不知道的情形，也在此列之中，不能以“不知道有此规定”而逃避刑法的处罚。

第四节 学习《刑法修正案（六）》常见问题

一、《刑法修正案（六）》约束的犯罪主体有何变化？

《刑法修正案（六）》对犯罪主体作了重大调整。

（1）《刑法修正案（六）》对原刑法中带有限制条件的特定犯罪主体进行了取消条件限制的一般化处理，使得犯罪主体范围扩大。如对刑事法第一百三十四条的修改，原来的犯罪主体为“工厂、矿山、林场、建筑企业或者其他企业、事业单位的职工”，而现在取消了行业、身份的限制，只要是在生产、作业过程中，任何人违反有关安全管理的规定，并因而发生重大伤亡事故或者造成其他严重后果，都要受到刑法的追究。

同样的改动也体现在刑法第一百三十五条。《刑法修正案（六）》规定，只要是安全生产设施或安全生产条件不符合国家规定而引发重大伤亡事故的，刑法都将追究其直接责任人或主管人员的责任。犯罪主体不再局限在工厂、矿山、林场、建筑企业或者其他企业、事业单位。

（2）增加了举办大型群众性活动，由于违反安全管理规定，发生重大伤亡事故或造成其他严重后果、不报或谎报事故等刑法规定，使相关的行为人成为新的刑法处罚对象。

二、“生产”与“作业”有何不同？

《刑法修正案(六)》中“在生产、作业中违反有关安全管理的规定”,此处将“生产”、“作业”单列开来,如何理解呢?

这里的“生产”与“作业”,既有交叉,又各有侧重。具体关系如下:

(1)生产侧重于宏观管理,既包括生产主体对事故风险和伤害因素所进行的识别、评价和控制等企业生产经营活动中的日常安全管理行为,也包括政府安全许可、监管监察行政执法、救灾善后以及安全生产法制建设、科学研究、宣教培训、认可认证、工伤保险等方面的活动。

(2)作业侧重于微观操作,既包括企业生产经营活动过程中具体的岗位操作,又包括事业单位、公共活动场所对电梯、灯具等的安装、检查、维修等具体作业。

(3)在企业的生产经营活动中,“生产”与“作业”是有机统一的,即生产经营活动由一系列有序的作业行为组成,因此,一般而言,对生产经营企业常说“安全作业”,而不将“生产”与“作业”分开来讲。如果仅依此理解《刑法修正案(六)》中的“在生产、作业中违反有关安全管理的规定”,容易产生“条文有误”的错觉,甚至可能错误地认为《刑法修正案(六)》约束的对象只是“生产单位”,比《安全生产法》约束的对象“生产经营单位”还要少。这样,对贯彻实施刑法修正案是非常有害的。

(4)同时,应特别明确,对此处的“作业”理解得要具体,既包括生产经营单位的各种生产作业行为,也包括企事业单位、公共活动场所、个体工商户等一切非生产性单位的日常防火管理、电气检修、应急处置等种类不一的“作业”。这些非生产性“作业”,只要违反了有关安全管理规定,并造成重大伤亡事故或者造成其他严重后果,就要受到刑法的制裁。这就把安全从以生产安全为主，推进到了社会生活的各个领域，对于实现全社会的安全，从更为广泛的角度保障人民群众的生命财产安全，构建和谐社会，进行了严格的刑法约束。

三、“有关安全管理的规定”、“安全管理规定”与“国家规定”有何不同？

《刑法修正案（六）》对刑法第一百三十四条规定修正后的违法前置条件之一是：在生产、作业中违反“有关安全管理的规定”。

对刑法第一百三十五条规定修正后的违法前置条件则有两点：一是安全生产设施或者安全生产条件不符合“国家规定”；二是举办大型群众性活动违反“安全管理规定”。那么，“有关安全管理的规定”、“国家规定”、“安全管理规定”有何不同呢？

《刑法修正案（六）》中的“有关安全管理的规定”、“安全管理规定”都是泛指，既包括有关国家法律、法规、标准等规定，也包括企业、事业、公共场所等单位的安全管理规定。其约束的对象，不仅包括各类单位的主要负责人、有关主管人员，也包括各类单位的一般从业人员。

而此处的“国家规定”是特指，即有关国家法律、法规、规章及国家标准和行业标准等，不包括企业、事业单位等自行制定的规章制度、企业标准等。其约束对象主要是生产经营单位的从法人代表到普通员工的所有从业人员。

四、“重大伤亡事故”具体死亡、受伤人数是多少？

刑法第一百三十四条、第一百三十五条规定的“重大伤亡事故或者其他严重后果”中的重大伤亡事故的具体的伤亡人数是多少呢？

根据《最高人民法院、最高人民检察院关于办理危害矿山生产安全刑事案件具体应用法律若干问题的解释》，处理危害矿山生产安全刑事案件时，对重大伤亡事故的范畴确定为造成死亡一人以上，或者重伤三人以上的事故。

五、遇到“政策打架”问题怎么办？

由于机构变换、职能交叉等原因，现在“政策打架”的现象比较多，像上述关于重大伤亡事故和重大死亡事故的标准、行业规定等就有诸多不同之处，这些问题有的可能会消除，但还可能有新的类似问题出现，那么，遇到“政策打架”问题怎么办呢？

这就必须了解法律层级及其效力。

法的层级不同，其法律地位和效力也不同。上位法的效力要高于下位法的效力；在同一层级上，特殊法优于普通法。

上位法是指法律地位、法律效力高于其他相关法的法律。

下位法则是相对于上位法而言，法律地位、法律效力低于相关上位法的法律。

如宪法与《安全生产法》，宪法就是上位法，《安全生产法》是下位法，宪法的效力就要高于《安全生产法》。

宪法具有最高的法律效力，一切法律、行政法规、地方性法规、自治条例和单行条例、规章都不得同宪法相抵触。

法律的效力高于行政法规、地方性法规、规章。全国人民代表大会常务委员会的法律解释同法律具有同等效力。

行政法规的效力高于地方性法规、规章。

地方性法规的效力高于本级和下级地方政府规章。

省、自治区的人民政府制定的规章的效力高于本行政区域内的较大的市的人民政府制定的规章。

自治条例和单行条例依法对法律、行政法规、地方性法规作变通规定的，在本自治地方适用自治条例和单行条例的规定。

经济特区法规根据授权对法律、行政法规、地方性法规作变通规定的，在本经济特区适用经济特区法规的规定。

部门规章之间、部门规章与地方政府规章之间具有同等效力，在各自的权限范围内施行。

同一机关制定的法律、行政法规、地方性法规、自治条例和单行条例、规章，特别规定与一般规定不一致的，适用特别规定；新的规定与旧的规定不一致的，适用新的规定。

普通法是指适用于某领域中普遍存在的基本问题、共性问题的法律规范。如《安全生产法》就是安全领域中的普通法。

特殊法是相对于普通法而言，适用于该领域中存在的特殊性、专业性问题的法律规范，它们比普通法更具专业性、具体性、可操作性。如《消防法》就是安全生产领域中的特殊法，如遇到消防问题时，《消防法》效力就高于《安全生产法》。

我国法的效力层级示意图见图 1-1。

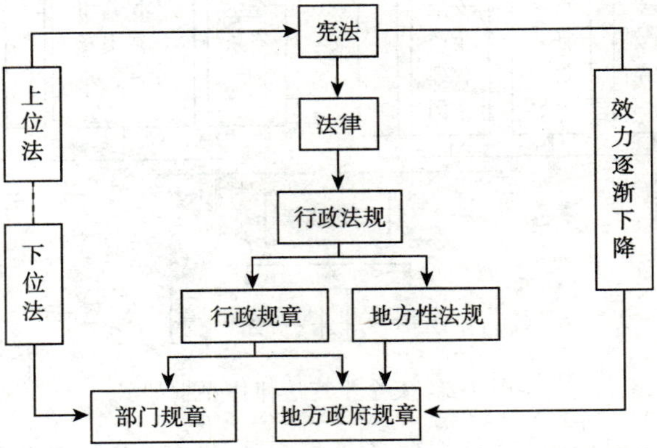

图 1-1 法的效力层级关系

根据上述法不同层级的效力，就可以对有关安全生产的法律效力进行比较判断。我国当前安全生产法律体系框架见图 1-2。

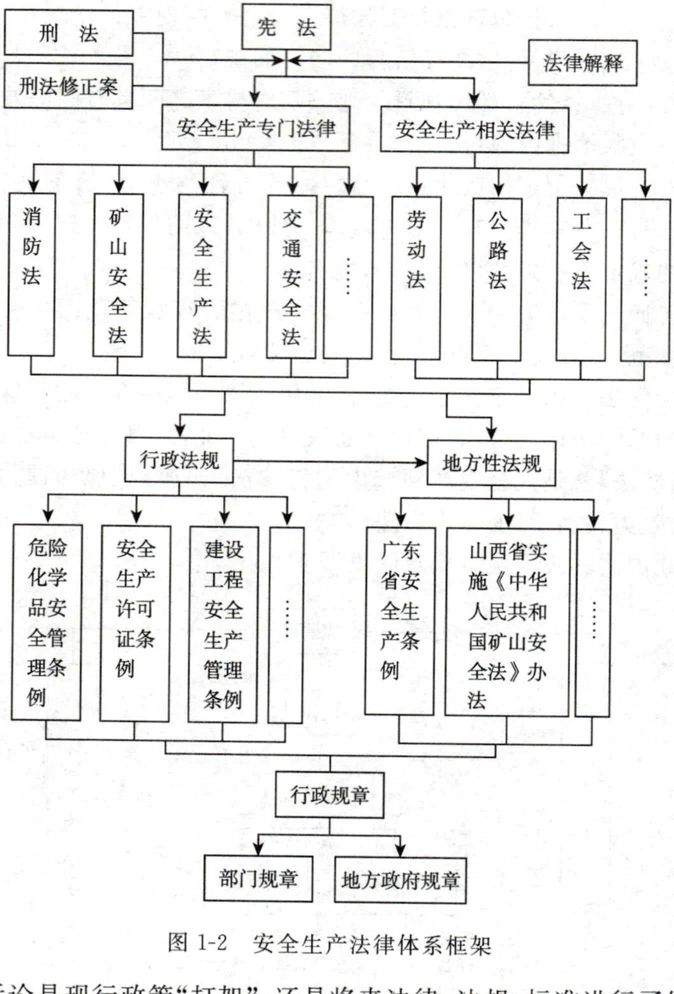

图 1-2　安全生产法律体系框架

无论是现行政策“打架”，还是将来法律、法规、标准进行了统一，对于“重大伤亡事故”或“其他严重后果”等情形的判定，都应根据下位法服从上位法、普通法服从特殊法的原则进行界定。依法处罚，依法维权。

六、如何理解“其他严重后果”?

刑法第一百三十四条、第一百三十五条规定的“重大伤亡事故或者其他严重后果”中,“其他严重后果”有哪些呢?

根据《最高人民法院、最高人民检察院关于办理危害矿山生产安全刑事案件具体应用法律若干问题的解释》,处理危害矿山生产安全刑事案件时,“其他严重后果”主要是指造成直接经济损失一百万元以上及造成其他严重后果的情形。

七、受刑罚的“直接负责的主管人员和其他直接责任人员”包括哪些人?

《刑法修正案(六)》对刑法第一百三十五条修正为:“安全生产设施或者安全生产条件不符合国家规定,因而发生重大伤亡事故或者造成其他严重后果的,对直接负责的主管人员和其他直接责任人员,处三年以下有期徒刑或者拘役;情节特别恶劣的,处三年以上七年以下有期徒刑。”

此处的“直接负责的主管人员和其他直接责任人员”,刑法并没有明确,只是根据《最高人民法院、最高人民检察院关于办理危害矿山生产安全刑事案件具体应用法律若干问题的解释》,处理危害矿山生产安全刑事案件时,“直接负责的主管人员和其他直接责任人员”,是指对矿山安全生产设施或者安全生产条件不符合国家规定负有直接责任的矿山生产经营单位负责人、管理人员、实际控制人、投资人,以及对安全生产设施或者安全生产条件负有管理、维护职责的电工、瓦斯检查工等人员。其他行业,可参照执行。

从一般的安全法规理论上讲,这种提法并不科学。因为法律的公平性应该体现在按责论罪,责任大重处,责任小则轻处。众所周知，直接责任者并不一定是主要责任者。因此，谁负有责任，谁应受到处罚；谁承担主要责任，而不是直接责任，谁应当受到最严厉的惩罚。

但是，此处的“直接负责的主管人员和其他直接责任人员”是专门的法律术语，具有与其他刑法内容表述的统一性，此处可简单理解为其行为构成了事故发生的直接原因的人员。因此，就实际操作而言，应注意准确理解，特别是不能将直接责任等同于主要责任。

1. 直接负责的主管人员

此处提到“直接负责的主管人员”并未明确是“负有责任的”“直接负责的主管人员”，也就是说无论负责“安全生产设施或者安全生产条件”的主管人员对事故的发生有无责任，直接负责的主管人员，都要受到法律的严惩。这个直接负责的主管人员，可能是集团公司领导，也可能是分公司领导，也可能是分公司所属的分厂、车间领导。

2. 直接责任者不等同于主要责任者

根据《企业职工伤亡事故调查分析规则》(GB 6442—1986)，对事故责任的分析程序如下：

(1)根据事故调查所确认的事实，通过对直接原因和间接原因的分析，确定事故中的直接责任者和领导责任者。

直接责任者是指其行为与事故的发生有直接关系的人员。

领导责任者是指对事故的发生负有领导责任的人员。

(2)在直接责任者和领导责任者中，根据其在事故发生过程中的作用，确定主要责任者。

主要责任者是指对事故的发生起主要作用的人员。

(3)根据事故后果和事故责任者应负的责任提出处理意见。

据此，不难看出，直接责任者并不等于主要责任者。如果将直接责任者等同于主要责任者，那就会失去法律的公正性，让一些真正应当受到法律严惩的主要责任者逃脱法律的制裁。

八、如何正确理解“情节特别严重”？

根据《最高人民法院、最高人民检察院关于办理危害矿山生产安全刑事案件具体应用法律若干问题的解释》第四条规定，发生矿山生产安全事故，具有下列情形之一的，应当认定为刑法第一百三十九条之一规定的“情节特别严重”：

(1)导致事故后果扩大，增加死亡三人以上，或者增加重伤十人以上，或者增加直接经济损失三百万元以上的；

(2)采用暴力、胁迫、命令等方式阻止他人报告事故情况导致事故后果扩大的；

(3)其他特别严重的情节。

其他行业的安全生产案件可参照执行。

九、“处五年以上有期徒刑”的最高刑期为何是十五年？

《刑法修正案(六)》对刑法第一百三十四条修正后的规定是：“强令他人违章冒险作业，因而发生重大伤亡事故或者造成其他严重后果的，处五年以下有期徒刑或者拘役；情节特别恶劣的，处五年以上有期徒刑。”

“处五年以上有期徒刑”，具体刑期有无上限？上限是多少呢？一般的安全管理人员大多对刑法并不通晓，可能有不少人认为可以是十年、二十年，甚至是无期徒刑。

对此，首先应该知道，《刑法修正案(六)》对事故责任人的刑罚最重为有期徒刑。然后，要知道何为有期徒刑，有期徒刑与无期徒刑有何不同。

《刑法》第四十五条规定，有期徒刑的期限，除本法第五十条、第六十九条规定外，为六个月以上十五年以下。

《刑法》第五十条规定，判处死刑缓期执行的，在死刑缓期执行期间，如果没有故意犯罪，两年期满以后，减为无期徒刑；如果确有重大立功表现，两年期满以后，减为十五年以上二十年以下有期徒刑；如果故意犯罪，查证属实的，由最高人民法院核准，执行死刑。

《刑法》第六十九条规定，判决宣告以前一人犯数罪的，除判处死刑和无期徒刑的以外，应当在总和刑期以下、数刑中最高刑期以上，酌情决定执行的刑期，但是管制最高不能超过三年，拘役最高不能超过一年，有期徒刑最高不能超过二十年。

如果数罪中有判处附加刑的，附加刑仍须执行。

据此可知，《刑法修正案（六）》对安全违法犯罪行为，最高刑期从此前的最高刑期七年，提高至最多判处十五年有期徒刑，刑罚幅度大大提高，处罚力度大大加重。

十、如何组织大型群众性活动？

随着改革开放的深入及市场经济的发展，全国各地举办大型集会、焰火晚会、灯会等群众性的活动越来越多，这些活动的举行，是国家政治稳定、经济繁荣、祥和昌盛的象征，是人民群众安居乐业、生活水平不断提高的体现。由于这些活动往往具有火灾危险性，人员聚集，消防安全工作极为重要，稍有疏忽就会引起火灾事故。而一旦发生火灾事故，极易造成众多的人员伤亡及不良的政治影响。因此，对这类活动的消防安全必须严格要求和管理。

《消防法》第二十条规定："举办大型群众性活动，承办人应当依法向公安机关申请安全许可，制定灭火和应急疏散预案并组织演练，明确消防安全责任分工，确定消防安全管理人员，保持消防设施和消防器材配置齐全、完好有效，保证疏散通道、安全出口、疏散指示标志、应急照明和消防车通道符合消防技术标准和管理规定。"因此，举办大型焰火晚会、灯会等群众性活动，特别是一旦发生火灾等可能造成较大人员伤亡的群众性活动，须事先向公安消防机构申报，并履行相应的安全职责。

主办单位应当履行的消防安全职责是：

(1)制定灭火和应急疏散预案。该预案的内容应当包括组织领导机构，各级各岗位人员职责，灭火措施，疏散路线、出口，应急措施等。

(2)认真落实消防安全措施。如检查电气线路情况、易燃易爆危险物品情况，配置必要的消防器材，加强火源电源管理，保障疏散通道、安全出口的畅通，控制活动人员总量等。

(3)在举办活动前向当地公安消防机构申报，经公安消防机构对活动场所进行消防安全检查合格后，方可举办。申报一般应包括主办单位的名称、地址、负责人，活动的时间、内容、地点，灭火和应急疏散预案，采取的消防安全措施等。

(4)对公安消防机构提出的整改意见，应当负责落实，确保安全。

当地公安消防机构对主办单位申报的这些群众性活动，应督促主办单位将消防安全工作纳入活动的总体方案之中，及时了解活动内容、范围、时间、人员、场地情况，在地点选择、电气线路的架设及消防设施的配置等方面，要按照有关消防法规和工程建筑消防技术标准严格把关。对活动场所进行消防安全监督检查时，应把消除火灾、爆炸隐患作为重点，在重大活动前，必须对活动场地的水源情况、安全通道、电气设备、消防设施以及其他不安全因素进行检查。有些重大活动还要派出消防干警及车辆现场执勤，以确保安全。

但是，也有一些大型群众性活动，没有火灾危险性，但可能发生踩踏、淹溺、冻伤、中暑等事故，如集体庆典、龙船赛、朝圣等，对此，国家、地方政府等有相关安全管理规定的，按照相关规定执行；没有相关规定的，也要自行制定安全管理规定，做到事故有预想、问题有措施、措施能落实，真正防患于未然，保障广大民众的生命安全。

十一、“谎报”可以比“不报”处罚得轻一些吗？

《刑法修正案（六）》对刑法第一百三十九条增加了这一规定：“在安全事故发生后，负有报告职责的人员不报或谎报事故情况，贻误事故抢救，情节严重的，处三年以下有期徒刑或者拘役；情节特别严重的，处三年以上七年以下有期徒刑。”

这是我国刑法首次对不报或谎报事故行为进行明确的刑事追究。此前，基本参照《刑法》第三百九十七条执行。

有人认为，“谎报”应比“不报”处罚得要轻。因为，“不报”肯定会延误抢救，使事故扩大恶化；而“谎报”，可能会在很大程度上延误事故抢救，但至少承认了事故的发生，而且，一般情况下，也会进行一些有效的抢救。因此，理应受到较轻的处罚。但是，这是不对的。

这里的“不报”与“谎报”应与《安全生产法》的相关条款进行对应。《安全生产法》规定：发生事故，不能隐瞒不报、谎报或者迟报，构成犯罪的，依照刑法有关规定追究刑事责任。因此，这里的“不报”包括隐瞒不报与拖延不报等情形，与谎报性质一样，都是一种故意掩盖、歪曲事故真相的犯罪行为。有些谎报与不报，从事故抢救的效果上讲，并无二致。如一个煤矿死亡五六十人，如果只上报死亡一两个人，则将完全由矿上自主处理，国家就不会动用专业力量强大的矿山救援队伍，这与发生事故不报的抢险处理效果并无二样。

因此，谎报并不比不报受到的处罚要轻，只要贻误事故抢救，情节严重的，就要处三年以下有期徒刑或者拘役；情节特别严重的，就要处三年以上七年以下有期徒刑。

十二、可能负有“不报与谎报”刑法责任的有哪些人？

对于发生事故，由谁上报，《安全生产法》、《消防法》、《生产安全事故报告和调查处理条例》等都作了相关规定：

1.《安全生产法》的相关规定

第八十条 生产经营单位发生生产安全事故后，事故现场有关人员应当立即报告本单位负责人。

单位负责人接到事故报告后，应当迅速采取有效措施，组织抢救，防止事故扩大，减少人员伤亡和财产损失，并按照国家有关规定立即如实报告当地负有安全生产监督管理职责的部门，不得隐瞒不报、谎报或者迟报，不得故意破坏事故现场、毁灭有关证据。

第八十一条 负有安全生产监督管理职责的部门接到事故报告后，应当立即按照国家有关规定上报事故情况。负有安全生产监督管理职责的部门和有关地方人民政府对事故情况不得隐瞒不报、谎报或者迟报。

2.《消防法》的相关规定

第五条 任何单位和个人都有维护消防安全、保护消防设施、预防火灾、报告火警的义务。任何单位和成年人都有参加有组织的灭火工作的义务。

3.《生产安全事故报告和调查处理条例》的相关规定

第九条 事故发生后，事故现场有关人员应当立即向本单位负责人报告；单位负责人接到报告后，应当于1小时内向事故发生地县级以上人民政府安全生产监督管理部门和负有安全生产监督管理职责的有关部门报告。

情况紧急时，事故现场有关人员可以直接向事故发生地县级以上人民政府安全生产监督管理部门和负有安全生产监督管理职责的有关部门报告。

第十条 安全生产监督管理部门和负有安全生产监督管理职责的有关部门接到事故报告后，应当依照下列规定上报事故情况，并通知公安机关、劳动保障行政部门、工会和人民检察院：

（一）特别重大事故、重大事故逐级上报至国务院安全生产监督管理部门和负有安全生产监督管理职责的有关部门；

（二）较大事故逐级上报至省、自治区、直辖市人民政府安全生产监督管理部门和负有安全生产监督管理职责的有关部门；

（三）一般事故上报至设区的市级人民政府安全生产监督管理部门和负有安全生产监督管理职责的有关部门。

安全生产监督管理部门和负有安全生产监督管理职责的有关部门依照前款规定上报事故情况，应当同时报告本级人民政府。国务院安全生产监督管理部门和负有安全生产监督管理职责的有关部门以及省级人民政府接到发生特别重大事故、重大事故的报告后，应当立即报告国务院。

必要时，安全生产监督管理部门和负有安全生产监督管理职责的有关部门可以越级上报事故情况。

第十一条 安全生产监督管理部门和负有安全生产监督管理职责的有关部门逐级上报事故情况，每级上报的时间不得超过2小时。

由此，不难确定，负有报告职责的人，包括现场有关人员、事故单位负责人、安全生产监督管理部门、有关地方人民政府。因此，发生事故，不报与谎报的约束对象，应包括4个层次：

一是事故现场有关人员发现事故，应及时直接或逐级上报；

二是事故单位的有关负责人逐级向企业上级管理部门和地方有关部门报告；

三是有关安全生产监督管理部门逐级向上报告；

四是有关地方人民政府逐级向上报告。

因此，事故报告既不能理解为只是现场操作人员的事，也不能理解为是事故单位的负责人、安全监管部门的事，而忽略有关地方人民政府的责任。

十三、中介组织也会触犯刑法吗？

近些年来，随着安全管理的科学化、规范化，安全评价、安全认证等中介组织应运而生，并迅速发展，为安全生产作出了积极的贡献。随着政府体制的改革，还会出现注册安全工程师事务所、安全咨询机构等新型中介组织，使中介组织逐步成为安全生产不可或缺的重要力量。但是，许多人认为中介组织是游离于政府、企业之外的第三方力量，出了问题，譬如提供虚假资料，顶多是被公开曝光、罚点款，没什么大不了，最严重的情况，也就是被取消资质，停止营业而已，决不会触犯刑法。这两年，许多安全评价机构，因为提供虚假资料、工作不认真而被公开曝光，甚至被取消资质，似乎也用事实验证了这些想法。但是，这是一种非常错误的思想。

刑法第二百二十九条规定："承担资产评估、验资、验证、会计、审计、法律服务等职责的中介组织的人员故意提供虚假证明文件，情节严重的，处五年以下有期徒刑或者拘役，并处罚金。

"前款规定的人员，索取他人财物或者非法收受他人财物，犯前款罪的，处五年以上十年以下有期徒刑，并处罚金。

"第一款规定的人员，严重不负责任，出具的证明文件有重大失实，造成严重后果的，处三年以下有期徒刑或者拘役，并处或者单处罚金。"

上述刑法规定，没有明确列出安全培训、咨询、评价、检测、检验等中介组织，原因大致有二：一是在 1997 年刑法修订之时，安全评价、安全咨询等中介组织尚未出现；二是安全培训、检测、检验等机构虽然已经出现，但大多是计划经济体制下的国有企事业单位，不具备中介机构的职能，同时，数量较少，在社会上远未普及，没有形成一定的规模。但是，这并不能认为安全中介机构可免受刑法的约束。任何中介机构都必须清醒地认识到这一点。

随着相关法规的迅速完善，特别是在当前安全生产形势严峻的情况下，承担安全培训、咨询、评价、检测、检验等工作的中介组织大量出现，这些中介组织在相当程度上承担着隐患评估与防范对策制定从而有效防范事故发生的重要任务，无论从规模上讲，还是从承担任务的重要性上讲，已经成为当前抓好安全生产的重要力量。规范安全中介机构管理，已经成为当务之急，必须提到重要的议事日程上来。

因此，中介机构的刑法责任不可回避，同时，从刑事责任追究上，也是有据可依，操作明确的。任何中介机构都须恪守职业道德，严守执业准则，科学严谨，诚实守信，坚决杜绝利欲熏心，索取财物、提供虚假资料等不法行为。若违法造成严重后果，必将受到刑法的严惩。

第五节　常见触犯刑法的安全违法行为

一、生产经营单位常见触犯刑法的安全违法行为

1. 主要负责人常见触犯刑法的安全违法行为

(1)本单位安全生产责任制未建立、健全；

(2)本单位安全生产规章制度和操作规程没有或不健全；

(3)保证本单位安全生产的资金投入不到位；

(4)安全机构不健全，人员不到位；

(5)应办安全生产许可证未办理；

(6)未认真督促、检查本单位的安全生产工作，从而未能及时消

除生产安全事故隐患；

(7)违章指挥，特别是强令他人违章冒险作业；

(8)未对员工进行安全教育培训，特别是特殊工种未能做到持证上岗；

(9)未配备法定的安全设施；

(10)本单位不具备基本的安全生产条件而冒险组织生产；

(11)未组织制定并实施本单位的生产安全事故应急救援预案；

(12)将生产经营项目、场所、设备发包或者出租给不具备安全生产条件或者相应资质的单位或者个人；

(13)降低工程质量标准，造成重大安全事故；

(14)违反消防管理法规，而且拒不执行消防机构提出的改正措施；

(15)未及时、如实报告生产安全事故；

(16)其他。

2. 安全生产监督管理人员常见触犯刑法的安全违法行为

(1)安全管理规定不健全，甚至出现错误；

(2)安全教育培训不落实，特别是新员工入厂教育、特殊工种教育；

(3)有关上级文件、指示、精神等未及时传达，有关工作部署不落实；

(4)安全检查走过场，应发现的问题没发现；

(5)发现隐患，能及时整改的不督促及时整改，一时不能整改的，未采取有效监控措施；

(6)在日常管理中，违章指挥；

(7)对动火、进入有限空间等特殊作业，安全措施审查不周密，违章指挥或违章操作；

(8)劳动保护防护用品、应急救援器材配备不当；

(9)发生事故，不及时、如实上报，组织抢救不力；

（10）其他。

3. 一般从业人员常见触犯刑法的安全违法行为

（1）在作业过程中，违反本单位的安全生产规章制度和操作规程；

（2）不服从管理，不正确佩戴和使用劳动防护用品；

（3）不接受安全生产教育和培训，没有掌握本职工作所需的安全生产知识和安全生产技能；

（4）发现事故隐患或者其他不安全因素，不立即向现场安全生产管理人员或者本单位负责人报告；

（5）发生事故，不立即上报，及时处置；

（6）其他。

二、事业单位常见触犯刑法的安全违法行为

1. 主要负责人常见触犯刑法的安全违法行为

（1）本单位安全生产责任制未建立、健全；

（2）本单位安全生产规章制度和操作规程未制定或不健全；

（3）保证本单位安全生产的资金投入不到位；

（4）安全机构不健全，人员不到位；

（5）未认真督促、检查本单位的安全生产工作，从而未能及时消除生产安全事故隐患；

（6）违章指挥，特别是强令他人违章冒险作业；

（7）未对员工进行安全教育培训，特别是特殊工种未能做到持证上岗；

（8）未配备法定的安全设施；

（9）违反消防管理法规，而且拒不执行消防机构提出的改正措施；

（10）未及时、如实报告作业事故；

(11)其他。

2. 安全生产监督管理人员常见触犯刑法的安全违法行为

(1)本单位安全生产责任制未建立、健全；

(2)本单位安全生产规章制度和操作规程没有或不健全，甚至出现错误；

(3)安全教育培训不落实，特别是特殊工种教育；

(4)有关上级文件、指示、精神等未及时传达，有关工作部署不落实；

(5)安全检查走过场，应发现的问题未发现；

(6)发现隐患，能及时整改的不督促及时整改，一时不能整改的，未采取有效监控措施；

(7)在日常管理中，违章指挥；

(8)对动火、动电等特殊作业，安全措施审查不周密，违章指挥或违章操作；

(9)劳动保护防护用品、应急救援器材配备、验收不当；

(10)发生事故，不及时、如实上报，组织抢救不力；

(11)其他。

3. 作业人员常见触犯刑法的安全违法行为

(1)在作业过程中，违反本单位的安全生产规章制度和操作规程；

(2)不服从管理，不正确佩戴和使用劳动防护用品；

(3)不接受安全生产教育和培训，没有掌握本职工作所需的安全作业知识和安全作业技能；

(4)发现事故隐患或者其他不安全因素，不立即向现场安全生产管理人员或者本单位负责人报告；

(5)发生事故，不立即上报，违规处置；

(6)其他。

三、个体工商户、个体包工头常见触犯刑法的安全违法行为

1. 主要负责人常见触犯刑法的安全违法行为

(1)本单位安全生产责任制未建立、健全;

(2)本单位安全生产规章制度和操作规程未制定或不健全;

(3)保证本单位安全生产的资金投入不到位;

(4)未配备法定的安全设施;

(5)应办安全生产许可证未办理;

(6)未认真督促、检查本单位的安全生产工作,从而未能及时消除生产安全事故隐患;

(7)违章指挥,特别是强令他人违章冒险作业;

(8)未对员工进行安全教育培训,特别是特殊工种未能做到持证上岗;

(9)本单位不具备基本的安全生产条件而冒险组织生产;

(10)未组织制定并实施本单位的生产安全事故应急救援措施;

(11)未及时、如实报告生产安全事故;

(12)其他。

2. 从业人员常见触犯刑法的安全违法行为

(1)在作业过程中,违反本单位的安全生产规章制度和操作规程;

(2)不服从管理,不正确佩戴和使用劳动防护用品;

(3)不接受安全生产教育和培训,没有掌握本职工作所需的安全作业知识和安全作业技能;

(4)发现事故隐患或者其他不安全因素,不立即向本单位负责人报告;

(5)发生事故,不立即上报,违规处置;

(6)其他。

四、举办大型群众性活动常见触犯刑法的安全违法行为

1. 主要负责人常见触犯刑法的安全违法行为

(1)不向公安、消防等部门进行活动报告审批；

(2)不进行事故预想，不制定应对可能发生的事故应急处置方案；

(3)有关的设备配备、人员安排不到位；

(4)发生事故，不及时如实上报；

(5)发生事故，不及时组织抢救；

(6)其他。

2. 工作人员常见触犯刑法的安全违法行为

(1)脱岗串岗；

(2)发现险情，不及时处理；

(3)发生事故，不及时如实上报；

(4)处理险情，违反有关管理规定；

(5)其他。

3. 活动参与人员常见触犯刑法的安全违法行为

(1)违反活动安全管理规定，擅自吸烟、乱动有关安全设施等；

(2)遇到险情，不听从工作人员指挥，私自乱动，不顾后果，严重扰乱活动秩序；

(3)其他。

五、政府安全监督管理部门常见触犯刑法的安全违法行为

(1)安全监督检查不力，如对企业安全生产设施或安全生产条件

不符合国家规定的情况严重失察；

(2)违规发放安全生产许可证；

(3)对重大危险源组织治理不力；

(4)在抢险救灾等情况下，强令他人违章冒险作业；

(5)发生事故不及时如实上报；

(6)其他失职、渎职行为。

六、政府公安消防部门常见触犯刑法的安全违法行为

(1)对举办大型群众性活动单位申报的活动，不予审批，或把关不严；

(2)不能督促举办单位将消防安全工作纳入活动的总体方案之中；

(3)不及时了解活动内容、范围、时间、人员、场地情况，在地点选择、电气线路的架设及消防设施的配置等是否符合有关消防法规和工程建筑消防技术标准把关不严；

(4)现场安全检查不力，应发现的隐患没有发现；

(5)特殊的应急器材如消防车值勤不到位；

(6)其他失职、渎职行为。

七、有关地方人民政府常见触犯刑法的安全违法行为

(1)安全监督检查不力，如对企业安全生产设施或安全生产条件不符合国家规定的情况严重失察；

(2)对重大危险源，如市区内不具备安全生产条件的加油站、危险化学品仓库等的治理不予积极支持；

(3)发生事故，不及时如实上报；
(4)发生事故，组织(授意)不报、谎报；
(5)其他失职、渎职行为。

八、中介组织常见触犯刑法的安全违法行为

(1)提供虚假证明文件；
(2)索取他人财物；
(3)非法收受他人财物；
(4)严重不负责任，出具的证明文件有重大失实，造成严重后果。

第二章 《中华人民共和国安全生产法》法律责任解读

2002 年 6 月 29 日,第九届全国人大常务委员会第二十八次会议通过《中华人民共和国安全生产法》(以下简称《安全生产法》),2014 年 8 月 31 日,第十二届全国人民代表大会常务委员会第十次会议通过《全国人民代表大会常务委员会关于修改〈中华人民共和国安全生产法〉的决定》,并由中华人民共和国主席令第十三号公布,自 2014 年 12 月 1 日起施行。

第一节 《安全生产法》中的法律责任条款

一、立法加强安全生产违法行为法律责任追究

新《安全生产法》,从强化安全生产工作的摆位、进一步落实生产经营单位主体责任,政府安全监管定位和加强基层执法力量、强化安全生产责任追究等四个方面入手,着眼于安全生产现实问题和发展要求,补充完善了相关法律制度规定。

修订后的《安全生产法》的“法律责任”一章共 25 个条款,比修正前增加了 6 个条款。分别涉及:

(1)监管人员审批违法的法律责任;

(2)监管部门违法的法律责任;

(3)专业机构违法的法律责任;

(4)资金投入违法的法律责任;

(5)单位负责人安全管理违法的法律责任;

(6)主要负责人未履职的罚款处罚;

(7)安全生产管理人员未履职的法律责任;

(8)生产经营单位安全管理违法的法律责任;

(9)生产经营单位建设项目违法的法律责任;

(10)生产经营单位设施设备违法的法律责任;

(11)违法生产经营或处置危险物品的法律责任;

(12)生产经营单位危险物品和危险作业等违法的法律责任;

(13)生产经营单位未消除事故隐患的法律责任;

(14)生产经营单位发包或出租违法的法律责任;

(15)生产经营单位之间协作违法的法律责任;

(16)生产经营场所和员工宿舍违法的法律责任;

(17)免责协议违法的法律责任;

(18)从业人员不服从管理的法律责任;

(19)生产经营单位阻碍监督检查的法律责任;

(20)单位负责人违法处理事故的法律责任;

(21)政府部门违法处理事故的法律责任;

(22)不具备安全生产条件的法律责任;

(23)生产经营单位发生事故的罚款处罚;

(24)生产经营单位发生事故的行政处罚的决定;

(25)生产经营单位发生事故的赔偿责任。

加大对安全生产违法行为的责任追究力度是其一大修订亮点。具体体现在以下几个方面。

1. 规定了事故行政处罚和终身行业禁入

(1)将行政法规的规定上升为法律条文,按照两个责任主体、四个事故等级,设立了对生产经营单位及其主要负责人的八项罚款处罚明文。

(2)大幅提高对事故责任单位的罚款金额:一般事故罚款 20 万至 50 万元,较大事故罚款 50 万至 100 万元,重大事故罚款 100 万至 500 万元,特别重大事故罚款 500 万至 1000 万元;特别重大事故的情节特别严重的,罚款 1000 万至 2000 万元。

(3)进一步明确主要负责人对重大、特别重大事故负有责任的,终身不得担任本行业生产经营单位的主要负责人。

2. 加大罚款处罚力度

结合各地区经济发展水平、企业规模等实际,新法维持罚款下限基本不变,将罚款上限提高了 2 至 5 倍,并且大多数罚则不再将限期整改作为前置条件。这反映了"打非治违"、"重典治乱"的现实需要,强化了对安全生产违法行为的震慑力,也有利于降低执法成本、提高执法效能。

3. 建立了严重违法行为公告和通报制度

要求负有安全生产监督管理职责的部门建立安全生产违法行为信息库,如实记录生产经营单位的违法行为信息;对违法行为情节严重的生产经营单位,应当向社会公告,并通报行业主管部门、投资主管部门、国土资源主管部门、证券监督管理机构和有关金融机构。

二、《安全生产法》法律责任条款

第八十七条 负有安全生产监督管理职责的部门的工作人员,有下列行为之一的,给予降级或者撤职的处分;构成犯罪的,依照刑法有关规定追究刑事责任:

(一)对不符合法定安全生产条件的涉及安全生产的事项予以批准或者验收通过的;

(二)发现未依法取得批准、验收的单位擅自从事有关活动或者接到举报后不予取缔或者不依法予以处理的;

（三）对已经依法取得批准的单位不履行监督管理职责，发现其不再具备安全生产条件而不撤销原批准或者发现安全生产违法行为不予查处的；

（四）在监督检查中发现重大事故隐患，不依法及时处理的。

负有安全生产监督管理职责的部门的工作人员有前款规定以外的滥用职权、玩忽职守、徇私舞弊行为的，依法给予处分；构成犯罪的，依照刑法有关规定追究刑事责任。

第八十八条 负有安全生产监督管理职责的部门，要求被审查、验收的单位购买其指定的安全设备、器材或者其他产品的，在对安全生产事项的审查、验收中收取费用的，由其上级机关或者监察机关责令改正，责令退还收取的费用；情节严重的，对直接负责的主管人员和其他直接责任人员依法给予处分。

第八十九条 承担安全评价、认证、检测、检验工作的机构，出具虚假证明的，没收违法所得；违法所得在十万元以上的，并处违法所得二倍以上五倍以下的罚款；没有违法所得或者违法所得不足十万元的，单处或者并处十万元以上二十万元以下的罚款；对其直接负责的主管人员和其他直接责任人员处二万元以上五万元以下的罚款；给他人造成损害的，与生产经营单位承担连带赔偿责任；构成犯罪的，依照刑法有关规定追究刑事责任。

对有前款违法行为的机构，吊销其相应资质。

第九十条 生产经营单位的决策机构、主要负责人或者个人经营的投资人不依照本法规定保证安全生产所必需的资金投入，致使生产经营单位不具备安全生产条件的，责令限期改正，提供必需的资金；逾期未改正的，责令生产经营单位停产停业整顿。

有前款违法行为，导致发生生产安全事故的，对生产经营单位的主要负责人给予撤职处分，对个人经营的投资人处二万元以上二十万元以下的罚款；构成犯罪的，依照刑法有关规定追究刑事责任。

第九十一条 生产经营单位的主要负责人未履行本法规定的安

全生产管理职责的，责令限期改正；逾期未改正的，处二万元以上五万元以下的罚款，责令生产经营单位停产停业整顿。

生产经营单位的主要负责人有前款违法行为，导致发生生产安全事故的，给予撤职处分；构成犯罪的，依照刑法有关规定追究刑事责任。

生产经营单位的主要负责人依照前款规定受刑事处罚或者撤职处分的，自刑罚执行完毕或者受处分之日起，五年内不得担任任何生产经营单位的主要负责人；对重大、特别重大生产安全事故负有责任的，终身不得担任本行业生产经营单位的主要负责人。

第九十二条 生产经营单位的主要负责人未履行本法规定的安全生产管理职责，导致发生生产安全事故的，由安全生产监督管理部门依照下列规定处以罚款：

（一）发生一般事故的，处上一年年收入百分之三十的罚款；

（二）发生较大事故的，处上一年年收入百分之四十的罚款；

（三）发生重大事故的，处上一年年收入百分之六十的罚款；

（四）发生特别重大事故的，处上一年年收入百分之八十的罚款。

第九十三条 生产经营单位的安全生产管理人员未履行本法规定的安全生产管理职责的，责令限期改正；导致发生生产安全事故的，暂停或者撤销其与安全生产有关的资格；构成犯罪的，依照刑法有关规定追究刑事责任。

第九十四条 生产经营单位有下列行为之一的，责令限期改正，可以处五万元以下的罚款；逾期未改正的，责令停产停业整顿，并处五万元以上十万元以下的罚款，对其直接负责的主管人员和其他直接责任人员处一万元以上二万元以下的罚款：

（一）未按照规定设置安全生产管理机构或者配备安全生产管理人员的；

（二）危险物品的生产、经营、储存单位以及矿山、金属冶炼、建筑施工、道路运输单位的主要负责人和安全生产管理人员未按照规定经考核合格的；

（三）未按照规定对从业人员、被派遣劳动者、实习学生进行安全生产教育和培训，或者未按照规定如实告知有关的安全生产事项的；

（四）未如实记录安全生产教育和培训情况的；

（五）未将事故隐患排查治理情况如实记录或者未向从业人员通报的；

（六）未按照规定制定生产安全事故应急救援预案或者未定期组织演练的；

（七）特种作业人员未按照规定经专门的安全作业培训并取得相应资格，上岗作业的。

第九十五条 生产经营单位有下列行为之一的，责令停止建设或者停产停业整顿，限期改正；逾期未改正的，处五十万元以上一百万元以下的罚款，对其直接负责的主管人员和其他直接责任人员处二万元以上五万元以下的罚款；构成犯罪的，依照刑法有关规定追究刑事责任：

（一）未按照规定对矿山、金属冶炼建设项目或者用于生产、储存、装卸危险物品的建设项目进行安全评价的；

（二）矿山、金属冶炼建设项目或者用于生产、储存、装卸危险物品的建设项目没有安全设施设计或者安全设施设计未按照规定报经有关部门审查同意的；

（三）矿山、金属冶炼建设项目或者用于生产、储存、装卸危险物品的建设项目的施工单位未按照批准的安全设施设计施工的；

（四）矿山、金属冶炼建设项目或者用于生产、储存危险物品的建设项目竣工投入生产或者使用前，安全设施未经验收合格的。

第九十六条 生产经营单位有下列行为之一的，责令限期改正，可以处五万元以下的罚款；逾期未改正的，处五万元以上二十万元以下的罚款，对其直接负责的主管人员和其他直接责任人员处一万元以上二万元以下的罚款；情节严重的，责令停产停业整顿；构成犯罪的，依照刑法有关规定追究刑事责任：

（一）未在有较大危险因素的生产经营场所和有关设施、设备上设置明显的安全警示标志的；

（二）安全设备的安装、使用、检测、改造和报废不符合国家标准或者行业标准的；

（三）未对安全设备进行经常性维护、保养和定期检测的；

（四）未为从业人员提供符合国家标准或者行业标准的劳动防护用品的；

（五）危险物品的容器、运输工具，以及涉及人身安全、危险性较大的海洋石油开采特种设备和矿山井下特种设备未经具有专业资质的机构检测、检验合格，取得安全使用证或者安全标志，投入使用的；

（六）使用应当淘汰的危及生产安全的工艺、设备的。

第九十七条 未经依法批准，擅自生产、经营、运输、储存、使用危险物品或者处置废弃危险物品的，依照有关危险物品安全管理的法律、行政法规的规定予以处罚；构成犯罪的，依照刑法有关规定追究刑事责任。

第九十八条 生产经营单位有下列行为之一的，责令限期改正，可以处十万元以下的罚款；逾期未改正的，责令停产停业整顿，并处十万元以上二十万元以下的罚款，对其直接负责的主管人员和其他直接责任人员处二万元以上五万元以下的罚款；构成犯罪的，依照刑法有关规定追究刑事责任：

（一）生产、经营、运输、储存、使用危险物品或者处置废弃危险物品，未建立专门安全管理制度、未采取可靠的安全措施的；

（二）对重大危险源未登记建档，或者未进行评估、监控，或者未制定应急预案的；

（三）进行爆破、吊装以及国务院安全生产监督管理部门会同国务院有关部门规定的其他危险作业，未安排专门人员进行现场安全管理的；

（四）未建立事故隐患排查治理制度的。

第九十九条 生产经营单位未采取措施消除事故隐患的，责令立即消除或者限期消除；生产经营单位拒不执行的，责令停产停业整顿，并处十万元以上五十万元以下的罚款，对其直接负责的主管人员和其他直接责任人员处二万元以上五万元以下的罚款。

第一百条 生产经营单位将生产经营项目、场所、设备发包或者出租给不具备安全生产条件或者相应资质的单位或者个人的，责令限期改正，没收违法所得；违法所得十万元以上的，并处违法所得二倍以上五倍以下的罚款；没有违法所得或者违法所得不足十万元的，单处或者并处十万元以上二十万元以下的罚款；对其直接负责的主管人员和其他直接责任人员处一万元以上二万元以下的罚款；导致发生生产安全事故给他人造成损害的，与承包方、承租方承担连带赔偿责任。

生产经营单位未与承包单位、承租单位签订专门的安全生产管理协议或者未在承包合同、租赁合同中明确各自的安全生产管理职责，或者未对承包单位、承租单位的安全生产统一协调、管理的，责令限期改正，可以处五万元以下的罚款，对其直接负责的主管人员和其他直接责任人员可以处一万元以下的罚款；逾期未改正的，责令停产停业整顿。

第一百零一条 两个以上生产经营单位在同一作业区域内进行可能危及对方安全生产的生产经营活动，未签订安全生产管理协议或者未指定专职安全生产管理人员进行安全检查与协调的，责令限期改正，可以处五万元以下的罚款，对其直接负责的主管人员和其他直接责任人员可以处一万元以下的罚款；逾期未改正的，责令停产停业。

第一百零二条 生产经营单位有下列行为之一的，责令限期改正，可以处五万元以下的罚款，对其直接负责的主管人员和其他直接

责任人员可以处一万元以下的罚款;逾期未改正的,责令停产停业整顿;构成犯罪的,依照刑法有关规定追究刑事责任:

(一)生产、经营、储存、使用危险物品的车间、商店、仓库与员工宿舍在同一座建筑内,或者与员工宿舍的距离不符合安全要求的;

(二)生产经营场所和员工宿舍未设有符合紧急疏散需要、标志明显、保持畅通的出口,或者锁闭、封堵生产经营场所或者员工宿舍出口的。

第一百零三条 生产经营单位与从业人员订立协议,免除或者减轻其对从业人员因生产安全事故伤亡依法应承担的责任的,该协议无效;对生产经营单位的主要负责人、个人经营的投资人处二万元以上十万元以下的罚款。

第一百零四条 生产经营单位的从业人员不服从管理,违反安全生产规章制度或者操作规程的,由生产经营单位给予批评教育,依照有关规章制度给予处分;构成犯罪的,依照刑法有关规定追究刑事责任。

第一百零五条 违反本法规定,生产经营单位拒绝、阻碍负有安全生产监督管理职责的部门依法实施监督检查的,责令改正;拒不改正的,处二万元以上二十万元以下的罚款;对其直接负责的主管人员和其他直接责任人员处一万元以上二万元以下的罚款;构成犯罪的,依照刑法有关规定追究刑事责任。

第一百零六条 生产经营单位的主要负责人在本单位发生生产安全事故时,不立即组织抢救或者在事故调查处理期间擅离职守或者逃匿的,给予降级、撤职的处分,并由安全生产监督管理部门处上一年年收入百分之六十至百分之一百的罚款;对逃匿的处十五日以下拘留;构成犯罪的,依照刑法有关规定追究刑事责任。

生产经营单位的主要负责人对生产安全事故隐瞒不报、谎报或者迟报的,依照前款规定处罚。

第一百零七条 有关地方人民政府、负有安全生产监督管理职责的部门，对生产安全事故隐瞒不报、谎报或者迟报的，对直接负责的主管人员和其他直接责任人员依法给予处分；构成犯罪的，依照刑法有关规定追究刑事责任。

第一百零八条 生产经营单位不具备本法和其他有关法律、行政法规和国家标准或者行业标准规定的安全生产条件，经停产停业整顿仍不具备安全生产条件的，予以关闭；有关部门应当依法吊销其有关证照。

第一百零九条 发生生产安全事故，对负有责任的生产经营单位除要求其依法承担相应的赔偿等责任外，由安全生产监督管理部门依照下列规定处以罚款：

（一）发生一般事故的，处二十万元以上五十万元以下的罚款；

（二）发生较大事故的，处五十万元以上一百万元以下的罚款；

（三）发生重大事故的，处一百万元以上五百万元以下的罚款；

（四）发生特别重大事故的，处五百万元以上一千万元以下的罚款；情节特别严重的，处一千万元以上二千万元以下的罚款。

第一百一十条 本法规定的行政处罚，由安全生产监督管理部门和其他负有安全生产监督管理职责的部门按照职责分工决定。予以关闭的行政处罚由负有安全生产监督管理职责的部门报请县级以上人民政府按照国务院规定的权限决定；给予拘留的行政处罚由公安机关依照治安管理处罚法的规定决定。

第一百一十一条 生产经营单位发生生产安全事故造成人员伤亡、他人财产损失的，应当依法承担赔偿责任；拒不承担或者其负责人逃匿的，由人民法院依法强制执行。

生产安全事故的责任人未依法承担赔偿责任，经人民法院依法采取执行措施后，仍不能对受害人给予足额赔偿的，应当继续履行赔偿义务；受害人发现责任人有其他财产的，可以随时请求人民法院执行。

三、《安全生产法》法律责任条款修正前后对照

修正前 （黑体字部分为删去内容）	修正后 （黑体字部分为修改或补充的内容）
第六章　法律责任	第六章　法律责任
第七十七条　负有安全生产监督管理职责的部门的工作人员，有下列行为之一的，给予降级或者撤职的**行政**处分；构成犯罪的，依照刑法有关规定追究刑事责任： （一）对不符合法定安全生产条件的涉及安全生产的事项予以批准或者验收通过的； （二）发现未依法取得批准、验收的单位擅自从事有关活动或者接到举报后不予取缔或者不依法予以处理的； （三）对已经依法取得批准的单位不履行监督管理职责，发现其不再具备安全生产条件而不撤销原批准或者发现安全生产违法行为不予查处的。	**第八十七条**　负有安全生产监督管理职责的部门的工作人员，有下列行为之一的，给予降级或者撤职的处分；构成犯罪的，依照刑法有关规定追究刑事责任： （一）对不符合法定安全生产条件的涉及安全生产的事项予以批准或者验收通过的； （二）发现未依法取得批准、验收的单位擅自从事有关活动或者接到举报后不予取缔或者不依法予以处理的； （三）对已经依法取得批准的单位不履行监督管理职责，发现其不再具备安全生产条件而不撤销原批准或者发现安全生产违法行为不予查处的； **（四）在监督检查中发现重大事故隐患，不依法及时处理的。** **负有安全生产监督管理职责的部门的工作人员有前款规定以外的滥用职权、玩忽职守、徇私舞弊行为的，依法给予处分；构成犯罪的，依照刑法有关规定追究刑事责任。**

续表

修正前 （黑体字部分为删去内容）	修正后 （黑体字部分为修改或补充的内容）
第七十八条 负有安全生产监督管理职责的部门，要求被审查、验收的单位购买其指定的安全设备、器材或者其他产品的，在对安全生产事项的审查、验收中收取费用的，由其上级机关或者监察机关责令改正，责令退还收取的费用；情节严重的，对直接负责的主管人员和其他直接责任人员依法给予**行政**处分。	**第八十八条** 负有安全生产监督管理职责的部门，要求被审查、验收的单位购买其指定的安全设备、器材或者其他产品的，在对安全生产事项的审查、验收中收取费用的，由其上级机关或者监察机关责令改正，责令退还收取的费用；情节严重的，对直接负责的主管人员和其他直接责任人员依法给予处分。
第七十九条 承担安全评价、认证、检测、检验工作的机构，出具虚假证明，**构成犯罪的，依照刑法有关规定追究刑事责任；尚不够刑事处罚**的，没收违法所得，违法所得在**五千**元以上的，并处违法所得二倍以上五倍以下的罚款，没有违法所得或者违法所得不足**五千**元的，单处或者并处**五千**元以上二万元以下的罚款，对其直接负责的主管人员和其他直接责任人员处**五千**元以上五万元以下的罚款；给他人造成损害的，与生产经营单位承担连带赔偿责任。 对有前款违法行为的机构，**撤**销其相应资**格**。	**第八十九条** 承担安全评价、认证、检测、检验工作的机构，出具虚假证明的，没收违法所得；违法所得在**十万**元以上的，并处违法所得二倍以上五倍以下的罚款；没有违法所得或者违法所得不足**十万**元的，单处或者并处**十万**元以上**二十**万元以下的罚款；对其直接负责的主管人员和其他直接责任人员处**二万**元以上五万元以下的罚款；给他人造成损害的，与生产经营单位承担连带赔偿责任；**构成犯罪的，依照刑法有关规定追究刑事责任**。 对有前款违法行为的机构，**吊**销其相应资**质**。
第八十条 生产经营单位的决策机构、主要负责人、个人经营的投资人不依照本法规定保证安全生产所必需的资金投入，致使生产经营单位不具备安全生产条件的，责令限期改正，提供必需的资金；逾期未改正的，责令生产经营单位停产停业整顿。	**第九十条** 生产经营单位的决策机构、主要负责人**或者**个人经营的投资人不依照本法规定保证安全生产所必需的资金投入，致使生产经营单位不具备安全生产条件的，责令限期改正，提供必需的资金；逾期未改正的，责令生产经营单位停产停业整顿。

续表

修正前 （黑体字部分为删去内容）	修正后 （黑体字部分为修改或补充的内容）
有前款违法行为，导致发生生产安全事故，**构成犯罪的，依照刑法有关规定追究刑事责任；尚不够刑事处罚**的，对生产经营单位的主要负责人给予撤职处分，对个人经营的投资人处二万元以上二十万元以下的罚款。	有前款违法行为，导致发生生产安全事故的，对生产经营单位的主要负责人给予撤职处分，对个人经营的投资人处二万元以上二十万元以下的罚款；**构成犯罪的，依照刑法有关规定追究刑事责任。**
第八十一条　生产经营单位的主要负责人未履行本法规定的安全生产管理职责的，责令限期改正；逾期未改正的，责令生产经营单位停产停业整顿。 生产经营单位的主要负责人有前款违法行为，导致发生生产安全事故，**构成犯罪的，依照刑法有关规定追究刑事责任；尚不够刑事处罚**的，给予撤职处分**或者处二万元以上二十万元以下的罚款。** 生产经营单位的主要负责人依照前款规定受刑事处罚或者撤职处分的，自刑罚执行完毕或者受处分之日起，五年内不得担任任何生产经营单位的主要负责人。	**第九十一条**　生产经营单位的主要负责人未履行本法规定的安全生产管理职责的，责令限期改正；逾期未改正的，**处二万元以上五万元以下的罚款，**责令生产经营单位停产停业整顿。 生产经营单位的主要负责人有前款违法行为，导致发生生产安全事故的，给予撤职处分；**构成犯罪的，依照刑法有关规定追究刑事责任。** 生产经营单位的主要负责人依照前款规定受刑事处罚或者撤职处分的，自刑罚执行完毕或者受处分之日起，五年内不得担任任何生产经营单位的主要负责人；**对重大、特别重大生产安全事故负有责任的，终身不得担任本行业生产经营单位的主要负责人。**
	第九十二条　生产经营单位的主要负责人未履行本法规定的安全生产管理职责，导致发生生产安全事故的，由安全生产监督管理部门依照下列规定处以罚款： **（一）发生一般事故的，处上一年年收入百分之三十的罚款；**

续表

修正前 （黑体字部分为删去内容）	修正后 （黑体字部分为修改或补充的内容）
	（二）发生较大事故的，处上一年年收入百分之四十的罚款； **（三）发生重大事故的，处上一年年收入百分之六十的罚款；** **（四）发生特别重大事故的，处上一年年收入百分之八十的罚款。**
	第九十三条　生产经营单位的安全生产管理人员未履行本法规定的安全生产管理职责的，责令限期改正；导致发生生产安全事故的，暂停或者撤销其与安全生产有关的资格；构成犯罪的，依照刑法有关规定追究刑事责任。
第八十二条　生产经营单位有下列行为之一的，责令限期改正；逾期未改正的，责令停产停业整顿，**可以并处二万元**以下的罚款： （一）未按照规定设**立**安全生产管理机构或者配备安全生产管理人员的； （二）危险物品的生产、经营、储存单位以及矿山、建筑施工单位的主要负责人和安全生产管理人员未按照规定经考核合格的； （三）未按照**本法第二十一条、第二十二条的**规定对从业人员进行安全生产教育和培训，或者未按照**本法第三十六条的**规定如实告知**从业人员**有关的安全生产事项的；	**第九十四条**　生产经营单位有下列行为之一的，责令限期改正，**可以处五万元以下的罚款**；逾期未改正的，责令停产停业整顿，并处五万元**以上十万元**以下的罚款，**对其直接负责的主管人员和其他直接责任人员处一万元以上二万元以下的罚款**： （一）未按照规定设**置**安全生产管理机构或者配备安全生产管理人员的； （二）危险物品的生产、经营、储存单位以及矿山、**金属冶炼**、建筑施工、**道路运输**单位的主要负责人和安全生产管理人员未按照规定经考核合格的； （三）未按照规定对从业人员、**被派遣劳动者、实习学生**进行安全生产教育和培训，或者未按照规定如实告知有关的安全

续表

修正前 （黑体字部分为删去内容）	修正后 （黑体字部分为修改或补充的内容）
（四）特种作业人员未按照规定经专门的安全作业培训并取得**特种作业操作资格证书**，上岗作业的。	生产事项的； **（四）未如实记录安全生产教育和培训情况的；** **（五）未将事故隐患排查治理情况如实记录或者未向从业人员通报的；** **（六）未按照规定制定生产安全事故应急救援预案或者未定期组织演练的；** **（七）**特种作业人员未按照规定经专门的安全作业培训并取得**相应**资格，上岗作业的。
第八十三条　生产经营单位有下列行为之一的，责令限期改正；逾期未改正的，**责令停止建设或者停产停业整顿，可以并**处五万元以下的罚款；**造成严重后果**，构成犯罪的，依照刑法有关规定追究刑事责任： （一）矿山建设项目或者用于生产、储存危险物品的建设项目没有安全设施设计或者安全设施设计未按照规定报经有关部门审查同意的； （二）矿山建设项目或者用于生产、储存危险物品的建设项目的施工单位未按照批准的安全设施设计施工的； （三）矿山建设项目或者用于生产、储存危险物品的建设项目竣工投入生产或者使用前，安全设施未经验收合格的； （四）未在有较大危险因素的生产经营场所和有关设施、设备上设置明显的安全警示标志的；	**第九十五条**　生产经营单位有下列行为之一的，责令**停止建设或者停产停业整顿**，限期改正；逾期未改正的，处**五十万元以上一百**万元以下的罚款，**对其直接负责的主管人员和其他直接责任人员处二万元以上五万元以下的罚款**；构成犯罪的，依照刑法有关规定追究刑事责任： **（一）未按照规定对矿山、金属冶炼建设项目或者用于生产、储存、装卸危险物品的建设项目进行安全评价的；** （二）矿山、**金属冶炼**建设项目或者用于生产、储存、**装卸**危险物品的建设项目没有安全设施设计或者安全设施设计未按照规定报经有关部门审查同意的； （三）矿山、**金属冶炼**建设项目或者用于生产、储存、**装卸**危险物品的建设项目的施工单位未按照批准的安全设施设计施工的；

续表

修正前 （黑体字部分为删去内容）	修正后 （黑体字部分为修改或补充的内容）
（五）安全设备的安装、使用、检测、改造和报废不符合国家标准或者行业标准的； （六）未对安全设备进行经常性维护、保养和定期检测的； （七）未为从业人员提供符合国家标准或者行业标准的劳动防护用品的； （八）**特种设备以及**危险物品的容器、运输工具未经**取得**专业资质的机构检测、检验合格，取得安全使用证或者安全标志，投入使用的； （九）使用**国家明令**淘汰、**禁止使用**的危及生产安全的工艺、设备的。	（四）矿山、**金属冶炼**建设项目或者用于生产、储存危险物品的建设项目竣工投入生产或者使用前，安全设施未经验收合格的。
	第九十六条 生产经营单位有下列行为之一的，责令限期改正，**可以处五万元以下的罚款**；逾期未改正的，处五万元以上二十万元以下的罚款，**对其直接负责的主管人员和其他直接责任人员处一万元以上二万元以下的罚款；情节严重的，责令停产停业整顿**；构成犯罪的，依照刑法有关规定追究刑事责任： （一）未在有较大危险因素的生产经营场所和有关设施、设备上设置明显的安全警示标志的； （二）安全设备的安装、使用、检测、改造和报废不符合国家标准或者行业标准的； （三）未对安全设备进行经常性维护、保养和定期检测的； （四）未为从业人员提供符合国家标准或者行业标准的劳动防护用品的； （五）危险物品的容器、运输工具，**以及涉及人身安全、危险性较大的海洋石油开采特种设备和矿山井下特种设备**未经**具有**专业资质的机构检测、检验合格，取得安全使用证或者安全标志，投入使用的； （六）使用**应当**淘汰的危及生产安全的工艺、设备的。

续表

修正前 （黑体字部分为删去内容）	修正后 （黑体字部分为修改或补充的内容）
第八十四条　未经依法批准，擅自生产、经营、储存危险物品的，**责令停止违法行为或者予以关闭，没收违法所得，违法所得10万元以上的，并处违法所得1倍以上5倍以下的罚款，没有违法所得或者违法所得不足10万元的，单处或者并处2万元以上10万元以下的罚款；造成严重后果，**构成犯罪的，依照刑法有关规定追究刑事责任。	**第九十七条**　未经依法批准，擅自生产、经营、**运输**、储存、**使用危险物品或者处置废弃**危险物品的，**依照有关危险物品安全管理的法律、行政法规的规定予以处罚；**构成犯罪的，依照刑法有关规定追究刑事责任。
第八十五条　生产经营单位有下列行为之一的，责令限期改正；逾期未改正的，责令停产停业整顿，**可以**并处二万元以上十万元以下的罚款；**造成严重后果，**构成犯罪的，依照刑法有关规定追究刑事责任： （一）生产、经营、储存、使用危险物品，未建立专门安全管理制度、未采取可靠的安全措施**或者不接受有关主管部门依法实施的监督管理**的； （二）对重大危险源未登记建档，或者未进行评估、监控，或者未制定应急预案的； （三）进行爆破、吊装**等**危险作业，未安排专门**管理**人员进行现场安全管理的。	**第九十八条**　生产经营单位有下列行为之一的，责令限期改正，**可以处十万元以下的罚款；**逾期未改正的，责令停产停业整顿，并处十万元以上二十万元以下的罚款，**对其直接负责的主管人员和其他直接责任人员处二万元以上五万元以下的罚款；**构成犯罪的，依照刑法有关规定追究刑事责任： （一）生产、经营、**运输**、储存、使用危险物品**或者处置废弃危险物品**，未建立专门安全管理制度、未采取可靠的安全措施的； （二）对重大危险源未登记建档，或者未进行评估、监控，或者未制定应急预案的； （三）进行爆破、吊装**以及国务院安全生产监督管理部门会同国务院有关部门规定的其他**危险作业，未安排专门人员进行现场安全管理的； **（四）未建立事故隐患排查治理制度的。**

续表

修正前 （黑体字部分为删去内容）	修正后 （黑体字部分为修改或补充的内容）
	第九十九条　生产经营单位未采取措施消除事故隐患的，责令立即消除或者限期消除；生产经营单位拒不执行的，责令停产停业整顿，并处十万元以上五十万元以下的罚款，对其直接负责的主管人员和其他直接责任人员处二万元以上五万元以下的罚款。
第八十六条　生产经营单位将生产经营项目、场所、设备发包或者出租给不具备安全生产条件或者相应资质的单位或者个人的，责令限期改正，没收违法所得；违法所得**五**万元以上的，并处违法所得**一**倍以上五倍以下的罚款；没有违法所得或者违法所得不足**五**万元的，单处或者并处**一**万元以上**五**万元以下的罚款；导致发生生产安全事故给他人造成损害的，与承包方、承租方承担连带赔偿责任。 生产经营单位未与承包单位、承租单位签订专门的安全生产管理协议或者未在承包合同、租赁合同中明确各自的安全生产管理职责，或者未对承包单位、承租单位的安全生产统一协调、管理的，责令限期改正；逾期未改正的，责令停产停业整顿。	**第一百条**　生产经营单位将生产经营项目、场所、设备发包或者出租给不具备安全生产条件或者相应资质的单位或者个人的，责令限期改正，没收违法所得；违法所得十万元以上的，并处违法所得二倍以上五倍以下的罚款；没有违法所得或者违法所得不足十万元的，单处或者并处十万元以上二十万元以下的罚款；**对其直接负责的主管人员和其他直接责任人员处一万元以上二万元以下的罚款**；导致发生生产安全事故给他人造成损害的，与承包方、承租方承担连带赔偿责任。 生产经营单位未与承包单位、承租单位签订专门的安全生产管理协议或者未在承包合同、租赁合同中明确各自的安全生产管理职责，或者未对承包单位、承租单位的安全生产统一协调、管理的，责令限期改正，**可以处五万元以下的罚款，对其直接负责的主管人员和其他直接责任人员可以处一万元以下的罚款**；逾期未改正的，责令停产停业整顿。

续表

修正前 （黑体字部分为删去内容）	修正后 （黑体字部分为修改或补充的内容）
第八十七条 两个以上生产经营单位在同一作业区域内进行可能危及对方安全生产的生产经营活动，未签订安全生产管理协议或者未指定专职安全生产管理人员进行安全检查与协调的，责令限期改正；逾期未改正的，责令停产停业。	**第一百零一条** 两个以上生产经营单位在同一作业区域内进行可能危及对方安全生产的生产经营活动，未签订安全生产管理协议或者未指定专职安全生产管理人员进行安全检查与协调的，责令限期改正，**可以处五万元以下的罚款，对其直接负责的主管人员和其他直接责任人员可以处一万元以下的罚款**；逾期未改正的，责令停产停业。
第八十八条 生产经营单位有下列行为之一的，责令限期改正；逾期未改正的，责令停产停业整顿；**造成严重后果**，构成犯罪的，依照刑法有关规定追究刑事责任： （一）生产、经营、储存、使用危险物品的车间、商店、仓库与员工宿舍在同一座建筑内，或者与员工宿舍的距离不符合安全要求的； （二）生产经营场所和员工宿舍未设有符合紧急疏散需要、标志明显、保持畅通的出口，或者**封闭**、**堵塞**生产经营场所或者员工宿舍出口的。	**第一百零二条** 生产经营单位有下列行为之一的，责令限期改正，**可以处五万元以下的罚款，对其直接负责的主管人员和其他直接责任人员可以处一万元以下的罚款**；逾期未改正的，责令停产停业整顿；构成犯罪的，依照刑法有关规定追究刑事责任： （一）生产、经营、储存、使用危险物品的车间、商店、仓库与员工宿舍在同一座建筑内，或者与员工宿舍的距离不符合安全要求的； （二）生产经营场所和员工宿舍未设有符合紧急疏散需要、标志明显、保持畅通的出口，或者**锁闭**、**封堵**生产经营场所或者员工宿舍出口的。

续表

修正前 （黑体字部分为删去内容）	修正后 （黑体字部分为修改或补充的内容）
第八十九条 生产经营单位与从业人员订立协议，免除或者减轻其对从业人员因生产安全事故伤亡依法应承担的责任的，该协议无效；对生产经营单位的主要负责人、个人经营的投资人处二万元以上十万元以下的罚款。	**第一百零三条** 生产经营单位与从业人员订立协议，免除或者减轻其对从业人员因生产安全事故伤亡依法应承担的责任的，该协议无效；对生产经营单位的主要负责人、个人经营的投资人处二万元以上十万元以下的罚款。
第九十条 生产经营单位的从业人员不服从管理，违反安全生产规章制度或者操作规程的，由生产经营单位给予批评教育，依照有关规章制度给予处分；**造成重大事故**，构成犯罪的，依照刑法有关规定追究刑事责任。	**第一百零四条** 生产经营单位的从业人员不服从管理，违反安全生产规章制度或者操作规程的，由生产经营单位给予批评教育，依照有关规章制度给予处分；构成犯罪的，依照刑法有关规定追究刑事责任。
	第一百零五条 违反本法规定，生产经营单位拒绝、阻碍负有安全生产监督管理职责的部门依法实施监督检查的，责令改正；拒不改正的，处二万元以上二十万元以下的罚款；对其直接负责的主管人员和其他直接责任人员处一万元以上二万元以下的罚款；构成犯罪的，依照刑法有关规定追究刑事责任。
第九十一条 生产经营单位主要负责人在本单位发生**重大**生产安全事故时，不立即组织抢救或者在事故调查处理期间擅离职守或者逃匿的，给予降**职**、撤职的处分，对逃匿的处十五日以下拘留；构成犯罪的，依照刑法有关规定追究刑事责任。	**第一百零六条** 生产经营单位的主要负责人在本单位发生生产安全事故时，不立即组织抢救或者在事故调查处理期间擅离职守或者逃匿的，给予降**级**、撤职的处分，**并由安全生产监督管理部门处上一年年收入百分之六十至百分之一百的罚款**；对逃匿的处十五日以下拘留；构成犯罪的，

续表

修正前 （黑体字部分为删去内容）	修正后 （黑体字部分为修改或补充的内容）
生产经营单位主要负责人对生产安全事故隐瞒不报、谎报或者**拖延不报**的，依照前款规定处罚。	依照刑法有关规定追究刑事责任。 生产经营单位**的**主要负责人对生产安全事故隐瞒不报、谎报或者**迟报**的，依照前款规定处罚。
第九十二条 有关地方人民政府、负有安全生产监督管理职责的部门，对生产安全事故隐瞒不报、谎报或者**拖延不报**的，对直接负责的主管人员和其他直接责任人员依法给予**行政**处分；构成犯罪的，依照刑法有关规定追究刑事责任。	**第一百零七条** 有关地方人民政府、负有安全生产监督管理职责的部门，对生产安全事故隐瞒不报、谎报或者**迟报**的，对直接负责的主管人员和其他直接责任人员依法给予处分；构成犯罪的，依照刑法有关规定追究刑事责任。
第九十三条 生产经营单位不具备本法和其他有关法律、行政法规和国家标准或者行业标准规定的安全生产条件，经停产停业整顿仍不具备安全生产条件的，予以关闭；有关部门应当依法吊销其有关证照。	**第一百零八条** 生产经营单位不具备本法和其他有关法律、行政法规和国家标准或者行业标准规定的安全生产条件，经停产停业整顿仍不具备安全生产条件的，予以关闭；有关部门应当依法吊销其有关证照。
	第一百零九条 发生生产安全事故，对负有责任的生产经营单位除要求其依法承担相应的赔偿等责任外，由安全生产监督管理部门依照下列规定处以罚款： **（一）发生一般事故的，处二十万元以上五十万元以下的罚款；** **（二）发生较大事故的，处五十万元以上一百万元以下的罚款；** **（三）发生重大事故的，处一百万元以上五百万元以下的罚款；** **（四）发生特别重大事故的，处五百万元以上一千万元以下的罚款；情节特别严重的，处一千万元以上二千万元以下的罚款。**

续表

修正前 （黑体字部分为删去内容）	修正后 （黑体字部分为修改或补充的内容）
第九十四条 本法规定的行政处罚，由负责安全生产监督管理的部门决定；予以关闭的行政处罚由负责安全生产监督管理的部门报请县级以上人民政府按照国务院规定的权限决定；给予拘留的行政处罚由公安机关依照治安管理处罚法的规定决定。**有关法律、行政法规对行政处罚的决定机关另有规定的，依照其规定。**	**第一百一十条** 本法规定的行政处罚，由安全生产监督管理部门**和其他负有安全生产监督管理职责的部门按照职责分工**决定。予以关闭的行政处罚由负有安全生产监督管理**职责**的部门报请县级以上人民政府按照国务院规定的权限决定；给予拘留的行政处罚由公安机关依照治安管理处罚法的规定决定。
第九十五条 生产经营单位发生生产安全事故造成人员伤亡、他人财产损失的，应当依法承担赔偿责任；拒不承担或者其负责人逃匿的，由人民法院依法强制执行。 生产安全事故的责任人未依法承担赔偿责任，经人民法院依法采取执行措施后，仍不能对受害人给予足额赔偿的，应当继续履行赔偿义务；受害人发现责任人有其他财产的，可以随时请求人民法院执行。	**第一百一十一条** 生产经营单位发生生产安全事故造成人员伤亡、他人财产损失的，应当依法承担赔偿责任；拒不承担或者其负责人逃匿的，由人民法院依法强制执行。 生产安全事故的责任人未依法承担赔偿责任，经人民法院依法采取执行措施后，仍不能对受害人给予足额赔偿的，应当继续履行赔偿义务；受害人发现责任人有其他财产的，可以随时请求人民法院执行。

第二节 《安全生产法》法律责任条款逐条解读

第八十七条 负有安全生产监督管理职责的部门的工作人员，有下列行为之一的，给予降级或者撤职的处分；构成犯罪的，依照刑法有关规定追究刑事责任：

（一）对不符合法定安全生产条件的涉及安全生产的事项予以批

准或者验收通过的；

（二）发现未依法取得批准、验收的单位擅自从事有关活动或者接到举报后不予取缔或者不依法予以处理的；

（三）对已经依法取得批准的单位不履行监督管理职责，发现其不再具备安全生产条件而不撤销原批准或者发现安全生产违法行为不予查处的；

（四）在监督检查中发现重大事故隐患，不依法及时处理的。

负有安全生产监督管理职责的部门的工作人员有前款规定以外的滥用职权、玩忽职守、徇私舞弊行为的，依法给予处分；构成犯罪的，依照刑法有关规定追究刑事责任。

【解读】

对该法律责任条款应重点把握以下几点：

1. 依法审批，依法用权

行政许可对于企业是不得不过的坎，握有生杀大权的行政审批人员如果心术不正，滥用职权，会让企业跑断腿也办不成事，企业因此常常俯首帖耳，有求必应。这就使得在审批环节极易出现“卡拿要”现象，极易滋生腐败，也极易让一些不符合安全生产条件的企业利用金钱美色等不正常手段顺利过关。该条主要是约束负有安全生产监督管理职责的部门的工作人员违法审批以及其他滥用职权行为，旨在强制负有安全生产监督管理职责的部门的工作人员依法审批，依法用权，既要打击公务人员违法行为，更要防范不具备安全生产条件的企业顺利过关，带病运营，留下后患。

2. 何谓“负有安全生产监督管理职责的部门的工作人员”？

本条规定的负有安全生产监督管理职责的部门，是指安全生产监督管理部门，以及依照本法、其他有关安全生产的法律、法规和人民政府对部门职责规定对涉及安全生产事项负有监督管理职责的部门，包括法律、法规授权的组织及接受行政机关依法委托的行使有关行政职权的组织。

负有安全生产监督管理职责的部门的工作人员，是这些部门中负有安全生产监督管理职责的工作人员。对安全生产负有监督管理职责的工作人员，应当按照法律、法规所赋予的职权，认真履行职责，忠于职守，坚持原则，秉公执法。

3. 何谓“法定安全生产条件的涉及安全生产的事项”？

“法定安全生产条件”，是指本法和有关法律、法规和国家标准或者行业标准规定的安全生产条件。

“涉及安全生产的事项”，既包括本法规定的建设项目安全设施设计审查、竣工验收事项，主要负责人、安全生产管理人员和特种作业人员相关资格考核事项，为安全生产提供专业服务的评价、检测、检验、认证的机构资质的事项，也包括其他有关法律、法规规定的应由负有安全生产监督管理职责的部门进行批准或者验收的事项，比如，依照《铁路运输安全保护条例》规定的设置或者拓宽铁路道口、人行过道的审批。

4. 何谓“发现重大事故隐患，不依法及时处理”？

本法第六十二条第（三）款规定，安生生产监督管理部门和其他负有安全生产监督管理职责的部门对检查中发现的事故隐患，应当责令立即排除；重大事故隐患排除前或者排除过程中无法保证安全的，应当责令从危险区域内撤出作业人员，责令暂时停产停业或者停止使用相关设施、设备；重大事故隐患排除后，经审查同意，方可恢复生产经营和使用。上述部门若不依此对发现的重大事故隐患进行处理，便会受到法律责任追究。

第八十八条 负有安全生产监督管理职责的部门，要求被审查、验收的单位购买其指定的安全设备、器材或者其他产品的，在对安全生产事项的审查、验收中收取费用的，由其上级机关或者监察机关责令改正，责令退还收取的费用；情节严重的，对直接负责的主管人员和其他直接责任人员依法给予处分。

【解读】

对该法律责任条款应重点把握以下几点:

1. 依法办事,公平办事,不可变相创收

负有安全生产监督管理职责的部门在对生产经营单位进行审查、验收时,是不折不扣的裁判员。作为运动员的生产经营单位要想顺利通过审查、验收,自然不会与裁判员作对,对其指定的设备、器材、产品,定会优先考虑,甚至会主动揣摩,投其所好。什么适用、价格、质量不是最重要的,让裁判满意且有面子,还能创收,进而顺利通过审查、验收才是最重要的。

此种行为,一是违背市场公平竞争法则,二是可能让企业高价购货,增加了企业负担,三是可能让一些不合格、不适用的设备、器材或产品进入企业,对生产安全构成威胁。无论从哪一点考虑,都是不利于企业发展的,都应当坚决打击负有安全生产监督管理职责的部门以权指定服务、收取费用的违法行为。

2. 审查验收,不得收费

依照《行政许可法》规定,行政机关实施行政许可和对行政许可事项进行监督检查,不得收取任何费用;但是,法律、行政法规另有规定的,依照其规定。实施行政许可所需经费由本级财政予以保障。行政许可不收费是原则,收费必须有法律、行政法规的专门授权。

第八十九条 承担安全评价、认证、检测、检验工作的机构,出具虚假证明的,没收违法所得;违法所得在十万元以上的,并处违法所得二倍以上五倍以下的罚款;没有违法所得或者违法所得不足十万元的,单处或者并处十万元以上二十万元以下的罚款;对其直接负责的主管人员和其他直接责任人员处二万元以上五万元以下的罚款;给他人造成损害的,与生产经营单位承担连带赔偿责任;构成犯罪的,依照刑法有关规定追究刑事责任。

对有前款违法行为的机构,吊销其相应资质。

【解读】

对该法律责任条款应重点把握以下几点：

1. 科学公正，坚决打假

随着国家体制改革，中介机构逐步承担越来越多的社会公共职能，安全评价、认证、检测、检验等中介机构种类与数量越来越多。在市场经济法则下，不可避免地面临越来越大的竞争压力，另外，在为生产经营单位提供服务时，身为乙方，地处弱势，要严格、较真难以做到。在此双重压力下，安全评价、认证、检测、检验等专业服务机构，很容易为了经济效益、生存发展，被动甚至主动地以“通过”为原则，提供一些虚假资料，作出虚假结论，让生产经营单位养患成虎，贻害无穷。因此，必须加强行业自律，科学公平办事，对中介机构出具虚假证明的行为，必须予以坚决打击。

2. 先罚后关再打

为了强化安全生产专业服务机构的责任，本法修正后，一是对专业服务机构先罚再打，将原规定的先追究刑事责任、不够刑事责任再实施经济处罚修改为只要存在违法行为即一律先行经济处罚，且大幅提高罚款额度；然后吊销资质，关门歇业；如果构成犯罪即追究刑事责任。

3. 经济处罚范围大大增加

(1)没收违法所得。

将安全评价、认证、检测、检验机构的违法所得强制无偿收归国有。这里的“违法所得”，是指安全评价、认证、检测、检验机构因出具虚假证明而获得的全部财物。

(2)对机构罚款。

分两个档次对出具虚假证明的安全评价、认证、检测、检验机构进行罚款：违法所得在十万元以上的，并处违法所得二倍以上五倍以下的罚款；没有违法所得或者违法所得不足十万元的，单处或者并处十万元以上二十万元以下的罚款。

(3)对个人罚款。

对出具虚假证明的直接负责的主管人员和其他直接责任人员处二万元以上五万元以下的罚款。这里的“单处或者并处”,是指没有违法所得的,单处罚款;有违法所得的,并处罚款。

(4)承担连带赔偿责任。

安全评价、认证、检测、检验机构出具虚假证明,生产经营单位未采取应当采取的安全防范措施,导致生产安全事故发生,给他人造成损害的,安全评价、认证、检测、检验机构应当与生产经营单位承担连带赔偿责任。

第九十条 生产经营单位的决策机构、主要负责人或者个人经营的投资人不依照本法规定保证安全生产所必需的资金投入,致使生产经营单位不具备安全生产条件的,责令限期改正,提供必需的资金;逾期未改正的,责令生产经营单位停产停业整顿。

有前款违法行为,导致发生生产安全事故的,对生产经营单位的主要负责人给予撤职处分,对个人经营的投资人处二万元以上二十万元以下的罚款;构成犯罪的,依照刑法有关规定追究刑事责任。

【解读】

对该法律责任条款应重点把握以下几点:

1. 安全投入不足的违法界限

在安全生产实践中,生产经营单位安全生产资金投入多有不足,但是,投入不足到何种程度便构成违法是要清楚把握的。根据本条规定,安全生产资金投入不足的违法界限是:因为投入不足,致使生产经营单位不具备安全生产条件。何谓不具备安全生产条件?指生产经营单位不具备本法和有关法律、行政法规和国家标准或者行业标准规定的安全生产条件的情形。

2. 安全生产资金投入不足的责任追究对象

对因为安全生产资金投入不足,导致生产经营单位不具备安全生产条件的违法行为，只对生产经营单位主要负责人或个人经营的投资人进行责任追究。

3. 一罚二撤再刑事，责任追究空前加重

为了强化生产经营单位的决策机构、主要负责人、个人经营的投资人安全生产资金投入保障责任，本法将原规定的“先追究刑事责任，不够刑事责任再进行行政、经济处罚”修改为“先经济处罚，再行政撤职，对构成犯罪的，再追究刑事责任”，严厉打击。本法修正之后，对安全生产资金投入不足的责任追究力度空前加大。

第九十一条 生产经营单位的主要负责人未履行本法规定的安全生产管理职责的，责令限期改正；逾期未改正的，处二万元以上五万元以下的罚款，责令生产经营单位停产停业整顿。

生产经营单位的主要负责人有前款违法行为，导致发生生产安全事故的，给予撤职处分；构成犯罪的，依照刑法有关规定追究刑事责任。

生产经营单位的主要负责人依照前款规定受刑事处罚或者撤职处分的，自刑罚执行完毕或者受处分之日起，五年内不得担任任何生产经营单位的主要负责人；对重大、特别重大生产安全事故负有责任的，终身不得担任本行业生产经营单位的主要负责人。

【解读】

对该法律责任条款应重点把握以下两点：

1. 逾期未改，双重处罚，先罚后停

旧法规定，生产经营单位的主要负责人未履行本法规定的安全生产管理职责，逾期未改正的，责令生产经营单位停产停业整顿。本法修正后，补加“处二万元以上五万元以下的罚款”的处罚，而且先罚款再停产停业整顿，这就直接与生产经营单位的切身利益挂钩，责权对等，合情合理，强化问题改正。

2. 职业限制时间加长,上限终身

旧法规定,主要负责人未履行本法规定的安全生产职责,导致发生生产安全事故,受刑事处罚或者撤职处分的,自刑罚执行完毕或者受处分之日起,五年内不得担任任何生产经营单位的主要负责人。

新法对此职业限制进一步加强,即对重大、特别重大生产安全事故负有责任的,终身不得担任本行业生产经营单位的主要负责人。

第九十二条 生产经营单位的主要负责人未履行本法规定的安全生产管理职责,导致发生生产安全事故的,由安全生产监督管理部门依照下列规定处以罚款:

(一)发生一般事故的,处上一年年收入百分之三十的罚款;

(二)发生较大事故的,处上一年年收入百分之四十的罚款;

(三)发生重大事故的,处上一年年收入百分之六十的罚款;

(四)发生特别重大事故的,处上一年年收入百分之八十的罚款。

【解读】

该条是新增的,与现行《生产安全事故报告和调查处理条例》第三十八条一致。重点把握以下几点:

1. 罚款基数

罚款基数为上一年年收入,不仅包括工资、奖金,还包括其他相关福利、补贴等与工作相关的收入。

2. 罚款比例

罚款依照事故等级确定比例,不是单纯依据事故伤亡人数,还考虑经济损失,甚至社会影响。

3. 罚款执行主体

罚款执行主体为对其管辖的当地政府安全生产监督管理部门。

第九十三条 生产经营单位的安全生产管理人员未履行本法规定的安全生产管理职责的,责令限期改正;导致发生生产安全事故的，暂停或者撤销其与安全生产有关的资格；构成犯罪的，依照刑法有关规定追究刑事责任。

【解读】

此条为新增条款。

主要负责人既要对本单位安全生产工作全面负责，更要对本单位的生产经营活动的顺利进行及企业发展壮大全面负责，这就决定了主要负责人不可能将全部精力放在安全生产工作上。主要负责人履行安全生产职责主要体现在领导、组织、支持、协调等工作上，安全生产的日常工作，需要安全生产管理机构、安全生产管理人员来处理。俗话说县官不如现管，安全生产管理人员履职与否对生产经营单位安全生产状况具有至关重要的影响。

为了强化安全生产管理人员的责任，本法修正，新增本条规定了安全生产管理人员不履职的法律责任。依照本法规定，安全生产管理人员应当履行七项职责：组织或者参与拟订本单位安全生产规章制度、操作规程和生产安全事故应急救援预案；组织或者参与本单位安全生产教育和培训，如实记录安全生产教育和培训情况；督促落实本单位重大危险源的安全管理措施；组织或者参与本单位应急救援演练；检查本单位的安全生产状况，及时排查生产安全事故隐患，提出改进安全生产管理的建议；制止和纠正违章指挥、强令冒险作业、违反操作规程的行为；督促落实本单位安全生产整改措施。

第九十四条 生产经营单位有下列行为之一的，责令限期改正，可以处五万元以下的罚款；逾期未改正的，责令停产停业整顿，并处五万元以上十万元以下的罚款，对其直接负责的主管人员和其他直接责任人员处一万元以上二万元以下的罚款：

（一）未按照规定设置安全生产管理机构或者配备安全生产管理人员的；

（二）危险物品的生产、经营、储存单位以及矿山、金属冶炼、建筑施工、道路运输单位的主要负责人和安全生产管理人员未按照规定经考核合格的；

（三）未按照规定对从业人员、被派遣劳动者、实习学生进行安全生产教育和培训，或者未按照规定如实告知有关的安全生产事项的；

（四）未如实记录安全生产教育和培训情况的；

（五）未将事故隐患排查治理情况如实记录或者未向从业人员通报的；

（六）未按照规定制定生产安全事故应急救援预案或者未定期组织演练的；

（七）特种作业人员未按照规定经专门的安全作业培训并取得相应资格，上岗作业的。

【解读】

该条主要是约束生产经营单位在安全生产管理机构设置、有关人员安全生产教育培训、隐患排查治理情况通报、应急救援预案管理等方面的违法行为。正确理解该条，应把握以下几点。

1. 经济处罚无一例外，有违必罚

本法修正前，责令限期改正阶段并不罚款，只有逾期未改，在停产停业的处罚基础上进行经济罚款。本法修正后，从责令限期整改阶段就开始罚款，也即对所列违法行为无一例外，有违必罚。

2. 罚款底线提高，罚款额度加大

旧法对于逾期未改罚款只是二万元以下，这个“以下”下无底线，很难有震慑力，现在起点就是五万元以上，高至十万元。经济处罚力度空前加大。

3. 责任连坐追究，罚款对象增加

按照旧法，罚款只针对生产经营单位，新法扩大罚款额度，将罚款对象扩至个人，即对其直接负责的主管人员和其他直接责任人员处一万元以上二万元以下的罚款，此种关联追责，如同秦朝商鞅的连坐之制，惩处力度大大增加。

4. 追责行为范围增加，强化人机安全与救援效率

将违法行为从旧法中的4项扩至7项，增加了：未如实记录安全生产教育和培训情况、未将事故隐患排查治理情况如实记录或者未向从业人员通报、未按照规定制定生产安全事故应急救援预案或者未定期组织演练三种违法行为，同时一些具体的条款内容也有所增加。主要是将被派遣劳动者、实习生纳入了安全生产教育和培训范围。所有这些增加的内容，可以归结为提高员工的素质、提高设备安全可靠性与事故应急处置，概而言之，就是提高人机安全与救援效率，有效预防事故的发生及弱化事故损失。

第九十五条 生产经营单位有下列行为之一的，责令停止建设或者停产停业整顿，限期改正；逾期未改正的，处五十万元以上一百万元以下的罚款，对其直接负责的主管人员和其他直接责任人员处二万元以上五万元以下的罚款；构成犯罪的，依照刑法有关规定追究刑事责任：

（一）未按照规定对矿山、金属冶炼建设项目或者用于生产、储存、装卸危险物品的建设项目进行安全评价的；

（二）矿山、金属冶炼建设项目或者用于生产、储存、装卸危险物品的建设项目没有安全设施设计或者安全设施设计未按照规定报经有关部门审查同意的；

（三）矿山、金属冶炼建设项目或者用于生产、储存、装卸危险物品的建设项目的施工单位未按照批准的安全设施设计施工的；

（四）矿山、金属冶炼建设项目或者用于生产、储存危险物品的建设项目竣工投入生产或者使用前，安全设施未经验收合格的。

【解读】

该条主要是用以具体约束生产经营单位违反建设项目安全设施“三同时”规定的违法行为。建设项目安全设施“三同时”制度，是提升建设项目本质安全化水平、保障安全生产的重要措施。理解该条，应重点把握好以下几点。

1. 高危行业建设项目安全评价是建设前提

矿山、金属冶炼建设项目或者用于生产、储存、装卸危险物品的建设项目都属于高危行业建设项目，必须按规定进行安全评价，合格后方可建设投产。此处的安全评价，包括预评价、验收评价。

2. 不能边建边改，边产边改

出现本条所列违法行为，限期整改的前提是停止建设或者停产停业整顿，而不是限期之内，可以边建边改、边产边改、“带病”整改，这一点必须认识清楚，高度重视。

3. 罚款额度剧增，不再是只痒不痛

对于逾期未改所列违法行为的，将罚款额度从“五万元以下”大幅提至“五十万元以上一百万元以下”，这个数字规模对于绝大多数企业而言，不再是无关痛痒，而是有割肉之痛的。

4. 罚款对象增加，罚款额度不菲

对逾期未改本条所列违法行为的，在对生产经营单位进行五十万元以上一百万元以下罚款的同时，另对其直接负责的主管人员和其他直接责任人员也进行罚款，从二万元起步，高可达五万元。这样的罚款额度，对绝大多数企业领导人和安全管理人员、从业人员，特别是经济欠发达地区的人员，都是一笔数目不菲的支出。

第九十六条　生产经营单位有下列行为之一的，责令限期改正，可以处五万元以下的罚款；逾期未改正的，处五万元以上二十万元以下的罚款，对其直接负责的主管人员和其他直接责任人员处一万元以上二万元以下的罚款；情节严重的，责令停产停业整顿；构成犯罪的，依照刑法有关规定追究刑事责任：

（一）未在有较大危险因素的生产经营场所和有关设施、设备上设置明显的安全警示标志的；

（二）安全设备的安装、使用、检测、改造和报废不符合国家标准或者行业标准的；

（三）未对安全设备进行经常性维护、保养和定期检测的；

（四）未为从业人员提供符合国家标准或者行业标准的劳动防护用品的；

（五）危险物品的容器、运输工具，以及涉及人身安全、危险性较大的海洋石油开采特种设备和矿山井下特种设备未经具有专业资质的机构检测、检验合格，取得安全使用证或者安全标志，投入使用的；

（六）使用应当淘汰的危及生产安全的工艺、设备的。

【解读】

该条主要用以约束生产经营单位在安全设施、设备，危险物品容器、运输工具及淘汰工艺设备等方面的违法行为。理解本条款，应重点把握以下几点。

1. 处罚程序变化，起步就罚

将生产经营单位存在违法行为须经责令限期改正程序、逾期不改方才给予行政处罚，修改为存在违法行为即可根据违法行为情节给予处罚、逾期不改正加重处罚。

2. 罚款额度提高，刀刀见血

将逾期不改可以处五万元以下罚款，修改为存在违法行为即可处五万元以下罚款，若逾期不改处五万元以上二十万元以下罚款。逾期不改，就受到如此重罚，可谓刀刀见血。

3. 罚款先行，视情重处

对于本款所列违法行为，不是一罚了事，如果违法情节严重，责令生产经营单位停产停业整顿。

何谓情节严重？应以违法行为对于生产安全已经构成严重威胁，若不停产停业整顿，极易发生后果严重的事故，作为重要考量标准。具体而言，可重点关注以下几个因素：

(1)数量是否严重不足。比如在劳动防护用品配备上，规定期限后仍有一定比例（比如5%）的从业人员没有配备规定的劳动防护用品。

(2)是否直接危及从业人员生命安全。如安全设施不能起到防护作用,可能导致从业人员死亡。

(3)设备设施的固有危险特性大小。比如危险物品的容器、运输工具,危险物品固有危险性越大,发生事故造成的后果越严重,不纠正违法行为的危害性也就越大。

(4)生产经营单位纠正违法行为的态度问题。生产经营单位安全意识薄弱,对不安全行为、事故隐患听之任之,事故风险就会加大。

4. 责任连带,延及个人

在处罚单位的同时,连带处罚对本条所列违法行为直接负责的主管人员和其他直接责任人员一万元以上二万元以下的罚款。这一条非常严厉,不仅可能涉及领导的经济利益,而且,可能涉及普通管理人员的经济利益。

第九十七条 未经依法批准,擅自生产、经营、运输、储存、使用危险物品或者处置废弃危险物品的,依照有关危险物品安全管理的法律、行政法规的规定予以处罚;构成犯罪的,依照刑法有关规定追究刑事责任。

【解读】

本法规定的危险物品主要分为易燃易爆物品、危险化学品和放射性物品三类,有关法律、行政法规对危险物品违法行为的行政处罚有不同的规定。为避免法律、法规的冲突,本法在此次修正时,对危险物品违法行为的行政处罚作了衔接性规定,不再规定行政处罚具体事项。

1. 具体执行法律依据

对于未经依法批准,擅自生产、经营、运输、储存、使用危险物品或者处置废弃危险物品的,依照有关危险物品安全管理的法律、行政法规的规定予以处罚。具体执行法律依据主要如下。

(1)民用爆炸物品。依照《民用爆炸物品安全管理条例》的规定予以处罚,执法主体主要是公安部门、民用爆炸物品行业主管部门。

(2)烟花爆竹。依照《烟花爆竹安全管理条例》的规定予以处罚,执法主体主要是安全生产监督管理部门、公安部门等。

(3)危险化学品。依照《危险化学品安全管理条例》的规定予以处罚,执法主体主要是安全生产监督管理部门、公安部门、交通运输部门、质监部门、工商部门等。

(4)易制毒化学品。依照《易制毒化学品条例》的规定处罚,执法主体主要是公安部门、工商部门、食品药品监督管理部门、安全生产监督管理部门、商务部门、海关部门等。

(5)城镇燃气。依照《城镇燃气管理条例》的规定予以处罚,执法主体主要是住建部门。

(6)放射性物品。依照《放射性污染防治法》《民用核设施安全监督管理条例》《核电厂核事故应急管理条例》《核材料管制条例》《民用核安全设备监督管理条例》《放射性物品运输安全管理条例》《放射性同位素与射线装置安全和防护条例》《放射性废物安全管理条例》的规定予以处罚,执法主体主要是环保部门、公安部门等。

2. 构成犯罪的,依照《刑法》有关规定追究刑事责任

这里讲的构成犯罪,主要是指构成《刑法》第一百二十五条规定的非法制造、买卖、运输、邮寄、储存爆炸物以及非法买卖、运输核材料的犯罪,第一百三十条规定的非法携带爆炸性、易燃性、放射性、毒害性、腐蚀性物品进入公共场所或者公共交通工具的犯罪,第一百三十六条规定的关于危险物品肇事的犯罪,第一百四十六条规定的生产不符合标准的易燃易爆产品的犯罪,第一百五十一条规定的走私核材料的犯罪,第一百五十三条规定的走私货物的犯罪,第二百九十七条规定的违法携带爆炸物参加集会、游行、示威的犯罪,第三百三十八条规定的违反规定向土地、水体、大气排放、倾倒或者处置有放射性的废物、有毒物质或者其他危险废物的犯罪,第三百五十条规定的违反规定非法运输、携带用于制造毒品的原料或者配剂进出境以及非法买卖用于制造毒品的原料或者配剂的犯罪。

依照《刑法》第一百二十五条的规定，非法制造、买卖、运输、邮寄、储存爆炸物以及非法买卖、运输核材料，处三年以上十年以下有期徒刑；情节严重的，处十年以上有期徒刑、无期徒刑或者死刑。该罪是行为犯，只要有非法制造、买卖等行为，就构成犯罪；而造成严重后果或者其他情节严重的情形，属于加重处罚的范围。

依照《刑法》第一百三十条的规定，非法携带爆炸性、易燃性、放射性、毒害性、腐蚀性物品进入公共场所或者公共交通工具，危及公共安全，情节严重的，处三年以下有期徒刑、拘役或者管制。如果没有造成严重后果或者其他情节严重的情形，不构成本条规定的犯罪。

构成《刑法》第一百三十六条规定的犯罪应当具备以下条件：首先，行为人在主观上是过失，如果行为人主观上是故意的话，则构成其他犯罪；第二，客观上实施了违反关于危险物品管理规定的行为；第三，必须造成人员伤亡或者使公私财产遭受重大损失的严重后果，这是追究刑事责任的必要条件。对于构成犯罪的，处三年以下有期徒刑或者拘役；后果特别严重的，处三年以上七年以下有期徒刑。对于本条规定来说，主要是已经依法取得批准的单位，未按照批准的范围、数量、方式等从事有关危险物品的生产、经营、储存、运输、使用或者废弃危险物品处置活动，造成严重后果，依照《刑法》第一百三十六条的规定处罚。

依照《刑法》第一百四十六条的规定，生产不符合标准的易燃易爆产品，销售明知是以上不符合保障人身、财产安全的国家标准、行业标准的产品，比如烟花爆竹，造成严重后果的，处五年以下有期徒刑，并处销售金额50％以上二倍以下罚金；后果特别严重的，处5年以上有期徒刑，并处销售金额50％以上二倍以下罚金。

依照《刑法》第一百五十一条的规定，走私核材料的，处七年以上有期徒刑，并处罚金或者没收财产；情节较轻的，处三年以上七年以下有期徒刑，并处罚金；情节特别严重的，处无期徒刑或者死刑，并处没收财产。该罪是行为犯，只要有走私核材料行为，就构成犯罪；即使情节较轻，最低也得处三年有期徒刑，并处罚金。

依照《刑法》第一百五十三条的规定，走私易燃易爆物品、危险化学品的，偷逃应缴税额在五十万元以上的，处十年以上有期徒刑或者无期徒刑，并处偷逃应缴税额一倍以上五倍以下罚金或者没收财产，情节特别严重的处无期徒刑或者死刑，并处没收财产；偷逃应缴税额在十五万元以上不满五十万元的，处三年以上十年以下有期徒刑，并处偷逃应缴税额一倍以上五倍以下罚金，情节特别严重的处十年以上有期徒刑或者无期徒刑，并处偷逃应缴税额一倍以上五倍以下罚金或者没收财产；偷逃应缴税额在五万元以上不满十五万元的，处三年以下有期徒刑或者拘役，并处偷逃应缴税额一倍以上五倍以下罚金。

依照《刑法》第二百九十七条的规定，违反法律规定，携带爆炸物参加集会、游行、示威的，处三年以下有期徒刑、拘役、管制或者剥夺政治权利。该罪是行为犯，只要违反法律规定携带爆炸物参加集会、游行、示威，就构成犯罪。

依照《刑法》第三百三十八条的规定，违反国家规定，向土地、水体、大气排放、倾倒或者处置有放射性的废物、有毒物质或者其他危险废物，造成重大环境污染事故，致使公私财产遭受重大损失或者人身伤亡的严重后果的，处三年以下有期徒刑或者拘役，并处或者单处罚金；后果特别严重的，处三年以上七年以下有期徒刑，并处罚金。没有造成公私财产遭受重大损失或者人身伤亡的严重后果，不构成该犯罪。

依照《刑法》第三百五十条的规定，违反规定，非法运输、携带易制毒化学品进出境以及非法买卖易制毒化学品，处三年以下有期徒刑、拘役或者管制，并处罚金；数量大的，处三年以上十年以下有期徒刑，并处罚金。该罪是行为犯，只要违反规定非法运输、携带易制毒化学品进出境，或者非法买卖易制毒化学品，就构成该罪。

第九十八条 生产经营单位有下列行为之一的，责令限期改正，可以处十万元以下的罚款；逾期未改正的，责令停产停业整顿，并处十万元以上二十万元以下的罚款，对其直接负责的主管人员和其他直接责任人员处二万元以上五万元以下的罚款；构成犯罪的，依照刑法有关规定追究刑事责任：

（一）生产、经营、运输、储存、使用危险物品或者处置废弃危险物品，未建立专门安全管理制度、未采取可靠的安全措施的；

（二）对重大危险源未登记建档，或者未进行评估、监控，或者未制定应急预案的；

（三）进行爆破、吊装以及国务院安全生产监督管理部门会同国务院有关部门规定的其他危险作业，未安排专门人员进行现场安全管理的；

（四）未建立事故隐患排查治理制度的。

【解读】

该条主要约束生产经营单位对危险物品、重大危险源、危险作业、事故隐患事前管理方面的违法行为。

危险物品、重大危险源、危险作业、事故隐患是生产经营企业最为关键的风险控制点，如果这些点能控制住，那么，企业安全就会得到根本性保障。为此，本条法律责任追究较之其他许多违法行为都是严加一等，目的就是要对这些风险控制点进行严格管控。学习本法条，具体要理解好以下几点。

1. 有违必罚

此前，责令限期改正阶段并不罚款，只有逾期未改，在停产停业的处罚基础上进行经济罚款。本法修正后，从责令限期整改阶段就开始罚款，也即有违必罚。

2. 罚款额度加大

很多违法行为，在责令限期整改阶段，也即起步罚款上限设定为五万元一般就很高了，但是对于本法条所列违法行为，却提高至十万元的上限。同样，对其直接负责的主管人员和其他直接责任人员，在别的违法行为处罚里，大多是处一万元到二万元的罚款，但在本法条中，却是予以二万元至五万元的罚款。

对于逾期未改罚款额度也是大大增加。旧法对于逾期未改，罚款额度是二万元至十万元，本法修订后改为十万元至二十万元，罚款上限虽只翻了一番，但是，罚款下限却是原来的五倍。违法行为罚款额度的提高，使得生产经营单位的违法成本大大提高，对于生产经营单位形成有力制约。

3. 罚款对象增加

按照旧法，罚款对象只针对生产经营单位。本法修正后，在扩大罚款额度的同时，又将罚款对象从单位扩至个人，即对其直接负责的主管人员和其他直接责任人员，也要进行处罚，而且罚款从二万元以上到五万元以下，罚款力度很大。

4. 追责行为范围增加

将违法行为从旧法中的三项扩至四项，增加了“未建立事故隐患排查治理制度”这一违法行为，同时一些具体的条款内容也有所增加。主要是扩展了危险作业的范围。

危险作业是直接作业环节，也是事故的高发环节；事故隐患，是孵化事故的温床，距离事故发生，只有一步之遥，一旦失控，将直接引发事故。因此，严格管控事故隐患与危险作业，加大责任追究，推动工作落实，对夯实基础、保障安全具有非常重要的现实意义和长远意义。

第九十九条 生产经营单位未采取措施消除事故隐患的，责令立即消除或者限期消除；生产经营单位拒不执行的，责令停产停业整顿，并处十万元以上五十万元以下的罚款，对其直接负责的主管人员和其他直接责任人员处二万元以上五万元以下的罚款。

【解读】

该法条是新增条款，专用于约束生产经营单位不按照规定治理事故隐患的违法行为，凸显了对隐患治理的高度重视，也是加强事故隐患治理重要性的具体体现。

事故隐患，是指生产经营单位违反安全生产法律、法规、规章、标准、规程和安全生产管理制度的规定，或者因其他因素在生产经营活动中存在可能导致事故发生的物的不安全状态、人的不安全行为和管理上的缺陷，这是广义的事故隐患。

本条的“事故隐患”，是指生产经营单位存在的可能导致事故发生的物的不安全状态，是狭义的事故隐患。因为本法针对人的不安全行为和管理上的缺陷而规定的制度都设定了相应的法律责任，如果本条采用广义的事故隐患，本法其他法律责任条款就没有设定的必要了，其他与安全生产有关的法律、法规、规章也没有必要规定有关安全生产违法行为的法律责任，这与立法本意存在冲突。

为了及时排查治理事故隐患，本法规定，生产经营单位应当建立健全生产安全事故隐患排查治理制度，采取技术、管理措施，及时发现并消除事故隐患；危险物品的生产、储存单位以及矿山的安全生产管理人员在检查中发现重大事故隐患，本单位有关负责人接到报告不及时处理的，安全生产管理人员应当向主管的负有安全生产监督管理职责的部门报告；从业人员发现事故隐患或者其他不安全因素，应当立即向现场安全生产管理人员或者本单位负责人报告；接到报告的人员应当及时予以处理。

同时，为落实隐患排查治理责任，防止隐患屡查屡治无效问题，让从业人员参与隐患排查治理的监督，规定事故隐患排查治理情况应当如实记录，并向从业人员通报；对存在重大事故隐患的生产经营单位不执行停产停业、停止施工、停止使用决定的，规定了强制执行措施。生产经营单位违反本法和有关法律、法规的规定，没有及时排查治理事故隐患的，依照本条追究责任。

第一百条 生产经营单位将生产经营项目、场所、设备发包或者出租给不具备安全生产条件或者相应资质的单位或者个人的，责令限期改正，没收违法所得；违法所得十万元以上的，并处违法所得二倍以上五倍以下的罚款；没有违法所得或者违法所得不足十万元的，单处或者并处十万元以上二十万元以下的罚款；对其直接负责的主管人员和其他直接责任人员处一万元以上二万元以下的罚款；导致发生生产安全事故给他人造成损害的，与承包方、承租方承担连带赔偿责任。

生产经营单位未与承包单位、承租单位签订专门的安全生产管理协议或者未在承包合同、租赁合同中明确各自的安全生产管理职责，或者未对承包单位、承租单位的安全生产统一协调、管理的，责令限期改正，可以处五万元以下的罚款，对其直接负责的主管人员和其他直接责任人员可以处一万元以下的罚款；逾期未改正的，责令停产停业整顿。

【解读】

本条用以约束生产经营单位发包、出租生产经营项目、场所、设备的违法行为。

对比旧法，本法所做修订，主要是通过强化经济处罚手段加强对发包、出租生产经营项目、场所、设备的规范管理。有关生产经营单位必须认清以下两点。

1. 违法发包、出租，经济惩处力度加大

其一是没收违法所得。对生产经营单位违法发包、出租生产经营项目、场所、设备所得收入，全部没收，上缴国库。

其二是加大罚款额度。没收违法所得之后，还要进行高额罚款。将旧法中“违法所得五万元以上处一倍以上五倍以下违法所得”的罚款规定，修改为“违法所得十万元以上处二倍以上五倍以下”违法所得的罚款。

同时，将“没有违法所得或违法所得不足五万元，单处或并处一万以上五万以下的罚款”修改为“没有违法所得或者违法所得不足十万元的，单处或者并处十万元以上二十万元以下的罚款”。这一条规定，较之以前，可谓空前严厉。只要违法，无论有没有违法所得，也无论违法所得是十万，还是一毛，都可处以少则几万元多至几十万元的经济处罚。

其三，责任人员连带处罚。如果出现违法承包、出租，对违法承包、出租直接负责的主管人员和其他直接责任人员将受到一万元以上二万元以下的罚款。

其四，承担事故连带赔偿。如果承包方、承租方发生生产安全事故给他人造成损害的，发包、出租单位必须与承包方、承租方承担连带赔偿责任。

连带赔偿，事关众人。众所周知，事故后果具有不确定性，同样的容器爆炸、油罐火灾等事故，会造成不同程度的人员伤亡、财产损失，因此，承包方、承租方，既可能发生小事故、一般事故，也可能因安全管理失控发生重特大事故。一旦发生重特大事故，巨额的经济赔偿，极可能让发包方、出租方得不偿失，叫苦不迭。

2. 管理不规范，以包代管将受重罚严处

生产经营单位未与承包单位、承租单位签订专门的安全生产管理协议或者未在承包合同、租赁合同中明确各自的安全生产管理职责，或者未对承包单位、承租单位的安全生产统一协调、管理的，责令限期改正，对单位可以处五万元以下的罚款，对其直接负责的主管人员和其他直接责任人员可以处一万元以下的罚款。逾期未改正的，责令停产停业整顿。

综上所述，有关生产经营单位的发包、出租行为，必须把握住以下三点。

1. 严把安全条件、资质关

承包、承租单位和个人必须具备安全生产条件或者相应资质。

2. 明文确定各自的安全生产管理职责

生产经营单位发包、出租生产经营项目、场所、设备，必须与承包、承租方签订安全生产管理协议，或者在承包合同、租赁合同中明确各自的安全生产管理职责。白纸黑字，按约办事。

3. 不可以包代管，一包了之

对承包单位、承租单位不可认为签订了安全生产管理协议就万事大吉，必须牢固树立全程管控理念，对其安全生产统一协调、管理，该查的要查，该管的要管，问题严重的，该终止的终止。绝不能走以包代管的老路、错路。

第一百零一条 两个以上生产经营单位在同一作业区域内进行可能危及对方安全生产的生产经营活动，未签订安全生产管理协议或者未指定专职安全生产管理人员进行安全检查与协调的，责令限期改正，可以处五万元以下的罚款，对其直接负责的主管人员和其他直接责任人员可以处一万元以下的罚款；逾期未改正的，责令停产停业。

【解读】

同一作业区域内有多个生产经营单位同时进行作业活动的，生产经营单位仅做好本单位安全生产防范工作是不够的，还必须防范同一区域作业的生产经营单位间的安全威胁，事前消除、控制相互间的不利影响。

为了保障各生产经营单位在同一区域内进行作业活动的安全生产，本法条规定，两个以上生产经营单位在同一作业区域内进行生产经营活动，有可能危及对方生产安全的，各方应当签订安全生产管理协议。通过安全生产管理协议，互相告知本单位生产的特点、作业场所存在的危险因素、防范措施以及事故应急措施，以使各个单位对该作业区域的安全生产状况有一个整体上的把握,明确各自的安全生产管理职责和应当采取的安全措施。

签订安全生产管理协议,目的是为了明确责任,落实责任,防范管理真空,杜绝推诿扯皮。如果各方不签订安全生产管理协议,在安全生产管理中就可能因为责任不明而出现疏漏,甚至因此酿成事故。各方依法签订了安全生产管理协议,各自按照协议约定履行各自职责,有利于保障同一作业区域内的整体生产安全。

与此同时,同一区域作业的各生产经营单位都应当指定专职安全生产管理人员进行安全检查与协调,比如,甲单位要进行吊装危险作业,而乙单位刚好安排在吊装物下进行作业,这就需要甲、乙两个单位指定的专职安全生产管理人员事先进行沟通、协调以解决这一冲突问题。

可能有此情形的生产经营单位,应特别注意把握好以下两点。

1. 知彼知己,主动辨识危险

本单位能对对方造成怎样的危害,对方可能不太清楚,自己若不了解对方的作业内容,也难以作出正确判断。因此,依据本法条,应主动了解双方的作业内容,只有知己知彼,全面辨识,方可作出是否可能危及对方生产安全的判断。

2. 视情而定,有危方签

不是同一作业区域内作业就必须相互签订安全管理协议,只有在可能危及对方的生产安全时,才需签订。作业有交叉,相互不影响,就不必多此一举。

第一百零二条 生产经营单位有下列行为之一的,责令限期改正,可以处五万元以下的罚款,对其直接负责的主管人员和其他直接责任人员可以处一万元以下的罚款;逾期未改正的,责令停产停业整顿;构成犯罪的,依照刑法有关规定追究刑事责任:

(一)生产、经营、储存、使用危险物品的车间、商店、仓库与员工宿舍在同一座建筑内，或者与员工宿舍的距离不符合安全要求的；

（二）生产经营场所和员工宿舍未设有符合紧急疏散需要、标志明显、保持畅通的出口，或者锁闭、封堵生产经营场所或者员工宿舍出口的。

【解读】

本法条专门约束生产经营场所和员工宿舍设置方面的违法行为，旨在最大限度地保障员工的生命安全，特别是遇到险情时员工能及时逃生，避免出现群体性死亡事件。

依照本法规定，生产、经营、储存、使用危险物品的车间、商店、仓库不得与员工宿舍在同一座建筑物内，并应当与员工宿舍保持安全距离，即杜绝车间、仓库、宿舍等“多合一”现象。生产经营场所和员工宿舍应当设有符合紧急疏散要求、标志明显、保持畅通的出口。禁止锁闭、封堵生产经营场所或者员工宿舍的出口。违反以上规定，就应当承担相应的法律责任。

较之旧法，本法条修正后，加大了经济处罚力度。出现本法条所列违法行为，对涉事单位可以处五万元以下的罚款，对对其直接负责的主管人员和其他直接责任人员可以处一万元以下的罚款。通过增加对生产经营单位特别是对有关责任人员的经济处罚，会有力打击生产经营场所和员工宿舍设置方面的违法行为。

第一百零三条 生产经营单位与从业人员订立协议，免除或者减轻其对从业人员因生产安全事故伤亡依法应承担的责任的，该协议无效；对生产经营单位的主要负责人、个人经营的投资人处二万元以上十万元以下的罚款。

【解读】

在工作实践中，一些安全生产风险较高、从业人员流动频繁的生产经营单位，比如矿山企业、建筑施工企业，特别是为通过违法转包、分包所获工程项目提供劳务的一线施工队伍，为了方便从业人员管理，而强迫从业人员订立免除或者减轻其对从业人员因生产安全事故伤亡依法应承担的责任的协议，俗称"生死合同"，一旦发生人身伤亡事故，只给受害人或其家属很有限的补偿，就不再承担其他任何责任。

针对这一情况，本法条作出禁止性规定，这是对从业人员合法权利的法律保障，也是对作业人员变"自管"为"企管"，提高作业安全系数的保障性举措。生产经营单位违反法律的这一规定，与从业人员签订协议来免除或者减轻因发生生产安全事故造成从业人员伤亡依法应当承担的责任的，该协议属于违法协议，也是无效协议。

生产经营单位与从业人员订立免除或者减轻其对从业人员因生产安全事故造成人身伤亡应承担责任协议的行为，属于严重侵犯从业人员合法权益的违法行为，除签订的有关协议无效以外，还应当承担相应的法律责任。依照本法条规定，对生产经营单位的主要负责人、个人经营的投资人根据违法行为的情节，处二万元以上十万元以下的罚款。

同时，依照《劳动合同法》的规定，用人单位免除自己的法定责任、排除劳动者权利的，劳动者可以解除劳动合同，用人单位还须向劳动者支付经济补偿。

第一百零四条 生产经营单位的从业人员不服从管理，违反安全生产规章制度或者操作规程的，由生产经营单位给予批评教育，依照有关规章制度给予处分；构成犯罪的，依照刑法有关规定追究刑事责任。

【解读】

依照本法条规定，从业人员在作业过程中，应当严格遵守本单位的安全生产规章制度和操作规程，服从管理，正确佩戴和使用劳动防护用品。这是本法对从业人员规定的义务，也是保障安全生产的一个必要条件，从业人员必须遵守。如果违反了法律所规定的义务，就要依照本法条规定承担相应的责任。对于从业人员违反安全生产规章制度和操作规程的行为,应当把握好以下几点。

1. 批评教育为先,不可一犯就罚就打

对从业人员违反安全生产规章制度和操作规程的行为,由生产经营单位进行批评,同时对其进行有关安全生产知识方面的培训教育。对从业人员违反安全生产规章制度、操作规程的行为,要切实搞清从业人员违反安全生产规章制度、操作规程的根源,切实解决安全生产思想意识问题,让从业人员认识到违反安全生产规章制度、操作规程对其本人、家人、他人及生产经营单位可能造成的后果,筑牢安全生产思想防线。

如果从业人员违反安全生产规章制度、操作规程行为的原因,是生产经营单位安全生产规章制度没有得到认真执行,或者说违反安全生产规章制度、操作规程在生产经营单位是普遍现象,那么应当受到批评、教育的更多的是包括主要负责人在内的生产经营单位的整个管理层。

认定从业人员的行为违反了安全生产规章制度、操作规章,必须具备三个条件:一是从业人员接受了安全生产教育培训,并考核合格,知悉生产经营单位的安全生产规章制度、操作规程;二是生产经营单位的规章制度得到了认真的贯彻执行,凡存在违反安全生产规章制度、操作规程的行为,无论行为人是谁,都依照有关规章制度受到了处理;三是从业人员实施了违反安全生产规章制度、操作规程的行为。

2. 按规处分,不能仅凭“违规”后果作处罚决定

这里讲的“规章制度”,是指生产经营单位依法制定的规章制度。生产经营单位依法制定的规章制度,对从业人员不服从管理和违反安全生产规章制度、操作规程行为的处分有规定的,从业人员违反安全生产规章制度、操作规程即可依照规章制度给予处分;没有规章制度,或者规章制度没有对从业人员不服从管理和违反安全生产规章制度、操作规程行为的处分作出规定的，不能对从业人员给予处分。对于违规、违章行为不作处分要求的，只能视作是可接受的、可不予责任追究的，不能怪到员工的头上。

3. 构成犯罪的，依法追究刑事责任

这里讲的构成犯罪，主要是指构成《刑法修正案（六）》第一百三十四条规定的重大责任事故罪、强令冒险作业罪。

第一百零五条　违反本法规定，生产经营单位拒绝、阻碍负有安全生产监督管理职责的部门依法实施监督检查的，责令改正；拒不改正的，处二万元以上二十万元以下的罚款；对其直接负责的主管人员和其他直接责任人员处一万元以上二万元以下的罚款；构成犯罪的，依照刑法有关规定追究刑事责任。

【解读】

这一新增条款用以约束生产经营单位拒绝、阻碍监督检查的违法行为。

生产经营单位拒绝、阻碍安全监管执法，是对国家开展安全生产监督管理活动的干扰和破坏，损害了负有安全生产监督管理职责的部门的权威，破坏了法治。

对于妨害社会管理的行为，《治安管理处罚法》规定了行政拘留处罚和最高罚款五百元的法律责任，这一法律责任对拒绝、阻碍安全监管执法的违法行为人威慑力不足，以致拒绝、阻碍安全监管执法的行为屡禁不止，最终酿成事故。本法修正后，从提高安全执法权威，保障安全生产的角度，对拒绝、阻碍安全监管执法规定了严厉的法律责任，以确保人民群众生命财产安全。

依照本法规定，县级以上地方各级人民政府应当根据本行政区域内的安全生产状况，组织有关部门按照职责分工，对本行政区域内容易发生重大生产安全事故的生产经营单位进行严格检查；发现事故隐患，应当及时处理。

生产经营单位对负有安全生产监督管理职责的部门的监督检查人员依法履行监督检查职责，应当予以配合，不得拒绝、阻挠。任何单位和个人不得阻挠和干涉对事故的依法调查处理。生产经营单位对安全生产监督管理职责的部门依法履行监督检查职责，以各种方式拒绝、阻挠，不予以配合的，负有安全生产监督管理职责的部门应当注意收集生产经营单位拒绝、阻挠的证据，比如拒绝、阻碍监督检查的照片、录音、影像，以及有关证人的证言等；责令生产经营单位改正违法行为。对拒不改正，仍继续拒绝、阻挠依法进行的监督检查的，依照本条规定予以处罚。

构成犯罪的，依照刑法有关规定追究刑事责任。这里的构成犯罪，主要是指构成《刑法》第二百七十七条规定的妨害公务罪、第二百七十八条规定的煽动暴力抗拒法律实施罪。

第一百零六条 生产经营单位的主要负责人在本单位发生生产安全事故时，不立即组织抢救或者在事故调查处理期间擅离职守或者逃匿的，给予降级、撤职的处分，并由安全生产监督管理部门处上一年年收入百分之六十至百分之一百的罚款；对逃匿的处十五日以下拘留；构成犯罪的，依照刑法有关规定追究刑事责任。

生产经营单位的主要负责人对生产安全事故隐瞒不报、谎报或者迟报的，依照前款规定处罚。

【解读】

本条用以约束生产经营单位发生事故，由于抢救延迟甚至不救而造成错失救援良机、事故恶化升级的违法行为。

近些年来，由于领导无意、故意不履行事故救援职责，瞒报、谎报、迟报导致的由小变大、恶化升级的重特大事故屡见不鲜，因此，对此违法行为必须严厉打击。本法修正后，虽然修改字数不多，但修改内容不少，约束力度加大。主要体现在以下几个方面。

1. 不分事故大小,统一予以打击

按照旧法,只对发生重大生产安全事故的生产经营单位主要负责人的救援失职,才予以追责。现在将“重大”二字去掉,即事故不分大小,统一纳入打击范围,领导都要严格履行职责,积极救援,否则,严惩不贷,旨在从根本上杜绝因为救援延误导致小事变大、大事失控现象的发生。

2. 加大经济处罚力度

这是在旧法降级、撤职处罚基础上新增的处罚规定,即由安全生产监督管理部门对生产经营单位主要负责人处上一年年收入百分之六十至百分之一百的罚款。

依照《生产安全事故报告和调查处理条例》第三十五、三十六条规定,主要负责人不立即组织事故抢救、迟报或者漏报事故、在事故调查处理期间擅离职守的,处上一年年收入百分之四十至百分之八十的罚款;主要负责人谎报或者瞒报事故、事故发生后逃匿的,处上一年年收入百分之六十至百分之一百的罚款。

本法条对主要负责人不立即组织抢救或者在事故调查处理期间擅离职守或者逃匿,以及对生产安全事故隐瞒不报、谎报或者迟报的,罚款处罚额度统一规定为处上一年年收入的百分之四十至百分之一百。根据上位法优于下位法,新法优于旧法的法律效力原则,应当根据本法规定在百分之六十至百分之一百范围内进行处罚。

第一百零七条 有关地方人民政府、负有安全生产监督管理职责的部门,对生产安全事故隐瞒不报、谎报或者迟报的,对直接负责的主管人员和其他直接责任人员依法给予处分;构成犯罪的,依照刑法有关规定追究刑事责任。

负有安全生产监督管理职责的部门在接到事故报告后,应当立即按照国家有关规定上报事故情况。负有安全生产监督管理职责的部门和有关地方人民政府对事故情况不得隐瞒不报、谎报或者迟报。

违反了这一规定，就要承担相应的法律责任。依照本法条规定，有关地方人民政府、负有安全生产监督管理职责的部门，对生产安全事故隐瞒不报、谎报或者迟报的，应当承担以下法律责任：

1. 给予处分

对直接负责的主管人员和其他直接责任人员依法给予处分。这里的处分，包括党纪处分和行政处分。

(1)党纪处分

党纪处分是对党员和党组织违反党规党纪做出的一种制裁性处理，对党员的纪律处分种类包括：警告、严重警告、撤销党内职务、留党察看、开除党籍。依据《中国共产党纪律处分条例》规定，对突发事件、重大事故和其他重要情况瞒报、谎报、迟报，给党、国家和人民利益以及公共财产造成较大损失的，对负有直接责任者，给予严重警告或者撤销党内职务处分；造成重大损失的，对负有直接责任者，给予留党察看或者开除党籍处分；负有主要领导责任者，给予严重警告、撤销党内职务或者留党察看处分；负有重要领导责任者，给予警告、严重警告或者撤销党内职务处分。

(2)行政处分

行政处分是指行政机关对违反行政纪律的工作人员的一种制裁性处理，处理对象是地方人民政府和负有安全生产监督管理职责的部门的直接负责的主管人员和其他直接责任人员。行政处分种类包括：警告、记过、记大过、降级、撤职、开除六种；受处分的期限为：警告六个月，记过十二个月，记大过十八个月，降级、撤职二十四个月。对上述人员给予处分，由任免机关或者监察机关按照管理权限决定。

依据《行政机关公务员处分条例》和《安全生产领域违法违纪行为政纪处分暂行规定》，对发生的生产安全事故瞒报、谎报、拖延不报，或者组织、参与瞒报、谎报、拖延不报的，对有关责任人员，给予警告、记过或者记大过处分；情节较重的，给予降级或者撤职处分；情节严重的，给予开除处分。

2. 追究犯罪责任

这里讲的构成犯罪，主要是指构成《刑法》第三百九十七条规定的关于国家机关工作人员滥用职权、玩忽职守的犯罪，《刑法修正案(六)》第一百三十九条之一规定的不报、谎报安全事故的犯罪。

第一百零八条 生产经营单位不具备本法和其他有关法律、行政法规和国家标准或者行业标准规定的安全生产条件，经停产停业整顿仍不具备安全生产条件的，予以关闭；有关部门应当依法吊销其有关证照。

【解读】

源头控制，从源抓起，是落实"预防为主"方针的根本举措，也是本法条的重要立法宗旨。不具备基本的安全生产条件，绝不允许进行生产经营活动，这是生产经营单位从事生产经营活动的法定前置条件。若能如此，生产经营单位就有了较为可靠的安全基础，生产安全就会从总体上得到根本性保障。

依照本法规定，生产经营单位应当具备本法和有关法律、行政法规和国家标准或者行业标准规定的安全生产条件。这些基本的安全生产条件，既包括组织机构、规章制度、操作规程、应急预案等管理要求，也包括人员知识培训、技能培训、资格培训等人员要求，还包括工艺、设备、设施等硬件要求，必须从方方面面进行系统评估，软件、硬件两手抓，两手都要硬。

依照本法条规定，对于有本法条规定的违法行为的，在予以关闭的同时，有关部门应当依法吊销其有关证照。这里的"有关证照"，包括营业执照、专项资质证、安全生产许可证、工业产品生产许可证、经营许可证、采矿许可证等等。

关闭生产经营单位，不能仅仅是吊销证照，必须落实各项关闭措施，达到法律、法规、标准规定的关闭要求。比如，《国务院关于预防煤矿生产安全事故的特别规定》第十三条规定，关闭煤矿应当达到下列要求：①吊销相关证照；②停止供应并处理火工用品；③停止供电，拆除矿井生产设备、供电、通信线路；④封闭、填实矿井井筒，平整井口场地，恢复地貌；⑤妥善遣散从业人员。任何一项未达到，都不能称为关闭到位。

第一百零九条 发生生产安全事故，对负有责任的生产经营单位除要求其依法承担相应的赔偿等责任外，由安全生产监督管理部门依照下列规定处以罚款：

（一）发生一般事故的，处二十万元以上五十万元以下的罚款；

（二）发生较大事故的，处五十万元以上一百万元以下的罚款；

（三）发生重大事故的，处一百万元以上五百万元以下的罚款；

（四）发生特别重大事故的，处五百万元以上一千万元以下的罚款；情节特别严重的，处一千万元以上二千万元以下的罚款。

【解读】

本法条是新增条款，对生产经营单位发生责任事故进行有关赔偿之外的追加处罚，运用经济杠杆威慑企业，迫使企业自我加压，自我管理，防控事故。如若不然，就可能付出巨大的经济代价，不仅可能“辛辛苦苦几十年，一步回到解放前”，而且，可能因此倾家荡产，关门停业。简而言之，你要员工的命，国家就要你企业的命。理解本法条，应从以下几点深入把握。

1. 何谓“负有责任的生产经营单位”？

依照本法条规定，罚款对象是对生产安全事故负有责任的生产经营单位。这里的生产经营单位，既包括发生事故的生产经营单位，也包括接受生产经营单位委托为其提供安全生产技术、管理服务的专业机构，还包括受第三方委托对生产经营单位的有关生产经营活动提供技术服务、实施监督管理的设计、监理等单位。比如，甲公司租用乙公司车辆通过由丙公司施工、丁公司监理且尚未竣工的路段拉运公司员工进行旅游的途中发生重大交通事故，造成15人死亡、21人受伤，事故调查认定甲、乙、丙、丁公司都对事故发生负有责任，安全生产监督管理部门依据《生产安全事故报告和调查处理条例》有关规定分别对四家公司作出了罚款处罚决定。

2. 何谓“依法承担相应的赔偿责任”？

依法承担相应的赔偿责任，包括对受到生产安全事故伤害的从业人员工伤保险责任和依照有关民事法律享有的工伤保险以外的民事赔偿责任，如造成第三人伤害、财产损失的赔偿责任，造成环境损害的赔偿责任，以及因事故造成停工影响产品、服务引发的赔偿责任等，对这些赔偿责任，生产经营单位应当依法承担。

3. 何谓“情节特别严重”？

依照本法条规定，对发生特别重大事故的责任单位，处五百万元以上一千万元以下的罚款；情节特别严重的，处一千万元以上二千万元以下的罚款。

这里的“情节特别严重”，应以“事故可以避免没有避免、可以及时应急处置但因人为因素导致失控扩大”为核心来考量，如下列典型情形：拒绝、阻碍负有安全生产监督管理职责的部门依法实施安全生产监督检查导致事故发生；拒不执行负有安全生产监督管理职责的部门依法作出的停产停业、停止施工、停止使用相关设施或者设备的决定导致事故发生；瞒报、谎报、迟报事故，贻误事故抢救造成事故恶化升级；其他特别严重情节，比如毁尸灭迹，等等。

第一百一十条 本法规定的行政处罚，由安全生产监督管理部门和其他负有安全生产监督管理职责的部门按照职责分工决定。予以关闭的行政处罚由负有安全生产监督管理职责的部门报请县级以上人民政府按照国务院规定的权限决定；给予拘留的行政处罚由公安机关依照治安管理处罚法的规定决定。

【解读】

本条最重大的修改之一，将原本仅安全生产监督管理部门一家对生产经营单位有关违法行为实施处罚，变为各有关部门都可以依据本法对生产经营单位实施处罚，由一个执法主体变成了多个执法主体。应从以下几点正确把握本条规定。

1. 行政处罚主体由一变多

本法修正前，本法规定的除关闭、行政拘留以外的行政处罚，由安全生产监督管理部门决定，安全生产监督管理部门是本法的执法主体，责任单一，因没有履行本法规定的安全生产监督管理职责，没有对安全生产违法行为实施惩处措施，由此引发的问题只由安全生产监督管理部门负责。

本法修正后，将本法规定的除关闭、行政拘留以外的行政处罚，规定为“由安全生产监督管理部门和其他负有安全生产监督管理职责的部门按照职责分工决定”，凡属于本法规定的负有安全生产监督管理职责的部门，无论是安全生产监督管理部门还是其他负有安全生产监督管理职责的部门，均可在各自职责范围内作出行政处罚决定。生产经营单位未履行本法规定的安全生产职责，其存在的安全生产违法行为没有受到应有的惩处，该由谁来负责呢？负有安全生产监督管理职责的部门应根据各自职责范围相应负责。如果各部门都能负责，并对未履行职责的行为承担责任，各部门形成合力齐抓共管，那么，本法条的修改，必将对安全生产工作产生积极而深远的影响。

2. 关闭处罚，多头报请，政府决定

本法规定的“关闭”处罚，是对违反行政管理秩序的生产经营单位依法剥夺其从事生产经营活动权利的行政处罚。关闭生产经营单位，对于生产经营单位来说就是“死亡”，是最严厉的行政处罚，对生产经营单位，甚至局部社会稳定都会产生很大影响，应当非常慎重。因此，本法规定关闭决定由县级以上人民政府按照国务院规定的权限决定。

对生产经营单位的“关闭”处罚，仅有少数法律有此规定。除本法外，《环境保护法》《海洋环境保护法》《固体废物污染环境防治法》也规定了“关闭”处罚。一般来说，由国务院国有资产监督管理委员会管理的中央企业，对其关闭处罚，应当由国务院作出决定；地方各级国有资产监督管理委员会管理的企业，对其关闭处罚，应当由本级人民政府作出决定。《公司法》也规定，重要的国有独资公司合并、分立、解散、申请破产的，应当由国有资产监督管理机构审核后，报本级人民政府批准。依照《国务院关于预防煤矿生产安全事故的特别规定》，对提请关闭的煤矿，县级以上地方人民政府负责煤矿安全生产监督管理的部门或者煤矿安全监察机构应当责令立即停止生产；有关地方人民政府应当在七日内作出关闭或者不予关闭的决定，并由其主要负责人签字存档。

本法修正前，本法规定的关闭处罚由安全生产监督管理部门报请县级以上人民政府按照国务院规定的权限决定，其他负有安全生产监督管理职责的部门认为有必要关闭某个生产经营单位的，需移送安全生产监督管理部门，由安全生产监督管理部门报请政府作出决定。本法修正后，其他负有安全生产监督管理职责的部门可以直接报请政府作出决定，无须再移送安全生产监督管理部门报请政府决定。

3. 行政拘留由公安机关行使

本法规定的拘留，是行政拘留，是法定行政机关依法对违反行政法律规范的人，在短期内限制其人身自由的一种处罚。行政拘留限制公民人身自由，是行政处罚中对公民个人最为严厉的一种处罚。因此，《行政处罚法》规定，限制人身自由的行政处罚，只能由法律设定；限制人身自由的行政处罚权只能由公安机关行使。实施行政拘留的机关，一般仅限于公安机关。依照《治安管理处罚法》的规定，只有县级以上的公安机关才能行使行政拘留处罚权。

4. 行政处罚原则

(1)法定原则

处罚的依据须是法律、法规、规章,法规、规章设定的行政处罚,不得违反《立法法》《行政处罚法》的规定。处罚程序规定,违反法定程序的行政处罚无效。

(2)公开、公正、公平原则

行政处罚的依据及处罚的内容必须公开,不能违反公正的程序。在行政处罚中必须依法裁判,公平地处罚违法行为人,既不能同等情况给予不同处罚,也不能不同情况给予相同处罚。

(3)过罚相当原则

实施的行政处罚,必须与违法行为人的违法行为的事实、性质、情节及社会危害程度相适应,亦即行政处罚的种类、轻重程度及其减免均应与违法行为相适应。

(4)一事不二罚原则

对行为人的第一个处罚尚未失去效力时,不能基于同一事实和理由给予第二次处罚,除非第二个处罚是对第一个处罚的补充、更正或者补正;如果第一个处罚不当,应当先撤销,再重新处理。

(5)教育原则

行政处罚是法律制裁的一种形式,但又不仅仅是一种制裁,它兼有惩戒与教育的双重功能。处罚不是目的,而是手段,通过处罚达到教育的目的。在行政处罚的适用中,应当始终坚持教育与处罚相结合。

(6)追责务尽原则

不得因已给予管理相对人行政处罚而免于追究其民事责任或刑事责任,必须责任追尽,严格执法,彻底打击。

(7)救济原则

管理相对人对行政主体给予的行政处罚依法享有陈述权、申辩权;对行政处罚决定不服的,有权申请复议或者提起行政诉讼。相对人因违法行政处罚受到损害的，有权提出赔偿要求。

(8)时效原则

自违法行为终止之日算起，两年内未追究责任的不再处罚；法律、法规另有规定的依其规定。

(9)监督原则

行使处罚权，须以负有安全生产监督管理职责的部门的名义，由负有安全生产监督管理职责的部门的至少两名工作人员具体执行。多人执行，既能促进执法的公平，更是一种有效的监督。

第一百一十一条 生产经营单位发生生产安全事故造成人员伤亡、他人财产损失的，应当依法承担赔偿责任；拒不承担或者其负责人逃匿的，由人民法院依法强制执行。

生产安全事故的责任人未依法承担赔偿责任，经人民法院依法采取执行措施后，仍不能对受害人给予足额赔偿的，应当继续履行赔偿义务；受害人发现责任人有其他财产的，可以随时请求人民法院执行。

【解读】

本法条是约束生产经营单位事故赔偿的专项条款，应从以下几点理解把握事故赔偿的法律规定。

1. 赔偿对象不仅限于人员伤亡

生产经营单位依法应当承担的赔偿责任，首当其冲的自然是对受到生产安全事故伤害的人员的赔偿，其次是对生产安全事故造成他人损失的赔偿。这里讲的“损失”，首先是物质财产损失，也包括精神受到的伤害。

2. 责任赔偿的法律依据

(1)《工伤保险条例》

人员受到生产安全事故伤害的，依法享有工伤保险，事故单位应按照《工伤保险条例》对伤亡员工进行赔偿。生产经营单位未参加工伤保险或者没有给受到生产安全事故伤害的从业人员缴纳工伤保险费的，工伤保险待遇项目所需费用由生产经营单位承担。

(2)《民法通则》

依照《民法通则》的规定，公民、法人由于过错侵害国家、集体的财产，侵害他人财产、人身的，应当承担民事责任。没有过错，但法律规定应当承担民事责任的，也应当承担民事责任。

《民法通则》与安全生产有关的事项，包括劳动防护用品、安全生产专用设备设施等的产品质量不合格造成他人损害的民事责任；从事高空、高压、易燃、易爆、剧毒、放射性、高速运输工具等对周围环境有高度危险的作业造成他人损害的民事责任；在公共场所、道旁或者通道上挖坑、修缮安装地下设施等，没有设置明显标志和采取安全措施造成他人损害的民事责任；建筑物或者其他设施以及建筑物上的搁置物、悬挂物发生倒塌、脱落、坠落造成他人损害的民事责任；事故应急救援采取紧急避险造成损害的民事责任等。

(3)《侵权责任法》

《侵权责任法》与安全生产有关的事项，包括从事高度危险作业造成他人损害的侵权责任；民用核设施发生核事故造成他人损害的侵权责任；民用航空器造成他人损害的侵权责任；占有或者使用易燃、易爆、剧毒、放射性等高度危险物造成他人损害的侵权责任；从事高空、高压、地下挖掘活动或者使用高速轨道运输工具造成他人损害的侵权责任；遗失、抛弃高度危险物造成他人损害的侵权责任；非法占有高度危险物造成他人损害的侵权责任等。

3. 强制执行，赔完为止

如果生产经营单位拒不承担赔偿责任，或者生产经营单位的负责人逃匿的，由人民法院依法强制执行。依照《民事诉讼法》的规定，发生法律效力的民事判决、裁定，当事人必须履行。一方拒绝履行的，对方当事人可以向人民法院申请强制执行，也可以由审判员移送执行员执行。

生产安全事故的责任人未依法承担赔偿责任，不履行生效的法律判决，经人民法院依法采取执行措施后，仍不能对受害人给予足额赔偿的，应当继续履行赔偿义务。依照《民事诉讼法》的规定，人民法院采取一定的执行措施后，被执行人仍不能偿还债务的，应当继续履行义务。债权人发现被执行人有其他财产的，可以随时请求人民法院执行。

第三章 《生产安全事故报告和调查处理条例》法律责任解读

《生产安全事故报告和调查处理条例》已经2007年3月28日国务院第172次常务会议通过,自2007年6月1日起施行。

第一节 《生产安全事故报告和调查处理条例》全文

生产安全事故报告和调查处理条例

(中华人民共和国国务院令第493号)

第一章 总 则

第一条 为了规范生产安全事故的报告和调查处理,落实生产安全事故责任追究制度,防止和减少生产安全事故,根据《中华人民共和国安全生产法》和有关法律,制定本条例。

第二条 生产经营活动中发生的造成人身伤亡或者直接经济损失的生产安全事故的报告和调查处理,适用本条例;环境污染事故、核设施事故、国防科研生产事故的报告和调查处理不适用本条例。

第三条 根据生产安全事故(以下简称事故)造成的人员伤亡或者直接经济损失,事故一般分为以下等级:

（一）特别重大事故，是指造成30人以上死亡，或者100人以上重伤（包括急性工业中毒，下同），或者1亿元以上直接经济损失的事故；

（二）重大事故，是指造成10人以上30人以下死亡，或者50人以上100人以下重伤，或者5000万元以上1亿元以下直接经济损失的事故；

（三）较大事故，是指造成3人以上10人以下死亡，或者10人以上50人以下重伤，或者1000万元以上5000万元以下直接经济损失的事故；

（四）一般事故，是指造成3人以下死亡，或者10人以下重伤，或者1000万元以下直接经济损失的事故。

国务院安全生产监督管理部门可以会同国务院有关部门，制定事故等级划分的补充性规定。

本条第一款所称的"以上"包括本数，所称的"以下"不包括本数。

第四条 事故报告应当及时、准确、完整，任何单位和个人对事故不得迟报、漏报、谎报或者瞒报。

事故调查处理应当坚持实事求是、尊重科学的原则，及时、准确地查清事故经过、事故原因和事故损失，查明事故性质，认定事故责任，总结事故教训，提出整改措施，并对事故责任者依法追究责任。

第五条 县级以上人民政府应当依照本条例的规定，严格履行职责，及时、准确地完成事故调查处理工作。

事故发生地有关地方人民政府应当支持、配合上级人民政府或者有关部门的事故调查处理工作，并提供必要的便利条件。

参加事故调查处理的部门和单位应当互相配合，提高事故调查处理工作的效率。

第六条 工会依法参加事故调查处理，有权向有关部门提出处理意见。

第七条 任何单位和个人不得阻挠和干涉对事故的报告和依法调查处理。

第八条 对事故报告和调查处理中的违法行为,任何单位和个人有权向安全生产监督管理部门、监察机关或者其他有关部门举报,接到举报的部门应当依法及时处理。

第二章 事故报告

第九条 事故发生后,事故现场有关人员应当立即向本单位负责人报告;单位负责人接到报告后,应当于1小时内向事故发生地县级以上人民政府安全生产监督管理部门和负有安全生产监督管理职责的有关部门报告。

情况紧急时,事故现场有关人员可以直接向事故发生地县级以上人民政府安全生产监督管理部门和负有安全生产监督管理职责的有关部门报告。

第十条 安全生产监督管理部门和负有安全生产监督管理职责的有关部门接到事故报告后,应当依照下列规定上报事故情况,并通知公安机关、劳动保障行政部门、工会和人民检察院:

(一)特别重大事故、重大事故逐级上报至国务院安全生产监督管理部门和负有安全生产监督管理职责的有关部门;

(二)较大事故逐级上报至省、自治区、直辖市人民政府安全生产监督管理部门和负有安全生产监督管理职责的有关部门;

(三)一般事故上报至设区的市级人民政府安全生产监督管理部门和负有安全生产监督管理职责的有关部门。

安全生产监督管理部门和负有安全生产监督管理职责的有关部门依照前款规定上报事故情况,应当同时报告本级人民政府。国务院安全生产监督管理部门和负有安全生产监督管理职责的有关部门以及省级人民政府接到发生特别重大事故、重大事故的报告后,应当立即报告国务院。

必要时，安全生产监督管理部门和负有安全生产监督管理职责的有关部门可以越级上报事故情况。

第十一条 安全生产监督管理部门和负有安全生产监督管理职责的有关部门逐级上报事故情况，每级上报的时间不得超过2小时。

第十二条 报告事故应当包括下列内容：

（一）事故发生单位概况；

（二）事故发生的时间、地点以及事故现场情况；

（三）事故的简要经过；

（四）事故已经造成或者可能造成的伤亡人数（包括下落不明的人数）和初步估计的直接经济损失；

（五）已经采取的措施；

（六）其他应当报告的情况。

第十三条 事故报告后出现新情况的，应当及时补报。

自事故发生之日起30日内，事故造成的伤亡人数发生变化的，应当及时补报。道路交通事故、火灾事故自发生之日起7日内，事故造成的伤亡人数发生变化的，应当及时补报。

第十四条 事故发生单位负责人接到事故报告后，应当立即启动事故相应应急预案，或者采取有效措施，组织抢救，防止事故扩大，减少人员伤亡和财产损失。

第十五条 事故发生地有关地方人民政府、安全生产监督管理部门和负有安全生产监督管理职责的有关部门接到事故报告后，其负责人应当立即赶赴事故现场，组织事故救援。

第十六条 事故发生后，有关单位和人员应当妥善保护事故现场以及相关证据，任何单位和个人不得破坏事故现场、毁灭相关证据。

因抢救人员、防止事故扩大以及疏通交通等原因，需要移动事故现场物件的，应当做出标志，绘制现场简图并做出书面记录，妥善保存现场重要痕迹、物证。

第十七条 事故发生地公安机关根据事故的情况，对涉嫌犯罪的，应当依法立案侦查，采取强制措施和侦查措施。犯罪嫌疑人逃匿的，公安机关应当迅速追捕归案。

第十八条 安全生产监督管理部门和负有安全生产监督管理职责的有关部门应当建立值班制度，并向社会公布值班电话，受理事故报告和举报。

第三章 事故调查

第十九条 特别重大事故由国务院或者国务院授权有关部门组织事故调查组进行调查。

重大事故、较大事故、一般事故分别由事故发生地省级人民政府、设区的市级人民政府、县级人民政府负责调查。省级人民政府、设区的市级人民政府、县级人民政府可以直接组织事故调查组进行调查，也可以授权或者委托有关部门组织事故调查组进行调查。

未造成人员伤亡的一般事故，县级人民政府也可以委托事故发生单位组织事故调查组进行调查。

第二十条 上级人民政府认为必要时，可以调查由下级人民政府负责调查的事故。

自事故发生之日起30日内(道路交通事故、火灾事故自发生之日起7日内)，因事故伤亡人数变化导致事故等级发生变化，依照本条例规定应当由上级人民政府负责调查的，上级人民政府可以另行组织事故调查组进行调查。

第二十一条 特别重大事故以下等级事故，事故发生地与事故发生单位不在同一个县级以上行政区域的，由事故发生地人民政府负责调查，事故发生单位所在地人民政府应当派人参加。

第二十二条 事故调查组的组成应当遵循精简、效能的原则。

根据事故的具体情况，事故调查组由有关人民政府、安全生产监督管理部门、负有安全生产监督管理职责的有关部门、监察机关、公安机关以及工会派人组成，并应当邀请人民检察院派人参加。

事故调查组可以聘请有关专家参与调查。

第二十三条 事故调查组成员应当具有事故调查所需要的知识和专长，并与所调查的事故没有直接利害关系。

第二十四条 事故调查组组长由负责事故调查的人民政府指定。事故调查组组长主持事故调查组的工作。

第二十五条 事故调查组履行下列职责：

（一）查明事故发生的经过、原因、人员伤亡情况及直接经济损失；

（二）认定事故的性质和事故责任；

（三）提出对事故责任者的处理建议；

（四）总结事故教训，提出防范和整改措施；

（五）提交事故调查报告。

第二十六条 事故调查组有权向有关单位和个人了解与事故有关的情况，并要求其提供相关文件、资料，有关单位和个人不得拒绝。

事故发生单位的负责人和有关人员在事故调查期间不得擅离职守，并应当随时接受事故调查组的询问，如实提供有关情况。

事故调查中发现涉嫌犯罪的，事故调查组应当及时将有关材料或者其复印件移交司法机关处理。

第二十七条 事故调查中需要进行技术鉴定的，事故调查组应当委托具有国家规定资质的单位进行技术鉴定。必要时，事故调查组可以直接组织专家进行技术鉴定。技术鉴定所需时间不计入事故调查期限。

第二十八条 事故调查组成员在事故调查工作中应当诚信公正、恪尽职守，遵守事故调查组的纪律，保守事故调查的秘密。

未经事故调查组组长允许，事故调查组成员不得擅自发布有关事故的信息。

第二十九条 事故调查组应当自事故发生之日起60日内提交事故调查报告;特殊情况下,经负责事故调查的人民政府批准,提交事故调查报告的期限可以适当延长,但延长的期限最长不超过60日。

第三十条 事故调查报告应当包括下列内容:

(一)事故发生单位概况;

(二)事故发生经过和事故救援情况;

(三)事故造成的人员伤亡和直接经济损失;

(四)事故发生的原因和事故性质;

(五)事故责任的认定以及对事故责任者的处理建议;

(六)事故防范和整改措施。

事故调查报告应当附具有关证据材料。事故调查组成员应当在事故调查报告上签名。

第三十一条 事故调查报告报送负责事故调查的人民政府后,事故调查工作即告结束。事故调查的有关资料应当归档保存。

第四章 事故处理

第三十二条 重大事故、较大事故、一般事故,负责事故调查的人民政府应当自收到事故调查报告之日起15日内做出批复;特别重大事故,30日内做出批复,特殊情况下,批复时间可以适当延长,但延长的时间最长不超过30日。

有关机关应当按照人民政府的批复,依照法律、行政法规规定的权限和程序,对事故发生单位和有关人员进行行政处罚,对负有事故责任的国家工作人员进行处分。

事故发生单位应当按照负责事故调查的人民政府的批复,对本单位负有事故责任的人员进行处理。

负有事故责任的人员涉嫌犯罪的,依法追究刑事责任。

第三十三条 事故发生单位应当认真吸取事故教训,落实防范和整改措施，防止事故再次发生。防范和整改措施的落实情况应当接受工会和职工的监督。

安全生产监督管理部门和负有安全生产监督管理职责的有关部门应当对事故发生单位落实防范和整改措施的情况进行监督检查。

第三十四条 事故处理的情况由负责事故调查的人民政府或者其授权的有关部门、机构向社会公布，依法应当保密的除外。

第五章 法律责任

第三十五条 事故发生单位主要负责人有下列行为之一的，处上一年年收入40%至80%的罚款；属于国家工作人员的，并依法给予处分；构成犯罪的，依法追究刑事责任：

（一）不立即组织事故抢救的；

（二）迟报或者漏报事故的；

（三）在事故调查处理期间擅离职守的。

第三十六条 事故发生单位及其有关人员有下列行为之一的，对事故发生单位处100万元以上500万元以下的罚款；对主要负责人、直接负责的主管人员和其他直接责任人员处上一年年收入60%至100%的罚款；属于国家工作人员的，并依法给予处分；构成违反治安管理行为的，由公安机关依法给予治安管理处罚；构成犯罪的，依法追究刑事责任：

（一）谎报或者瞒报事故的；

（二）伪造或者故意破坏事故现场的；

（三）转移、隐匿资金、财产，或者销毁有关证据、资料的；

（四）拒绝接受调查或者拒绝提供有关情况和资料的；

（五）在事故调查中作伪证或者指使他人作伪证的；

（六）事故发生后逃匿的。

第三十七条 事故发生单位对事故发生负有责任的，依照下列规定处以罚款：

（一）发生一般事故的，处10万元以上20万元以下的罚款；

（二）发生较大事故的，处20万元以上50万元以下的罚款；

（三）发生重大事故的，处50万元以上200万元以下的罚款；

（四）发生特别重大事故的，处200万元以上500万元以下的罚款。

第三十八条 事故发生单位主要负责人未依法履行安全生产管理职责，导致事故发生的，依照下列规定处以罚款；属于国家工作人员的，并依法给予处分；构成犯罪的，依法追究刑事责任：

（一）发生一般事故的，处上一年年收入30%的罚款；

（二）发生较大事故的，处上一年年收入40%的罚款；

（三）发生重大事故的，处上一年年收入60%的罚款；

（四）发生特别重大事故的，处上一年年收入80%的罚款。

第三十九条 有关地方人民政府、安全生产监督管理部门和负有安全生产监督管理职责的有关部门有下列行为之一的，对直接负责的主管人员和其他直接责任人员依法给予处分；构成犯罪的，依法追究刑事责任：

（一）不立即组织事故抢救的；

（二）迟报、漏报、谎报或者瞒报事故的；

（三）阻碍、干涉事故调查工作的；

（四）在事故调查中作伪证或者指使他人作伪证的。

第四十条 事故发生单位对事故发生负有责任的，由有关部门依法暂扣或者吊销其有关证照；对事故发生单位负有事故责任的有关人员，依法暂停或者撤销其与安全生产有关的执业资格、岗位证书；事故发生单位主要负责人受到刑事处罚或者撤职处分的，自刑罚执行完毕或者受处分之日起，5年内不得担任任何生产经营单位的主要负责人。

为发生事故的单位提供虚假证明的中介机构，由有关部门依法暂扣或者吊销其有关证照及其相关人员的执业资格;构成犯罪的,依法追究刑事责任。

第四十一条 参与事故调查的人员在事故调查中有下列行为之一的,依法给予处分;构成犯罪的,依法追究刑事责任:

(一)对事故调查工作不负责任,致使事故调查工作有重大疏漏的;

(二)包庇、袒护负有事故责任的人员或者借机打击报复的。

第四十二条 违反本条例规定,有关地方人民政府或者有关部门故意拖延或者拒绝落实经批复的对事故责任人的处理意见的,由监察机关对有关责任人员依法给予处分。

第四十三条 本条例规定的罚款的行政处罚,由安全生产监督管理部门决定。

法律、行政法规对行政处罚的种类、幅度和决定机关另有规定的,依照其规定。

第六章 附 则

第四十四条 没有造成人员伤亡,但是社会影响恶劣的事故,国务院或者有关地方人民政府认为需要调查处理的,依照本条例的有关规定执行。

国家机关、事业单位、人民团体发生的事故的报告和调查处理,参照本条例的规定执行。

第四十五条 特别重大事故以下等级事故的报告和调查处理,有关法律、行政法规或者国务院另有规定的,依照其规定。

第四十六条 本条例自2007年6月1日起施行。国务院1989年3月29日公布的《特别重大事故调查程序暂行规定》和1991年2月22日公布的《企业职工伤亡事故报告和处理规定》同时废止。

第二节 《生产安全事故报告和调查处理条例》问答解读

一、如何制定事故等级划分的补充性规定？

按照条例的规定，事故一般分为特别重大事故、重大事故、较大事故和一般事故四个等级。由于生产经营活动涉及众多行业和领域，各个行业和领域事故的情况都有各自的特点，发生事故的情形比较复杂，差别也比较大，很难用一个标准来划分各个行业或者领域事故的等级。多年来，消防、民用航空、铁路交通等领域实际上都执行了不完全相同的事故等级划分标准。比如，飞机相撞或者坠落，即使未造成人员伤亡或者人员伤亡数量很少，也可能被确定为特别重大事故。

因此，针对一些行业或者领域事故的实际情况，本条例授权国务院安全生产监督管理部门可以会同国务院有关部门，制定事故等级划分的补充性规定。这一规定体现了原则性和灵活性的统一，符合实际情况。这就要求国务院安全生产监督管理部门在条例施行后，会同国务院有关部门抓紧研究制定相关行业或者领域事故等级划分的补充性规定，为事故报告和调查处理提供依据。

这里所说的制定“补充性规定”应当理解为将本条例规定的标准作为最低标准。比如，造成 30 人以上死亡的，必须确定为特别重大事故，但对某些行业或者领域，可以规定造成 30 人以下死亡的事故也作为特别重大事故。

二、事故报告的总体要求有哪些？

事故报告应当及时、准确、完整，任何单位和个人对事故不得迟报、漏报、谎报或者瞒报，这是条例对事故报告提出的总体要求。这一规定是根据实践中事故报告存在的主要问题作出的，具有很强的现实针对性。

事故发生后，及时、准确、完整地报告事故，对于及时、有效地组织事故救援，减少事故损失，顺利开展事故调查具有非常重要的意义。实践中，一些单位和个人，包括事故发生单位有关人员、地方政府、部门及其有关人员在事故发生后，不及时报告事故或者漏报、谎报、瞒报事故的情况时有发生。有的甚至采取破坏现场、销毁证据甚至转移尸体等恶劣手段。

究其原因，有的是不负责任，造成迟报、漏报，有的则是为了逃避事故责任追究，故意谎报或瞒报。无论什么原因，无论什么人，这种行为都是不允许的。针对实践中事故报告存在的主要问题，条例从正反两方面，对事故报告提出了上述总体要求。

三、事故调查处理应当坚持的原则是什么？

事故调查处理是一项比较复杂的工作，涉及方方面面的关系，同时又具有很强的科学性和技术性。本条例规定，事故调查处理应当坚持实事求是、遵重科学的原则。

1. 实事求是的原则

实事求是是唯物辩证法的基本要求。这一原则有几个方面的含义：

(1)必须全面、彻底查清生产安全事故的原因，不得夸大事故事实或缩小事实，不得弄虚作假；

(2)要从实际出发,在查明事故原因的基础上明确事故责任;

(3)提出处理意见要实事求是,不得从主观出发,不能感情用事,要根据事故责任划分,按照法律、法规和国家有关规定对事故责任人提出处理意见;

(4)总结事故教训、落实事故整改措施要实事求是,总结教训要准确、全面,落实整改措施要坚决、彻底。

2. 尊重科学的原则

尊重科学,是事故调查处理工作的客观规律。生产安全事故的调查处理具有很强的科学性和技术性,特别是事故原因的调查,往往需要作很多技术上的分析和研究,利用很多技术手段。

尊重科学,一是要有科学的态度,不主观臆想,不轻易下结论,防止个人意识主导,杜绝心理偏好,努力做到客观、公正;二是要特别注意充分发挥专家和技术人员的作用,把对事故原因的调查,事故责任的分析、认定建立在科学的基础上。

新《安全生产法》第八十三条规定,事故调查处理应当按照科学严谨、依法依规、实事求是、注重实效的原则,及时、准确地查清事故原因,查明事故性质和责任,总结事故教训,提出整改措施,并对事故责任者提出处理意见。

四、事故调查处理的任务有哪些?

根据条例的规定,事故调查处理的主要任务和内容包括以下几个方面。

1. 及时、准确地查清事故经过、事故原因和事故损失

查清事故发生的经过和事故原因,是事故调查处理的首要任务和内容,也是进行下一步工作的基础。事故原因有可能是自然原因,即所谓“天灾”,也有可能是人为原因,即所谓“人祸”,更多情况下则是自然原因和人为原因共同造成的,即所谓的“三分天灾,七分人祸”。无论什么原因,都要予以查明。事故损失主要包括事故造成的人身伤亡和直接经济损失。这是确定事故等级的依据。查清事故经过、事故原因和事故损失,重在及时、准确,不能久查不清或者含含糊糊,似是而非。

2. 查明事故性质,认定事故责任

事故性质是指事故是人为事故还是自然事故,是意外事故还是责任事故。查明事故性质是认定事故责任的基础和前提。如果事故纯属自然事故或者意外事故,则不需要认定事故责任。如果是人为事故和责任事故,就应当查明哪些人员对事故负有责任,并确定其责任程度。

事故责任有直接责任,也有间接责任;有主要责任,也有次要责任。此外,对政府及其有关部门的负责人来说,还有一个领导责任的问题。

3. 总结事故教训,提出整改措施

安全生产工作的根本方针是安全第一、预防为主、综合治理。通过查明事故经过和事故原因,发现安全生产管理工作的漏洞,从事故中总结血的经验教训,并提出整改措施,防止类似事故再次发生,这是事故调查处理的重要任务和内容,也是事故调查处理的最根本目的。

4. 对事故责任者依法追究责任

生产安全事故责任追究制度是我国安全生产领域的一项基本制度。《安全生产法》明确规定,国家建立生产安全事故责任追究制度。结合对事故责任的认定,对事故责任人分别提出不同的处理建议,使有关责任者受到合理的处理,包括给予党纪处分、行政处分或者建议追究相应的刑事责任。这对于增强有关人员的责任心,预防事故再次发生,具有重要意义。

以上规定较好地体现了事故调查处理的“四不放过”原则,即事故原因不查清不放过,防范措施不落实不放过,职工群众未受到教育不放过，事故责任者未受到处理不放过。

五、县级以上人民政府在事故调查处理中的职责是什么？

在事故调查处理中，县级以上人民政府的主要职责有两项。

1. 负责组织事故调查

对事故调查处理，本条例坚持了“政府领导、分级负责”的原则。除法律、行政法规或者国务院另有规定外，事故按照不同的级别，分别由县级以上人民政府或者其授权的部门组织事故调查组进行调查。这与其说是一项权利，不如说是一项义务或者职责。无论是直接组织事故调查组，还是授权有关部门组织事故调查组进行调查，组织事故调查的职责都属于县级以上各级人民政府。有关人民政府在接到事故报告后，应当按照本条例的规定，及时组织有关部门成立事故调查组，或者授权有关部门及时组织事故调查组，尽快开展事故调查工作。有关人民政府还应当指定事故调查组组长，负责领导事故调查组的工作。在事故调查中，有关人民政府应当加强指导，确保事故调查组能够在规定的期限内，顺利完成事故调查，提出事故调查报告。

2. 及时作出事故批复

事故调查组向负责组织事故调查的有关人民政府提出事故调查报告后，事故调查工作即告结束。有关人民政府应当按照条例规定的期限，及时作出批复，并督促有关机关、单位落实事故批复，包括对生产经营单位的行政处罚，对事故责任人行政责任的追究以及整改措施的落实等。在批复中，有关人民政府要严格把关，特别是要保证对事故责任人的追究做到严肃、公正、合法。

六、事故发生地有关地方人民政府配合事故调查处理的职责有哪些？

这里所称的“有关地方人民政府”，包括乡镇人民政府、县级人民政府、设区的市级人民政府和省级人民政府。无论是上级人民政府直接组织事故调查组进行事故调查，还是有关部门受政府委托组织事故调查组进行事故调查，事故发生地有关人民政府都应当予以支持、配合。事故发生地有关人民政府配合事故调查处理工作，通常有以下几个方面：

(1)按照上级人民政府或者有关部门的要求，及时指定人员参加事故调查组；

(2)采取有效措施保护事故现场，防止破坏现场、销毁证据等行为发生，对需要采取强制措施的事故责任人员及时控制，防止其逃匿或者转移资金、财产等；

(3)为事故调查组提供调查所需的有关信息，包括事故发生单位及其有关人员的情况和信息、有关部门的监管情况和监管信息等；

(4)协助做好事故伤亡人员的赔偿、家属安抚等工作，确保当地社会秩序稳定；

(5)根据上级人民政府依法作出的事故批复，落实或者督促有关部门落实对事故发生单位及其有关部门人员的行政处罚，对事故责任人员予以处分，督促有关部门对事故发生单位落实整改措施的情况进行监督检查。

此外，事故发生地有关人民政府还应当为上级人民政府或者有关部门的事故调查处理提供必要的便利条件，包括交通、办公场所等，为事故调查处理创造有利的环境。

七、阻挠和干涉事故报告和调查处理的具体情形有哪些？

1. 阻挠和干涉事故报告的具体情形

所谓阻挠和干涉事故报告，既包括不允许他人报告事故、要求他人不要报告事故或者不如实报告事故，也包括为他人报告事故设置障碍等情形，具体方法和手段可能表现为强制命令、威逼利诱及通过事实行为设置障碍等，可以是明示，也可以是暗示或者授意别人进行。

实践中，阻挠和干涉事故报告的，一般不是普通职工和群众，而往往是事故发生单位的主要负责人及有关主管人员，或者是地方政府、有关部门及其有关人员等。这些单位和个人阻挠和干涉事故报告的目的，大都是为了隐瞒事故真相，逃避事故责任追究。同时，这些单位和个人由于地位较为特殊，也有能力阻挠和干涉对事故的报告，极有可能对事故报告产生较大的消极影响，甚至导致事故被谎报或者瞒报。因此，为了保证事故报告做到及时、准确、完整，明确规定任何单位和个人不得阻挠和干涉对事故的报告是非常必要的。这是一项严格的禁止性规定，违反该规定的，应当依法承担相应的法律责任。

2. 阻挠和干涉事故调查处理的具体情形

依法对事故进行调查处理，对于查明事故原因，明确事故责任，落实事故责任追究，总结事故经验教训，完善事故防范措施，防止事故再次发生，都具有十分重要的意义。为了保证事故调查处理的顺利进行，必须从制度上排除一切干扰和阻力。这一要求也是作为安全生产领域基础性法律的《安全生产法》（第八十五条）所明确规定的。

按照条例规定，生产经营单位及其有关人员、地方人民政府、政府有关部门及其工作人员以及其他任何单位和个人，都不得阻挠和干涉对事故的依法调查处理。实践中，阻挠、干涉对事故的依法调查处理，可以表现在多个环节。比如，在事故调查组组成过程中阻挠和干涉事故调查组的组成；阻挠和干涉事故调查的进程，包括故意破坏事故现场或者转移、隐匿有关证据，无正当理由拒绝接受事故调查组的询问，或者拒绝提供有关情况和资料，或者做伪证、提供虚假情况，或者为事故调查设置障碍；干涉对事故性质的认定或者事故责任的确定；阻挠和干涉对有关事故责任人员进行处理等等。对阻挠、干涉依法调查处理事故的单位和个人，必须依法严肃处理。构成犯罪的，依法追究刑事责任；不构成犯罪的，依法给予行政处罚或者处分。

需要强调的是，如果事故调查处理不合法，比如事故调查组的组成不合法，事故调查的程序不合法，对事故责任人的处理不符合法律规定等，有关方面可以提出意见，有关人民政府或者有关机关也可以要求纠正。这些都不属于阻挠和干涉对事故的依法调查处理。

八、什么是事故上报“两条线”制度？

事故上报“两条线”制度，即事故发生后，既要向上级安全生产监督管理部门报告，又要向负有安全生产监督管理职责的有关部门报告。

九、什么情况下，可以允许越级上报事故？

作为一部应对特别事件的行政法规，本条例充分考虑到各种可能性，应当在必要时突破一般情况下行政管理的层级限制，允许越级上报事故。这样才能体现原则性和灵活性相结合的原则，符合实际情况。

譬如：事故现场条件特别复杂，难以准确判定事故等级，情况十分危急，上一级部门没有足够能力开展应急救援工作，或者事故性质特殊，社会影响特别重大时，应当允许越级上报事故。

十、怎样正确理解“每级上报的时间不得超过 2 小时”？

上报事故的首要原则是及时。“2 小时”的起点是指接到下级部门报告的时间，以特别重大事故的报告为例，取报告时限要求的最大值计算，从单位负责人报告县级管理部门（1 小时内），再由县级管理部门报告市级管理部门、市级管理部门报告省级管理部门、省级管理部门报告国务院管理部门，最后报至国务院，总共所需时间最多为 9 小时。之所以作出这样限制性的时间规定，是因为以下原因：

（1）快速上报事故，有利于上级部门及时掌握情况，迅速开展应急救援工作；

（2）快速上报事故，有利于快速、妥善安排事故的善后工作；

（3）快速上报事故，有利于及时向社会公布事故的有关情况，正确引导社会舆论。

十一、不同行业、领域如何计算事故直接经济损失？

对于直接经济损失的统计，按照国家安全生产监督管理总局《关于加强生产安全事故经济损失统计工作的通知》（安监总统计［2006］54 号）的规定执行，即工矿商贸企业事故（含非伤亡事故）直接经济损失按照《企业职工伤亡事故经济损失统计标准》（GB 6721—1986）进行统计，其他行业和领域事故直接经济损失按照有关部门制定的统计标准进行统计。

十二、特殊情况需要移动事故现场物件的，必须同时满足哪些条件？

保护事故现场，必须根据事故现场的具体情况和周围环境，划定保护区的范围，布置警戒，必要时，将事故现场封锁起来，禁止一切人进入保护区，即使是保护现场的人员，也不要无故进入，更不能擅自进行勘查，禁止随意触摸或者移动事故现场的任何物品。

特殊情况需要移动事故现场物件的，必须同时满足以下条件：

(1)移动物件的目的是出于抢救人员、防止事故扩大以及疏通交通的需要；

(2)移动物件必须经过事故单位负责人或者组织事故调查的安全生产监督管理部门和负有安全生产监督管理职责的有关部门的同意；

(3)移动物件应当做出标志，绘制现场简图，拍摄现场照片，对被移动物件应当贴上标签，并作出书面记录；

(4)移动物件应当尽量使现场少受破坏。

十三、公安机关对与事故有关的哪些人员可以采取强制措施？

公安机关接到事故通知后，应当迅速赶赴事故现场，一方面加强对事故现场的保护，另一方面可以尽早搜集相关证据，查明是否存在犯罪行为以及对犯罪嫌疑人采取强制措施。

根据《刑法修正案(六)》和《最高人民法院、最高人民检察院关于办理危害矿山生产安全刑事案件具体应用法律若干问题的解释》，涉及安全生产的犯罪行为主要有：在生产中违反有关安全管理的规定、强令他人违章冒险作业、安全生产设施或者安全生产条件不符合国家规定、举办大型群众性活动违反安全管理规定，因而发生重大伤亡事故或者造成其他严重后果的行为；在安全事故发生后，负有报告职责的人员不报或者谎报事故情况，贻误事故抢救，情节严重的行为；安全中介机构的人员故意提供虚假证明文件，情节严重的行为；国家机关工作人员滥用职权或者玩忽职守的行为。事故统计分析表明，生产安全事故绝大部分都属于责任事故，很多情况下有些责任人的行为很有可能会触及刑律。特别是随着事故责任追究力度的加大，一些事故责任人在发生事故后，为逃避责任追究，不惜破坏现场，毁匿证据，对事故进行瞒报，或者干脆仓皇逃匿。必须严厉打击这种安全生产犯罪行为。

按照《刑事诉讼法》和有关司法解释的规定，刑事案件的侦查由公安机关负责，国家工作人员的渎职犯罪由检察院立案侦查。人民检察院侦查的案件涉及公安机关的管辖时，应当将属于公安机关管辖的刑事案件移送公安机关。另外，根据国务院 2001 年颁布的《行政执法机关移送涉嫌犯罪案件的规定》，组织事故调查的安全生产监督管理部门和负有安全生产监督管理职责的有关部门，发现事故责任者涉嫌构成犯罪，需要依法追究刑事责任的，应当主动向公安机关进行移送。

公安机关发现有犯罪行为的，或者在接到检察机关、安全生产监督管理部门和负有安全生产监督管理职责的有关部门移送的涉嫌犯罪案件后，应当依法立案进行侦查，并对犯罪嫌疑人采取强制措施。

依照《刑事诉讼法》的规定，公安机关对犯罪嫌疑人可以依法采取拘传、取保候审、监视居住、拘留、逮捕等五种强制措施。对于已经逃匿的犯罪嫌疑人，要立即采取通缉、堵截等紧急措施，将其追捕归案。

十四、“上级人民政府认为必要时，可以调查由下级人民政府负责调查的事故”，对“上级人民政府”、“认为必要时”应如何理解把握？

“上级人民政府”，既可以是上一级人民政府，也可以是再上级人民政府，甚至是国务院。

“认为必要时”，一般有以下情形：

(1)事故性质恶劣、社会影响较大的；

(2)同一地区连续、频繁发生同类事故的；

(3)事故发生地不重视安全生产工作、不能真正吸取事故教训的；

(4)社会和群众对下级政府调查的事故反响十分强烈的；

(5)事故调查难以做到客观、公正的。

十五、如何遵循精简、效能的原则组建事故调查组？

(1)根据事故的具体情况，确定事故调查组的组成，即根据事故的行业和领域，决定哪些部门参加事故调查组。比如，建筑工程事故，应由建筑行政部门派人参加事故调查组。

(2)事故调查组由以下部门、单位派人组成或参加：

①有关人民政府，包括组织事故调查的有关人民政府以及事故发生地有关人民政府；

②安全生产监督管理部门；

③负有安全生产监督管理职责的有关部门；

④监察机关；

⑤公安机关；

⑥工会；

⑦人民检察院，属于邀请参加的单位。

(3)事故调查组可以聘请有关专家参与调查。事故调查组聘请的专家参与事故调查，也是事故调查组的成员。

由上可知，有关人民政府、安全生产监督管理部门、监察机关、公安机关、工会和人民检察院属于必须参加的常设部门和单位。负有安全生产监督管理职责的有关部门，则根据具体情况，决定哪个部门参加。

十六、事故调查组的职责具体有哪些？

1. 查明事故发生的经过

(1)事故发生前，事故发生单位生产作业状况；

(2)事故发生的具体时间、地点；

(3)事故现场状况及事故现场保护情况；

(4)事故发生后采取的应急处置措施情况；

(5)事故报告经过；

(6)事故抢救及事故救援情况；

(7)事故的善后处理情况；

(8)其他与事故发生经过有关的情况。

2. 查明事故发生的原因

(1)事故发生的直接原因；

(2)事故发生的间接原因；

(3)事故发生的其他原因。

3. 确认人员伤亡情况

(1)事故发生前，事故发生单位生产作业人员分布情况；

(2)事故发生时人员涉险情况；

(3)事故当场人员伤亡情况及人员失踪情况;

(4)事故抢救过程中人员伤亡情况;

(5)最终伤亡情况;

(6)其他与事故发生有关的人员伤亡情况。

4. 核算事故的直接经济损失

(1)人员伤亡后所支出的费用,如医疗费用、丧葬及抚恤费用、补助及救济费用、歇工工资等;

(2)事故善后处理费用,如处理事故的事务性费用、现场抢救费用、现场清理费用、事故罚款和赔偿费用等;

(3)事故造成的财产损失费用,如固定资产损失价值、流动资产损失价值等。

5. 认定事故性质和事故责任分析

通过事故调查分析,对事故的性质要有明确结论。其中对认定为自然事故(非责任事故或者不可抗拒的事故)的可不再认定或者追究事故责任人;对认定为责任事故的,要按照责任大小和承担责任的不同分别认定下列事故责任者:

(1)直接责任者:是指其行为与事故发生有直接因果关系的人员,如违章作业人员等;

(2)主要责任者:是指对事故发生负有主要责任的人员,如违章指挥者等;

(3)领导责任者:是指对事故发生负有领导责任的人员,主要是政府及其有关部门的领导人员。

6. 提出对事故责任者的处理建议

通过事故调查分析,在认定事故的性质和事故责任的基础上,对责任事故者的处理建议主要包括下列内容:

(1)对责任者的行政处分、纪律处分建议;

(2)对责任者的行政处罚建议;

(3)对责任者追究刑事责任的建议;

(4)对责任者追究民事责任的建议。

7. 总结事故教训

通过事故调查分析,在认定事故的性质和事故责任者的基础上,要认真总结事故教训,主要包括在安全生产管理、安全生产投入、安全生产条件等方面存在哪些薄弱环节、漏洞和隐患,要认真对照问题查找根源:

(1)事故发生单位应该吸取的教训;

(2)事故单位主要负责人应该吸取的教训;

(3)事故单位有关主管人员和有关职能部门应该吸取的教训;

(4)从业人员应该吸取的教训;

(5)政府及其有关部门应该吸取的教训;

(6)相关生产经营单位应该吸取的教训;

(7)社会公众应该吸取的教训,等等。

8. 提出防范和整改措施

防范和整改措施是在事故调查分析的基础上针对事故发生单位在安全生产方面的薄弱环节、漏洞、隐患等提出的,要具备以下性质:

(1)针对性;

(2)可操作性;

(3)普遍适用性;

(4)时效性。

9. 提交事故调查报告

事故调查报告在事故调查组全面履行职责的前提下由事故调查组作出。这是事故调查最核心的任务,是其工作成果的集中体现。

十七、“事故调查组应当自事故发生之日起60日内提交事故调查报告”中的“60日”是指自然日历还是工作日？

应当按自然日历计算，不是特指工作日。

十八、哪些特殊情况下，提交事故调查报告的期限可以适当延长？

一般是指事故等级较高、事故现场不能及时勘查、事故原因一时不易查清、事故责任认定需要大量调查工作等情形下，提交事故调查报告的期限可以适当延长。

十九、“有关机关”应如何落实事故调查报告的批复？

“有关机关”不是特定主体，可能是一个机关，也可能是多个机关，应当根据批复的内容确定。一般来说，“有关机关”包括作出批复的人民政府的有关部门、下级人民政府及其有关部门。“有关机关”应依照法定权限和程序落实事故调查报告的批复。

(1)有关机关只能在法定职责权限范围内行使职权，不得越权。《行政处罚法》明确规定：行政处罚由具有行政处罚权的行政机关在法定权限范围内实施。《行政监察法》及其他有关规定对处分的实施权限也有明确要求。其他有关法律、行政法规对有关机关的权限也都有明确规定。

(2)程序必须合法。在现代法治社会，程序合法、正当成为一种普遍要求，程序正当是结果正当的必要条件。落实有关人民政府对事故调查报告的批复，对事故发生单位和有关部门人员进行行政处罚，对负有事故责任的国家工作人员进行处分，必须严格依照法律、行政法规规定的程序。在具体操作中，有关机关实施不同行政处罚或者处分，要按照有关法律、行政法规的相应程序进行。

有关机关落实批复的主要内容有两项：一是对事故发生单位和有关人员进行行政处罚；二是对负有事故责任的国家工作人员进行处分。

行政处罚是对有行政违法行为的单位或者个人给予的行政制裁。按照《行政处罚法》的规定，行政处罚的种类包括警告，罚款，没收违法所得、没收非法财物，责令停产停业，暂扣或者吊销许可证，暂扣或者吊销执照，行政拘留，法律、行政法规规定的其他行政处罚。本条例规定的行政处罚，主要包括罚款及吊销有关证照、职业资格证书等。

处分是对国家工作人员及国家机关委派到企业、事业单位任职的人员的违法行为，由所在单位或者其上级主管机关或者有关机关给予的一种制裁性处理。根据《行政监察法》和《公务员法》的有关规定，处分的种类包括警告、记过、记大过、降级、撤职、开除等。

二十、"事故发生单位"应如何落实事故调查报告的批复？

生产经营单位作为安全生产的责任主体，发生事故后，除了接受法律、行政法规规定的行政处罚外，还有义务按照负责事故调查的人民政府的批复，对本单位负有事故责任的人员进行处理。事故发生单位负责处理的对象是本单位对事故发生负有责任的人员，这种处理是根据有关部门规章制度，对有关责任人员所作的内部处理，包括两种情况：

(1)本单位中有关人员对事故发生负有责任，但该人员的行为既不构成犯罪，也不属于法律、行政法规规定的应当给予行政处罚或者处分的行为，事故发生单位可以根据本单位的有关规章制度对该负有事故责任的人员进行相应的处理。

(2)对事故发生负有责任的有关人员的行为已经涉嫌犯罪，或者依照法律、行政法规应当由有关机关给予行政处罚或处分的，事故发生单位也可以根据本单位的规章制度作出处理。

需要强调的是，事故发生单位虽然是按照负责事故调查的人民政府的批复，对有关人员进行处理，但是这种处理属于事故发生单位的内部管理行为，其依据主要是本单位的规章制度，不属于行政处罚或行政处分的范畴。

二十一、事故发生单位的“主要负责人”具体包括哪些人？

主要负责人是指对生产经营单位的生产经营活动负有领导责任，对单位的生产经营活动有决策权、指挥权的人。事故发生单位主要负责人的具体所指，根据事故发生单位的组织形式不同而有所不同：

(1)对于公司制的事故发生单位，根据《公司法》的规定，公司法定代表人依照公司章程的规定，由董事长、执行董事或者经理担任，并依法登记。因此，公司制生产经营单位的主要负责人一般应当是担任法定代表人的董事长、执行董事、经理等。

(2)对于非公司制的企业，主要负责人一般是企业的厂长、经理、矿长等负责企业经营管理的人。如《全民所有制工业企业法》规定，企业实行厂长(经理)负责制，厂长是企业的法定代表人，对企业负全面责任。

总之，事故发生单位主要负责人需要根据该单位的实际情况确定，对于一个特定的生产经营单位，其主要负责人是特定的。

特别要注意的是，对于有些虽然名义上不在生产经营单位任职，但是实际上控制生产经营单位的管理和经营活动的实际控制人，也要作为生产经营单位的主要负责人承担责任。对此，《国务院关于预防煤矿生产安全事故的特别规定》作了明确规定。

二十二、对于“不立即组织事故抢救”这一违法行为应如何界定？

在一般情况下，事故发生单位主要负责人是最先接到事故报告的，事故发生单位主要负责人能否在第一时间组织抢救，直接关系到能否挽救更多的生命，尽量减少财产损失。实践中，一些事故发生单位的主要负责人接到事故报告后，第一反应不是立即组织事故抢救，而是如何逃避事故责任，或者麻木不仁，贻误时机，导致事故扩大、人员伤亡增加或财产损失增加等后果。这是一种严重不负责任的行为，必须给予严厉的法律制裁。

本条例所讲的“不立即组织抢救”，是指事故发生单位主要负责人客观上能够组织抢救，而不立即组织抢救的情形，不包括事故发生单位主要负责人客观上不能立即组织抢救的情形。

二十三、是否事故单位一旦发生一般以上事故，就要按相应事故等级进行经济处罚？

虽然条例规定对事故发生单位根据事故等级处以罚款，但并不属于单纯的“事故罚款”，即一出事故就罚款，而是在事故发生单位对事故发生负有责任的情况下才处以罚款，目的是加大事故成本，促进生产经营单位加强安全生产工作。

二十四、事故发生单位主要负责人未依法履行安全生产管理职责，导致事故发生的，应如何进行经济处罚？

（1）发生一般事故的，处上一年年收入30%的罚款；

（2）发生较大事故的，处上一年年收入40%的罚款；

（3）发生重大事故的，处上一年年收入60%的罚款；

（4）发生特别重大事故的，处上一年年收入80%的罚款。

二十五、事故发生单位对事故发生负有责任的，由有关部门依法暂扣或者吊销其有关证照。“有关部门”、“有关证照”应如何理解？

事故发生单位的有关证照，是指其依法取得的各类许可、审批证件以及营业执照，具体种类根据其所从事的生产经营活动的不同而有所不同。比如，矿山企业、建筑施工企业和危险化学品、烟花爆竹、民用爆破器材生产企业，需要取得安全生产许可证，其中煤矿企业还要有采矿许可证和煤炭生产许可证。

暂扣或者吊销有关证照，必须依法由颁发该许可证或执照的行政机关实施，其他任何机关和个人都无权吊扣不属于自己颁发的证照。这就是“由有关部门依法暂扣或者吊销”的含义。

比如，依据《安全生产许可证条例》的有关规定，安全生产监督管理部门负责非煤矿矿山企业和危险化学品、烟花爆竹生产企业安全生产许可证的颁发和管理；煤矿安全监察机构负责煤矿企业安全生产许可证的颁发和管理；建设主管部门负责建筑施工企业安全生产许可证的颁发和管理。吊销上述单位的安全生产许可证，应当分别由有关机关依法实施。吊销采矿许可证，应当由地质矿产主管部门实施。事故发生单位营业执照的吊扣，只能由工商行政管理部门实施。

二十六、受聘参与事故调查的专家是否在任何情况下都免予处分和追究刑事责任？

参与事故调查人员的法律责任主要包括下列两种：

1. 处分

参与事故调查的人员在事故调查中有本条例第四十一条中违法行为之一的，首先是依法给予处分。其中，行政处分适用于参加事故调查的国家工作人员，主要包括在国家机关中从事公务的国家机关工作人员，国有公司、企业、事业单位、人民团体中从事公务的人员，国家机关以及其他国有单位委派到非国有单位从事公务的人员以及其他依照法律从事公务的人员，不适用于参与事故调查的有关专家以及负责组织调查的事故发生单位的非国家工作人员。对其他人员，可以依法给予相应的纪律处分等。

2. 刑事责任

参与事故调查的人员在事故调查中有本条例第四十一条中违法行为之一，构成犯罪的，依法追究刑事责任。需要特别说明的是，这里构成犯罪、承担刑事责任的主体不限于国家机关工作人员，而是包括前述所有参与事故调查的人员。

二十七、安全生产监督管理部门决定罚款的行政处罚，需要注意哪些关键问题？

安全生产监督管理部门决定罚款的行政处罚，需要注意以下关键问题：

(1)“一事不二罚”。依据《行政处罚法》第二十四条的规定,对同一个违法行为,不得给予两次以上罚款的行政处罚。安全生产监督管理部门决定罚款的行政处罚时,也应当遵守这一规定。

(2)依据《行政处罚法》第四十六条的规定,作出罚款决定的安全生产监督管理部门应当与收缴罚款的机构分离。

(3)罚款与罚金的折抵。依据《行政处罚法》第二十八条的规定,违法行为构成犯罪,人民法院判处罚金时,行政机关已经给予当事人罚款的,应当折抵相应罚金。据此,在有关单位和人员依据本条例规定被安全生产监督管理部门处以罚款,同时又被法院依法判处罚金的情况下,有关单位和人员已经缴纳的罚款可以折抵相应数额的罚金。

二十八、国家机关、事业单位、人民团体发生的事故如何参照本条例的规定进行事故的调查报告处理?

本条例的适用范围是生产经营活动中发生的生产安全事故的报告和调查处理,也就是说,条例适用的主体主要是生产经营单位。

现实生活中,除了生产经营单位发生的生产安全事故外,国家机关、事业单位和人民团体等其他单位也可能会发生造成人身伤亡或者直接经济损失的事故。这类非生产经营单位发生的事故的报告和调查处理,目前我国现行法律、行政法规还没有明确规定。为了使非生产经营单位发生的事故的报告和调查处理有法可依,本条例规定,国家机关、事业单位、人民团体发生的事故的报告和调查处理,参照本条例的规定执行。

这里的“国家机关”,包括国家立法机关、行政机关和司法机关、党的机关以及其他民主党派机关。“事业单位”是指国家为了社会公益事业目的举办的从事文化、教育、卫生、体育、新闻等公益事业的单位，如学校、医院、图书馆、博物馆、电视台，等等。“人民团体”则包括工会、共青团、妇联、残联等。这类单位发生的事故的报告和调查处理参照本条例的规定执行，意思是要根据情况，对适合这类单位特点的规定，可以适用。如条例关于事故报告应当及时、准确、完整，任何单位和个人对事故不得迟报、漏报、谎报或者瞒报的规定，关于事故调查的原则、任务的规定，关于事故调查组的规定，关于落实整改措施的规定等都可以适用。有的规定，如对事故发生单位依法暂扣或者吊销有关证照等行政处罚的规定，则不适用于国家机关、事业单位和人民团体。

此外，对于各类社会团体，如协会等发生的事故的报告和调查处理，也应当参照本条例的规定执行。

需要说明的是，事业单位的情况比较复杂，有的已经改制为企业，有的实行企业化管理，并从事生产经营活动。这类单位发生的事故，属于生产经营活动中发生的事故，其报告和调查处理应当直接适用本条例的规定。

第四章　《危险化学品安全管理条例》法律责任解读

《危险化学品安全管理条例》于2002年1月26日由中华人民共和国国务院令第344号公布，于2011年2月16日由国务院第144次常务会议修订通过，自2011年12月1日起施行。

第一节　《危险化学品安全管理条例》全文

危险化学品安全管理条例

（中华人民共和国国务院令第591号）

第一章　总　则

第一条　为了加强危险化学品的安全管理，预防和减少危险化学品事故，保障人民群众生命财产安全，保护环境，制定本条例。

第二条　危险化学品生产、储存、使用、经营和运输的安全管理，适用本条例。

废弃危险化学品的处置，依照有关环境保护的法律、行政法规和国家有关规定执行。

第三条　本条例所称危险化学品，是指具有毒害、腐蚀、爆炸、燃烧、助燃等性质，对人体、设施、环境具有危害的剧毒化学品和其他化学品。

危险化学品目录，由国务院安全生产监督管理部门会同国务院工业和信息化、公安、环境保护、卫生、质量监督检验检疫、交通运输、铁路、民用航空、农业主管部门，根据化学品危险特性的鉴别和分类标准确定、公布，并适时调整。

第四条 危险化学品安全管理，应当坚持安全第一、预防为主、综合治理的方针，强化和落实企业的主体责任。

生产、储存、使用、经营、运输危险化学品的单位（以下统称危险化学品单位）的主要负责人对本单位的危险化学品安全管理工作全面负责。

危险化学品单位应当具备法律、行政法规规定和国家标准、行业标准要求的安全条件，建立、健全安全管理规章制度和岗位安全责任制度，对从业人员进行安全教育、法制教育和岗位技术培训。从业人员应当接受教育和培训，考核合格后上岗作业；对有资格要求的岗位，应当配备依法取得相应资格的人员。

第五条 任何单位和个人不得生产、经营、使用国家禁止生产、经营、使用的危险化学品。

国家对危险化学品的使用有限制性规定的，任何单位和个人不得违反限制性规定使用危险化学品。

第六条 对危险化学品的生产、储存、使用、经营、运输实施安全监督管理的有关部门（以下统称负有危险化学品安全监督管理职责的部门），依照下列规定履行职责：

（一）安全生产监督管理部门负责危险化学品安全监督管理综合工作，组织确定、公布、调整危险化学品目录，对新建、改建、扩建生产、储存危险化学品（包括使用长输管道输送危险化学品，下同）的建设项目进行安全条件审查，核发危险化学品安全生产许可证、危险化学品安全使用许可证和危险化学品经营许可证，并负责危险化学品登记工作。

（二）公安机关负责危险化学品的公共安全管理，核发剧毒化学品购买许可证、剧毒化学品道路运输通行证，并负责危险化学品运输车辆的道路交通安全管理。

（三）质量监督检验检疫部门负责核发危险化学品及其包装物、容器（不包括储存危险化学品的固定式大型储罐，下同）生产企业的工业产品生产许可证，并依法对其产品质量实施监督，负责对进出口危险化学品及其包装实施检验。

（四）环境保护主管部门负责废弃危险化学品处置的监督管理，组织危险化学品的环境危害性鉴定和环境风险程度评估，确定实施重点环境管理的危险化学品，负责危险化学品环境管理登记和新化学物质环境管理登记；依照职责分工调查相关危险化学品环境污染事故和生态破坏事件，负责危险化学品事故现场的应急环境监测。

（五）交通运输主管部门负责危险化学品道路运输、水路运输的许可以及运输工具的安全管理，对危险化学品水路运输安全实施监督，负责危险化学品道路运输企业、水路运输企业驾驶人员、船员、装卸管理人员、押运人员、申报人员、集装箱装箱现场检查员的资格认定。铁路主管部门负责危险化学品铁路运输的安全管理，负责危险化学品铁路运输承运人、托运人的资质审批及其运输工具的安全管理。民用航空主管部门负责危险化学品航空运输以及航空运输企业及其运输工具的安全管理。

（六）卫生主管部门负责危险化学品毒性鉴定的管理，负责组织、协调危险化学品事故受伤人员的医疗卫生救援工作。

（七）工商行政管理部门依据有关部门的许可证件，核发危险化学品生产、储存、经营、运输企业营业执照，查处危险化学品经营企业违法采购危险化学品的行为。

（八）邮政管理部门负责依法查处寄递危险化学品的行为。

第七条　负有危险化学品安全监督管理职责的部门依法进行监督检查，可以采取下列措施：

(一)进入危险化学品作业场所实施现场检查,向有关单位和人员了解情况,查阅、复制有关文件、资料;

(二)发现危险化学品事故隐患,责令立即消除或者限期消除;

(三)对不符合法律、行政法规、规章规定或者国家标准、行业标准要求的设施、设备、装置、器材、运输工具,责令立即停止使用;

(四)经本部门主要负责人批准,查封违法生产、储存、使用、经营危险化学品的场所,扣押违法生产、储存、使用、经营、运输的危险化学品以及用于违法生产、使用、运输危险化学品的原材料、设备、运输工具;

(五)发现影响危险化学品安全的违法行为,当场予以纠正或者责令限期改正。

负有危险化学品安全监督管理职责的部门依法进行监督检查,监督检查人员不得少于 2 人,并应当出示执法证件;有关单位和个人对依法进行的监督检查应当予以配合,不得拒绝、阻碍。

第八条 县级以上人民政府应当建立危险化学品安全监督管理工作协调机制,支持、督促负有危险化学品安全监督管理职责的部门依法履行职责,协调、解决危险化学品安全监督管理工作中的重大问题。

负有危险化学品安全监督管理职责的部门应当相互配合、密切协作,依法加强对危险化学品的安全监督管理。

第九条 任何单位和个人对违反本条例规定的行为,有权向负有危险化学品安全监督管理职责的部门举报。负有危险化学品安全监督管理职责的部门接到举报,应当及时依法处理;对不属于本部门职责的,应当及时移送有关部门处理。

第十条 国家鼓励危险化学品生产企业和使用危险化学品从事生产的企业采用有利于提高安全保障水平的先进技术、工艺、设备以及自动控制系统,鼓励对危险化学品实行专门储存、统一配送、集中销售。

第二章 生产、储存安全

第十一条 国家对危险化学品的生产、储存实行统筹规划、合理布局。

国务院工业和信息化主管部门以及国务院其他有关部门依据各自职责，负责危险化学品生产、储存的行业规划和布局。

地方人民政府组织编制城乡规划，应当根据本地区的实际情况，按照确保安全的原则，规划适当区域专门用于危险化学品的生产、储存。

第十二条 新建、改建、扩建生产、储存危险化学品的建设项目（以下简称建设项目），应当由安全生产监督管理部门进行安全条件审查。

建设单位应当对建设项目进行安全条件论证，委托具备国家规定的资质条件的机构对建设项目进行安全评价，并将安全条件论证和安全评价的情况报告报建设项目所在地设区的市级以上人民政府安全生产监督管理部门；安全生产监督管理部门应当自收到报告之日起45日内作出审查决定，并书面通知建设单位。具体办法由国务院安全生产监督管理部门制定。

新建、改建、扩建储存、装卸危险化学品的港口建设项目，由港口行政管理部门按照国务院交通运输主管部门的规定进行安全条件审查。

第十三条 生产、储存危险化学品的单位，应当对其铺设的危险化学品管道设置明显标志，并对危险化学品管道定期检查、检测。

进行可能危及危险化学品管道安全的施工作业，施工单位应当在开工的7日前书面通知管道所属单位，并与管道所属单位共同制定应急预案，采取相应的安全防护措施。管道所属单位应当指派专门人员到现场进行管道安全保护指导。

第十四条 危险化学品生产企业进行生产前，应当依照《安全生产许可证条例》的规定，取得危险化学品安全生产许可证。

生产列入国家实行生产许可证制度的工业产品目录的危险化学品的企业，应当依照《中华人民共和国工业产品生产许可证管理条例》的规定，取得工业产品生产许可证。

负责颁发危险化学品安全生产许可证、工业产品生产许可证的部门，应当将其颁发许可证的情况及时向同级工业和信息化主管部门、环境保护主管部门和公安机关通报。

第十五条 危险化学品生产企业应当提供与其生产的危险化学品相符的化学品安全技术说明书，并在危险化学品包装（包括外包装件）上粘贴或者拴挂与包装内危险化学品相符的化学品安全标签。化学品安全技术说明书和化学品安全标签所载明的内容应当符合国家标准的要求。

危险化学品生产企业发现其生产的危险化学品有新的危险特性的，应当立即公告，并及时修订其化学品安全技术说明书和化学品安全标签。

第十六条 生产实施重点环境管理的危险化学品的企业，应当按照国务院环境保护主管部门的规定，将该危险化学品向环境中释放等相关信息向环境保护主管部门报告。环境保护主管部门可以根据情况采取相应的环境风险控制措施。

第十七条 危险化学品的包装应当符合法律、行政法规、规章的规定以及国家标准、行业标准的要求。

危险化学品包装物、容器的材质以及危险化学品包装的型式、规格、方法和单件质量（重量），应当与所包装的危险化学品的性质和用途相适应。

第十八条 生产列入国家实行生产许可证制度的工业产品目录的危险化学品包装物、容器的企业，应当依照《中华人民共和国工业产品生产许可证管理条例》的规定，取得工业产品生产许可证；其生产的危险化学品包装物、容器经国务院质量监督检验检疫部门认定的检验机构检验合格,方可出厂销售。

运输危险化学品的船舶及其配载的容器,应当按照国家船舶检验规范进行生产,并经海事管理机构认定的船舶检验机构检验合格,方可投入使用。

对重复使用的危险化学品包装物、容器,使用单位在重复使用前应当进行检查;发现存在安全隐患的,应当维修或者更换。使用单位应当对检查情况作出记录,记录的保存期限不得少于2年。

第十九条 危险化学品生产装置或者储存数量构成重大危险源的危险化学品储存设施(运输工具加油站、加气站除外),与下列场所、设施、区域的距离应当符合国家有关规定:

(一)居住区以及商业中心、公园等人员密集场所;

(二)学校、医院、影剧院、体育场(馆)等公共设施;

(三)饮用水源、水厂以及水源保护区;

(四)车站、码头(依法经许可从事危险化学品装卸作业的除外)、机场以及通信干线、通信枢纽、铁路线路、道路交通干线、水路交通干线、地铁风亭以及地铁站出入口;

(五)基本农田保护区、基本草原、畜禽遗传资源保护区、畜禽规模化养殖场(养殖小区)、渔业水域以及种子、种畜禽、水产苗种生产基地;

(六)河流、湖泊、风景名胜区、自然保护区;

(七)军事禁区、军事管理区;

(八)法律、行政法规规定的其他场所、设施、区域。

已建的危险化学品生产装置或者储存数量构成重大危险源的危险化学品储存设施不符合前款规定的,由所在地设区的市级人民政府安全生产监督管理部门会同有关部门监督其所属单位在规定期限内进行整改;需要转产、停产、搬迁、关闭的,由本级人民政府决定并组织实施。

储存数量构成重大危险源的危险化学品储存设施的选址,应当避开地震活动断层和容易发生洪灾、地质灾害的区域。

本条例所称重大危险源，是指生产、储存、使用或者搬运危险化学品，且危险化学品的数量等于或者超过临界量的单元（包括场所和设施）。

第二十条 生产、储存危险化学品的单位，应当根据其生产、储存的危险化学品的种类和危险特性，在作业场所设置相应的监测、监控、通风、防晒、调温、防火、灭火、防爆、泄压、防毒、中和、防潮、防雷、防静电、防腐、防泄漏以及防护围堤或者隔离操作等安全设施、设备，并按照国家标准、行业标准或者国家有关规定对安全设施、设备进行经常性维护、保养，保证安全设施、设备的正常使用。

生产、储存危险化学品的单位，应当在其作业场所和安全设施、设备上设置明显的安全警示标志。

第二十一条 生产、储存危险化学品的单位，应当在其作业场所设置通信、报警装置，并保证处于适用状态。

第二十二条 生产、储存危险化学品的企业，应当委托具备国家规定的资质条件的机构，对本企业的安全生产条件每 3 年进行一次安全评价，提出安全评价报告。安全评价报告的内容应当包括对安全生产条件存在的问题进行整改的方案。

生产、储存危险化学品的企业，应当将安全评价报告以及整改方案的落实情况报所在地县级人民政府安全生产监督管理部门备案。在港区内储存危险化学品的企业，应当将安全评价报告以及整改方案的落实情况报港口行政管理部门备案。

第二十三条 生产、储存剧毒化学品或者国务院公安部门规定的可用于制造爆炸物品的危险化学品（以下简称易制爆危险化学品）的单位，应当如实记录其生产、储存的剧毒化学品、易制爆危险化学品的数量、流向，并采取必要的安全防范措施，防止剧毒化学品、易制爆危险化学品丢失或者被盗；发现剧毒化学品、易制爆危险化学品丢失或者被盗的，应当立即向当地公安机关报告。

生产、储存剧毒化学品、易制爆危险化学品的单位，应当设置治安保卫机构，配备专职治安保卫人员。

第二十四条 危险化学品应当储存在专用仓库、专用场地或者专用储存室(以下统称专用仓库)内，并由专人负责管理；剧毒化学品以及储存数量构成重大危险源的其他危险化学品，应当在专用仓库内单独存放，并实行双人收发、双人保管制度。

危险化学品的储存方式、方法以及储存数量应当符合国家标准或者国家有关规定。

第二十五条 储存危险化学品的单位应当建立危险化学品出入库核查、登记制度。

对剧毒化学品以及储存数量构成重大危险源的其他危险化学品，储存单位应当将其储存数量、储存地点以及管理人员的情况，报所在地县级人民政府安全生产监督管理部门(在港区内储存的，报港口行政管理部门)和公安机关备案。

第二十六条 危险化学品专用仓库应当符合国家标准、行业标准的要求，并设置明显的标志。储存剧毒化学品、易制爆危险化学品的专用仓库，应当按照国家有关规定设置相应的技术防范设施。

储存危险化学品的单位应当对其危险化学品专用仓库的安全设施、设备定期进行检测、检验。

第二十七条 生产、储存危险化学品的单位转产、停产、停业或者解散的，应当采取有效措施，及时、妥善处置其危险化学品生产装置、储存设施以及库存的危险化学品，不得丢弃危险化学品；处置方案应当报所在地县级人民政府安全生产监督管理部门、工业和信息化主管部门、环境保护主管部门和公安机关备案。安全生产监督管理部门应当会同环境保护主管部门和公安机关对处置情况进行监督检查，发现未依照规定处置的，应当责令其立即处置。

第三章 使用安全

第二十八条 使用危险化学品的单位，其使用条件（包括工艺）应当符合法律、行政法规的规定和国家标准、行业标准的要求，并根据所使用的危险化学品的种类、危险特性以及使用量和使用方式，建立、健全使用危险化学品的安全管理规章制度和安全操作规程，保证危险化学品的安全使用。

第二十九条 使用危险化学品从事生产并且使用量达到规定数量的化工企业（属于危险化学品生产企业的除外，下同），应当依照本条例的规定取得危险化学品安全使用许可证。

前款规定的危险化学品使用量的数量标准，由国务院安全生产监督管理部门会同国务院公安部门、农业主管部门确定并公布。

第三十条 申请危险化学品安全使用许可证的化工企业，除应当符合本条例第二十八条的规定外，还应当具备下列条件：

（一）有与所使用的危险化学品相适应的专业技术人员；

（二）有安全管理机构和专职安全管理人员；

（三）有符合国家规定的危险化学品事故应急预案和必要的应急救援器材、设备；

（四）依法进行了安全评价。

第三十一条 申请危险化学品安全使用许可证的化工企业，应当向所在地设区的市级人民政府安全生产监督管理部门提出申请，并提交其符合本条例第三十条规定条件的证明材料。设区的市级人民政府安全生产监督管理部门应当依法进行审查，自收到证明材料之日起45日内作出批准或者不予批准的决定。予以批准的，颁发危险化学品安全使用许可证；不予批准的，书面通知申请人并说明理由。

安全生产监督管理部门应当将其颁发危险化学品安全使用许可证的情况及时向同级环境保护主管部门和公安机关通报。

第三十二条　本条例第十六条关于生产实施重点环境管理的危险化学品的企业的规定，适用于使用实施重点环境管理的危险化学品从事生产的企业；第二十条、第二十一条、第二十三条第一款、第二十七条关于生产、储存危险化学品的单位的规定，适用于使用危险化学品的单位；第二十二条关于生产、储存危险化学品的企业的规定，适用于使用危险化学品从事生产的企业。

第四章　经营安全

第三十三条　国家对危险化学品经营（包括仓储经营，下同）实行许可制度。未经许可，任何单位和个人不得经营危险化学品。

依法设立的危险化学品生产企业在其厂区范围内销售本企业生产的危险化学品，不需要取得危险化学品经营许可。

依照《中华人民共和国港口法》的规定取得港口经营许可证的港口经营人，在港区内从事危险化学品仓储经营，不需要取得危险化学品经营许可。

第三十四条　从事危险化学品经营的企业应当具备下列条件：

（一）有符合国家标准、行业标准的经营场所，储存危险化学品的，还应当有符合国家标准、行业标准的储存设施；

（二）从业人员经过专业技术培训并经考核合格；

（三）有健全的安全管理规章制度；

（四）有专职安全管理人员；

（五）有符合国家规定的危险化学品事故应急预案和必要的应急救援器材、设备；

（六）法律、法规规定的其他条件。

第三十五条　从事剧毒化学品、易制爆危险化学品经营的企业，应当向所在地设区的市级人民政府安全生产监督管理部门提出申请，从事其他危险化学品经营的企业，应当向所在地县级人民政府安全生产监督管理部门提出申请（有储存设施的，应当向所在地设区的市级人民政府安全生产监督管理部门提出申请)。申请人应当提交其符合本条例第三十四条规定条件的证明材料。设区的市级人民政府安全生产监督管理部门或者县级人民政府安全生产监督管理部门应当依法进行审查,并对申请人的经营场所、储存设施进行现场核查,自收到证明材料之日起30日内作出批准或者不予批准的决定。予以批准的,颁发危险化学品经营许可证;不予批准的,书面通知申请人并说明理由。

设区的市级人民政府安全生产监督管理部门和县级人民政府安全生产监督管理部门应当将其颁发危险化学品经营许可证的情况及时向同级环境保护主管部门和公安机关通报。

申请人持危险化学品经营许可证向工商行政管理部门办理登记手续后,方可从事危险化学品经营活动。法律、行政法规或者国务院规定经营危险化学品还需要经其他有关部门许可的,申请人向工商行政管理部门办理登记手续时还应当持相应的许可证件。

第三十六条 危险化学品经营企业储存危险化学品的,应当遵守本条例第二章关于储存危险化学品的规定。危险化学品商店内只能存放民用小包装的危险化学品。

第三十七条 危险化学品经营企业不得向未经许可从事危险化学品生产、经营活动的企业采购危险化学品,不得经营没有化学品安全技术说明书或者化学品安全标签的危险化学品。

第三十八条 依法取得危险化学品安全生产许可证、危险化学品安全使用许可证、危险化学品经营许可证的企业,凭相应的许可证件购买化学品、易制爆危险化学品。民用爆炸物品生产企业凭民用爆炸物品生产许可证购买易制爆危险化学品。

前款规定以外的单位购买剧毒化学品的,应当向所在地县级人民政府公安机关申请取得剧毒化学品购买许可证;购买易制爆危险化学品的,应当持本单位出具的合法用途说明。

个人不得购买剧毒化学品(属于剧毒化学品的农药除外)和易制

爆危险化学品。

第三十九条 申请取得剧毒化学品购买许可证，申请人应当向所在地县级人民政府公安机关提交下列材料：

（一）营业执照或者法人证书（登记证书）的复印件；

（二）拟购买的剧毒化学品品种、数量的说明；

（三）购买剧毒化学品用途的说明；

（四）经办人的身份证明。

县级人民政府公安机关应当自收到前款规定的材料之日起3日内，作出批准或者不予批准的决定。予以批准的，颁发剧毒化学品购买许可证；不予批准的，书面通知申请人并说明理由。

剧毒化学品购买许可证管理办法由国务院公安部门制定。

第四十条 危险化学品生产企业、经营企业销售剧毒化学品、易制爆危险化学品，应当查验本条例第三十八条第一款、第二款规定的相关许可证件或者证明文件，不得向不具有相关许可证件或者证明文件的单位销售剧毒化学品、易制爆危险化学品。对持剧毒化学品购买许可证购买剧毒化学品的，应当按照许可证载明的品种、数量销售。

禁止向个人销售剧毒化学品（属于剧毒化学品的农药除外）和易制爆危险化学品。

第四十一条 危险化学品生产企业、经营企业销售剧毒化学品、易制爆危险化学品，应当如实记录购买单位的名称、地址、经办人的姓名、身份证号码以及所购买的剧毒化学品、易制爆危险化学品的品种、数量、用途。销售记录以及经办人的身份证明复印件、相关许可证件复印件或者证明文件的保存期限不得少于1年。

剧毒化学品、易制爆危险化学品的销售企业、购买单位应当在销售、购买后5日内，将所销售、购买的剧毒化学品、易制爆危险化学品的品种、数量以及流向信息报所在地县级人民政府公安机关备案，并输入计算机系统。

第四十二条 使用剧毒化学品、易制爆危险化学品的单位不得出借、转让其购买的剧毒化学品、易制爆危险化学品;因转产、停产、搬迁、关闭等确需转让的,应当向具有本条例第三十八条第一款、第二款规定的相关许可证件或者证明文件的单位转让,并在转让后将有关情况及时向所在地县级人民政府公安机关报告。

第五章 运输安全

第四十三条 从事危险化学品道路运输、水路运输的,应当分别依照有关道路运输、水路运输的法律、行政法规的规定,取得危险货物道路运输许可、危险货物水路运输许可,并向工商行政管理部门办理登记手续。

危险化学品道路运输企业、水路运输企业应当配备专职安全管理人员。

第四十四条 危险化学品道路运输企业、水路运输企业的驾驶人员、船员、装卸管理人员、押运人员、申报人员、集装箱装箱现场检查员应当经交通运输主管部门考核合格,取得从业资格。具体办法由国务院交通运输主管部门制定。

危险化学品的装卸作业应当遵守安全作业标准、规程和制度,并在装卸管理人员的现场指挥或者监控下进行。水路运输危险化学品的集装箱装箱作业应当在集装箱装箱现场检查员的指挥或者监控下进行,并符合积载、隔离的规范和要求;装箱作业完毕后,集装箱装箱现场检查员应当签署装箱证明书。

第四十五条 运输危险化学品,应当根据危险化学品的危险特性采取相应的安全防护措施,并配备必要的防护用品和应急救援器材。

用于运输危险化学品的槽罐以及其他容器应当封口严密,能够防止危险化学品在运输过程中因温度、湿度或者压力的变化发生渗漏、洒漏;槽罐以及其他容器的溢流和泄压装置应当设置准确、起闭灵活。

运输危险化学品的驾驶人员、船员、装卸管理人员、押运人员、申报人员、集装箱装箱现场检查员，应当了解所运输的危险化学品的危险特性及其包装物、容器的使用要求和出现危险情况时的应急处置方法。

第四十六条 通过道路运输危险化学品的，托运人应当委托依法取得危险货物道路运输许可的企业承运。

第四十七条 通过道路运输危险化学品的，应当按照运输车辆的核定载质量装载危险化学品，不得超载。

危险化学品运输车辆应当符合国家标准要求的安全技术条件，并按照国家有关规定定期进行安全技术检验。

危险化学品运输车辆应当悬挂或者喷涂符合国家标准要求的警示标志。

第四十八条 通过道路运输危险化学品的，应当配备押运人员，并保证所运输的危险化学品处于押运人员的监控之下。

运输危险化学品途中因住宿或者发生影响正常运输的情况，需要较长时间停车的，驾驶人员、押运人员应当采取相应的安全防范措施；运输剧毒化学品或者易制爆危险化学品的，还应当向当地公安机关报告。

第四十九条 未经公安机关批准，运输危险化学品的车辆不得进入危险化学品运输车辆限制通行的区域。危险化学品运输车辆限制通行的区域由县级人民政府公安机关划定，并设置明显的标志。

第五十条 通过道路运输剧毒化学品的，托运人应当向运输始发地或者目的地县级人民政府公安机关申请剧毒化学品道路运输通行证。

申请剧毒化学品道路运输通行证，托运人应当向县级人民政府公安机关提交下列材料：

（一）拟运输的剧毒化学品品种、数量的说明；

（二）运输始发地、目的地、运输时间和运输路线的说明；

（三）承运人取得危险货物道路运输许可、运输车辆取得营运证以及驾驶人员、押运人员取得上岗资格的证明文件；

（四）本条例第三十八条第一款、第二款规定的购买剧毒化学品的相关许可证件，或者海关出具的进出口证明文件。

县级人民政府公安机关应当自收到前款规定的材料之日起 7 日内，作出批准或者不予批准的决定。予以批准的，颁发剧毒化学品道路运输通行证；不予批准的，书面通知申请人并说明理由。

剧毒化学品道路运输通行证管理办法由国务院公安部门制定。

第五十一条 剧毒化学品、易制爆危险化学品在道路运输途中丢失、被盗、被抢或者出现流散、泄漏等情况的，驾驶人员、押运人员应当立即采取相应的警示措施和安全措施，并向当地公安机关报告。公安机关接到报告后，应当根据实际情况立即向安全生产监督管理部门、环境保护主管部门、卫生主管部门通报。有关部门应当采取必要的应急处置措施。

第五十二条 通过水路运输危险化学品的，应当遵守法律、行政法规以及国务院交通运输主管部门关于危险货物水路运输安全的规定。

第五十三条 海事管理机构应当根据危险化学品的种类和危险特性，确定船舶运输危险化学品的相关安全运输条件。

拟交付船舶运输的化学品的相关安全运输条件不明确的，应当经国家海事管理机构认定的机构进行评估，明确相关安全运输条件并经海事管理机构确认后，方可交付船舶运输。

第五十四条 禁止通过内河封闭水域运输剧毒化学品以及国家规定禁止通过内河运输的其他危险化学品。

前款规定以外的内河水域，禁止运输国家规定禁止通过内河运输的剧毒化学品以及其他危险化学品。

禁止通过内河运输的剧毒化学品以及其他危险化学品的范围，

由国务院交通运输主管部门会同国务院环境保护主管部门、工业和信息化主管部门、安全生产监督管理部门，根据危险化学品的危险特性、危险化学品对人体和水环境的危害程度以及消除危害后果的难易程度等因素规定并公布。

第五十五条 国务院交通运输主管部门应当根据危险化学品的危险特性，对通过内河运输本条例第五十四条规定以外的危险化学品（以下简称通过内河运输危险化学品）实行分类管理，对各类危险化学品的运输方式、包装规范和安全防护措施等分别作出规定并监督实施。

第五十六条 通过内河运输危险化学品，应当由依法取得危险货物水路运输许可的水路运输企业承运，其他单位和个人不得承运。托运人应当委托依法取得危险货物水路运输许可的水路运输企业承运，不得委托其他单位和个人承运。

第五十七条 通过内河运输危险化学品，应当使用依法取得危险货物适装证书的运输船舶。水路运输企业应当针对所运输的危险化学品的危险特性，制定运输船舶危险化学品事故应急救援预案，并为运输船舶配备充足、有效的应急救援器材和设备。

通过内河运输危险化学品的船舶，其所有人或者经营人应当取得船舶污染损害责任保险证书或者财务担保证明。船舶污染损害责任保险证书或者财务担保证明的副本应当随船携带。

第五十八条 通过内河运输危险化学品，危险化学品包装物的材质、型式、强度以及包装方法应当符合水路运输危险化学品包装规范的要求。国务院交通运输主管部门对单船运输的危险化学品数量有限制性规定的，承运人应当按照规定安排运输数量。

第五十九条 用于危险化学品运输作业的内河码头、泊位应当符合国家有关安全规范，与饮用水取水口保持国家规定的距离。有关管理单位应当制定码头、泊位危险化学品事故应急预案，并为码头、泊位配备充足、有效的应急救援器材和设备。

用于危险化学品运输作业的内河码头、泊位，经交通运输主管部门按照国家有关规定验收合格后方可投入使用。

第六十条 船舶载运危险化学品进出内河港口，应当将危险化学品的名称、危险特性、包装以及进出港时间等事项，事先报告海事管理机构。海事管理机构接到报告后，应当在国务院交通运输主管部门规定的时间内作出是否同意的决定，通知报告人，同时通报港口行政管理部门。定船舶、定航线、定货种的船舶可以定期报告。

在内河港口内进行危险化学品的装卸、过驳作业，应当将危险化学品的名称、危险特性、包装和作业的时间、地点等事项报告港口行政管理部门。港口行政管理部门接到报告后，应当在国务院交通运输主管部门规定的时间内作出是否同意的决定，通知报告人，同时通报海事管理机构。

载运危险化学品的船舶在内河航行，通过过船建筑物的，应当提前向交通运输主管部门申报，并接受交通运输主管部门的管理。

第六十一条 载运危险化学品的船舶在内河航行、装卸或者停泊，应当悬挂专用的警示标志，按照规定显示专用信号。

载运危险化学品的船舶在内河航行，按照国务院交通运输主管部门的规定需要引航的，应当申请引航。

第六十二条 载运危险化学品的船舶在内河航行，应当遵守法律、行政法规和国家其他有关饮用水水源保护的规定。内河航道发展规划应当与依法经批准的饮用水水源保护区划定方案相协调。

第六十三条 托运危险化学品的，托运人应当向承运人说明所托运的危险化学品的种类、数量、危险特性以及发生危险情况的应急处置措施，并按照国家有关规定对所托运的危险化学品妥善包装，在外包装上设置相应的标志。

运输危险化学品需要添加抑制剂或者稳定剂的，托运人应当添加，并将有关情况告知承运人。

第六十四条 托运人不得在托运的普通货物中夹带危险化学

品，不得将危险化学品匿报或者谎报为普通货物托运。

任何单位和个人不得交寄危险化学品或者在邮件、快件内夹带危险化学品，不得将危险化学品匿报或者谎报为普通物品交寄。邮政企业、快递企业不得收寄危险化学品。

对涉嫌违反本条第一款、第二款规定的，交通运输主管部门、邮政管理部门可以依法开拆查验。

第六十五条 通过铁路、航空运输危险化学品的安全管理，依照有关铁路、航空运输的法律、行政法规、规章的规定执行。

第六章　危险化学品登记与事故应急救援

第六十六条 国家实行危险化学品登记制度，为危险化学品安全管理以及危险化学品事故预防和应急救援提供技术、信息支持。

第六十七条 危险化学品生产企业、进口企业，应当向国务院安全生产监督管理部门负责危险化学品登记的机构（以下简称危险化学品登记机构）办理危险化学品登记。

危险化学品登记包括下列内容：

（一）分类和标签信息；

（二）物理、化学性质；

（三）主要用途；

（四）危险特性；

（五）储存、使用、运输的安全要求；

（六）出现危险情况的应急处置措施。

对同一企业生产、进口的同一品种的危险化学品，不进行重复登记。危险化学品生产企业、进口企业发现其生产、进口的危险化学品有新的危险特性的，应当及时向危险化学品登记机构办理登记内容变更手续。

危险化学品登记的具体办法由国务院安全生产监督管理部门制定。

第六十八条 危险化学品登记机构应当定期向工业和信息化、环境保护、公安、卫生、交通运输、铁路、质量监督检验检疫等部门提供危险化学品登记的有关信息和资料。

第六十九条 县级以上地方人民政府安全生产监督管理部门应当会同工业和信息化、环境保护、公安、卫生、交通运输、铁路、质量监督检验检疫等部门，根据本地区实际情况，制定危险化学品事故应急预案，报本级人民政府批准。

第七十条 危险化学品单位应当制定本单位危险化学品事故应急预案，配备应急救援人员和必要的应急救援器材、设备，并定期组织应急救援演练。

危险化学品单位应当将其危险化学品事故应急预案报所在地设区的市级人民政府安全生产监督管理部门备案。

第七十一条 发生危险化学品事故，事故单位主要负责人应当立即按照本单位危险化学品应急预案组织救援，并向当地安全生产监督管理部门和环境保护、公安、卫生主管部门报告；道路运输、水路运输过程中发生危险化学品事故的，驾驶人员、船员或者押运人员还应当向事故发生地交通运输主管部门报告。

第七十二条 发生危险化学品事故，有关地方人民政府应当立即组织安全生产监督管理、环境保护、公安、卫生、交通运输等有关部门，按照本地区危险化学品事故应急预案组织实施救援，不得拖延、推诿。

有关地方人民政府及其有关部门应当按照下列规定，采取必要的应急处置措施，减少事故损失，防止事故蔓延、扩大：

(一)立即组织营救和救治受害人员，疏散、撤离或者采取其他措施保护危害区域内的其他人员；

(二)迅速控制危害源，测定危险化学品的性质、事故的危害区域及危害程度；

(三)针对事故对人体、动植物、土壤、水源、大气造成的现实危害和可能产生的危害，迅速采取封闭、隔离、洗消等措施；

（四）对危险化学品事故造成的环境污染和生态破坏状况进行监测、评估，并采取相应的环境污染治理和生态修复措施。

第七十三条 有关危险化学品单位应当为危险化学品事故应急救援提供技术指导和必要的协助。

第七十四条 危险化学品事故造成环境污染的，由设区的市级以上人民政府环境保护主管部门统一发布有关信息。

第七章 法律责任

第七十五条 生产、经营、使用国家禁止生产、经营、使用的危险化学品的，由安全生产监督管理部门责令停止生产、经营、使用活动，处20万元以上50万元以下的罚款，有违法所得的，没收违法所得；构成犯罪的，依法追究刑事责任。

有前款规定行为的，安全生产监督管理部门还应当责令其对所生产、经营、使用的危险化学品进行无害化处理。

违反国家关于危险化学品使用的限制性规定使用危险化学品的，依照本条第一款的规定处理。

第七十六条 未经安全条件审查，新建、改建、扩建生产、储存危险化学品的建设项目的，由安全生产监督管理部门责令停止建设，限期改正；逾期不改正的，处50万元以上100万元以下的罚款；构成犯罪的，依法追究刑事责任。

未经安全条件审查，新建、改建、扩建储存、装卸危险化学品的港口建设项目的，由港口行政管理部门依照前款规定予以处罚。

第七十七条 未依法取得危险化学品安全生产许可证从事危险化学品生产，或者未依法取得工业产品生产许可证从事危险化学品及其包装物、容器生产的，分别依照《安全生产许可证条例》、《中华人民共和国工业产品生产许可证管理条例》的规定处罚。

违反本条例规定，化工企业未取得危险化学品安全使用许可证，使用危险化学品从事生产的，由安全生产监督管理部门责令限期改正，处 10 万元以上 20 万元以下的罚款；逾期不改正的，责令停产整顿。

违反本条例规定，未取得危险化学品经营许可证从事危险化学品经营的，由安全生产监督管理部门责令停止经营活动，没收违法经营的危险化学品以及违法所得，并处 10 万元以上 20 万元以下的罚款；构成犯罪的，依法追究刑事责任。

第七十八条 有下列情形之一的，由安全生产监督管理部门责令改正，可以处 5 万元以下的罚款；拒不改正的，处 5 万元以上 10 万元以下的罚款；情节严重的，责令停产停业整顿：

（一）生产、储存危险化学品的单位未对其铺设的危险化学品管道设置明显的标志，或者未对危险化学品管道定期检查、检测的；

（二）进行可能危及危险化学品管道安全的施工作业，施工单位未按照规定书面通知管道所属单位，或者未与管道所属单位共同制定应急预案、采取相应的安全防护措施，或者管道所属单位未指派专门人员到现场进行管道安全保护指导的；

（三）危险化学品生产企业未提供化学品安全技术说明书，或者未在包装（包括外包装件）上粘贴、拴挂化学品安全标签的；

（四）危险化学品生产企业提供的化学品安全技术说明书与其生产的危险化学品不相符，或者在包装（包括外包装件）粘贴、拴挂的化学品安全标签与包装内危险化学品不相符，或者化学品安全技术说明书、化学品安全标签所载明的内容不符合国家标准要求的；

（五）危险化学品生产企业发现其生产的危险化学品有新的危险特性不立即公告，或者不及时修订其化学品安全技术说明书和化学品安全标签的；

（六）危险化学品经营企业经营没有化学品安全技术说明书和化学品安全标签的危险化学品的；

（七）危险化学品包装物、容器的材质以及包装的型式、规格、方

法和单件质量(重量)与所包装的危险化学品的性质和用途不相适应的;

(八)生产、储存危险化学品的单位未在作业场所和安全设施、设备上设置明显的安全警示标志,或者未在作业场所设置通信、报警装置的;

(九)危险化学品专用仓库未设专人负责管理,或者对储存的剧毒化学品以及储存数量构成重大危险源的其他危险化学品未实行双人收发、双人保管制度的;

(十)储存危险化学品的单位未建立危险化学品出入库核查、登记制度的;

(十一)危险化学品专用仓库未设置明显标志的;

(十二)危险化学品生产企业、进口企业不办理危险化学品登记,或者发现其生产、进口的危险化学品有新的危险特性不办理危险化学品登记内容变更手续的。

从事危险化学品仓储经营的港口经营人有前款规定情形的,由港口行政管理部门依照前款规定予以处罚。储存剧毒化学品、易制爆危险化学品的专用仓库未按照国家有关规定设置相应的技术防范设施的,由公安机关依照前款规定予以处罚。

生产、储存剧毒化学品、易制爆危险化学品的单位未设置治安保卫机构、配备专职治安保卫人员的,依照《企业事业单位内部治安保卫条例》的规定处罚。

第七十九条 危险化学品包装物、容器生产企业销售未经检验或者经检验不合格的危险化学品包装物、容器的,由质量监督检验检疫部门责令改正,处 10 万元以上 20 万元以下的罚款,有违法所得的,没收违法所得;拒不改正的,责令停产停业整顿;构成犯罪的,依法追究刑事责任。

将未经检验合格的运输危险化学品的船舶及其配载的容器投入使用的,由海事管理机构依照前款规定予以处罚。

第八十条 生产、储存、使用危险化学品的单位有下列情形之一的，由安全生产监督管理部门责令改正，处 5 万元以上 10 万元以下的罚款；拒不改正的，责令停产停业整顿直至由原发证机关吊销其相关许可证件，并由工商行政管理部门责令其办理经营范围变更登记或者吊销其营业执照；有关责任人员构成犯罪的，依法追究刑事责任：

（一）对重复使用的危险化学品包装物、容器，在重复使用前不进行检查的；

（二）未根据其生产、储存的危险化学品的种类和危险特性，在作业场所设置相关安全设施、设备，或者未按照国家标准、行业标准或者国家有关规定对安全设施、设备进行经常性维护、保养的；

（三）未依照本条例规定对其安全生产条件定期进行安全评价的；

（四）未将危险化学品储存在专用仓库内，或者未将剧毒化学品以及储存数量构成重大危险源的其他危险化学品在专用仓库内单独存放的；

（五）危险化学品的储存方式、方法或者储存数量不符合国家标准或者国家有关规定的；

（六）危险化学品专用仓库不符合国家标准、行业标准的要求的；

（七）未对危险化学品专用仓库的安全设施、设备定期进行检测、检验的。

从事危险化学品仓储经营的港口经营人有前款规定情形的，由港口行政管理部门依照前款规定予以处罚。

第八十一条 有下列情形之一的，由公安机关责令改正，可以处 1 万元以下的罚款；拒不改正的，处 1 万元以上 5 万元以下的罚款：

（一）生产、储存、使用剧毒化学品、易制爆危险化学品的单位不如实记录生产、储存、使用的剧毒化学品、易制爆危险化学品的数量、流向的；

（二）生产、储存、使用剧毒化学品、易制爆危险化学品的单位发现剧毒化学品、易制爆危险化学品丢失或者被盗，不立即向公安机关报告的；

（三）储存剧毒化学品的单位未将剧毒化学品的储存数量、储存地点以及管理人员的情况报所在地县级人民政府公安机关备案的；

（四）危险化学品生产企业、经营企业不如实记录剧毒化学品、易制爆危险化学品购买单位的名称、地址、经办人的姓名、身份证号码以及所购买的剧毒化学品、易制爆危险化学品的品种、数量、用途，或者保存销售记录和相关材料的时间少于 1 年的；

（五）剧毒化学品、易制爆危险化学品的销售企业、购买单位未在规定的时限内将所销售、购买的剧毒化学品、易制爆危险化学品的品种、数量以及流向信息报所在地县级人民政府公安机关备案的；

（六）使用剧毒化学品、易制爆危险化学品的单位依照本条例规定转让其购买的剧毒化学品、易制爆危险化学品，未将有关情况向所在地县级人民政府公安机关报告的。

生产、储存危险化学品的企业或者使用危险化学品从事生产的企业未按照本条例规定将安全评价报告以及整改方案的落实情况报安全生产监督管理部门或者港口行政管理部门备案，或者储存危险化学品的单位未将其剧毒化学品以及储存数量构成重大危险源的其他危险化学品的储存数量、储存地点以及管理人员的情况报安全生产监督管理部门或者港口行政管理部门备案的，分别由安全生产监督管理部门或者港口行政管理部门依照前款规定予以处罚。

生产实施重点环境管理的危险化学品的企业或者使用实施重点环境管理的危险化学品从事生产的企业未按照规定将相关信息向环境保护主管部门报告的，由环境保护主管部门依照本条第一款的规定予以处罚。

第八十二条 生产、储存、使用危险化学品的单位转产、停产、停业或者解散，未采取有效措施及时、妥善处置其危险化学品生产装置、储存设施以及库存的危险化学品，或者丢弃危险化学品的，由安全生产监督管理部门责令改正，处5万元以上10万元以下的罚款；构成犯罪的，依法追究刑事责任。

生产、储存、使用危险化学品的单位转产、停产、停业或者解散，未依照本条例规定将其危险化学品生产装置、储存设施以及库存危险化学品的处置方案报有关部门备案的，分别由有关部门责令改正，可以处1万元以下的罚款；拒不改正的，处1万元以上5万元以下的罚款。

第八十三条 危险化学品经营企业向未经许可违法从事危险化学品生产、经营活动的企业采购危险化学品的，由工商行政管理部门责令改正，处10万元以上20万元以下的罚款；拒不改正的，责令停业整顿直至由原发证机关吊销其危险化学品经营许可证，并由工商行政管理部门责令其办理经营范围变更登记或者吊销其营业执照。

第八十四条 危险化学品生产企业、经营企业有下列情形之一的，由安全生产监督管理部门责令改正，没收违法所得，并处10万元以上20万元以下的罚款；拒不改正的，责令停产停业整顿直至吊销其危险化学品安全生产许可证、危险化学品经营许可证，并由工商行政管理部门责令其办理经营范围变更登记或者吊销其营业执照：

（一）向不具有本条例第三十八条第一款、第二款规定的相关许可证件或者证明文件的单位销售剧毒化学品、易制爆危险化学品的；

（二）不按照剧毒化学品购买许可证载明的品种、数量销售剧毒化学品的；

（三）向个人销售剧毒化学品（属于剧毒化学品的农药除外）、易制爆危险化学品的。

不具有本条例第三十八条第一款、第二款规定的相关许可证件或者证明文件的单位购买剧毒化学品、易制爆危险化学品，或者个人购买剧毒化学品（属于剧毒化学品的农药除外）、易制爆危险化学品的，由公安机关没收所购买的剧毒化学品、易制爆危险化学品，可以并处 5000 元以下的罚款。

使用剧毒化学品、易制爆危险化学品的单位出借或者向不具有本条例第三十八条第一款、第二款规定的相关许可证件的单位转让其购买的剧毒化学品、易制爆危险化学品，或者向个人转让其购买的剧毒化学品(属于剧毒化学品的农药除外)、易制爆危险化学品的，由公安机关责令改正，处 10 万元以上 20 万元以下的罚款；拒不改正的，责令停产停业整顿。

第八十五条 未依法取得危险货物道路运输许可、危险货物水路运输许可，从事危险化学品道路运输、水路运输的，分别依照有关道路运输、水路运输的法律、行政法规的规定处罚。

第八十六条 有下列情形之一的，由交通运输主管部门责令改正，处 5 万元以上 10 万元以下的罚款；拒不改正的，责令停产停业整顿；构成犯罪的，依法追究刑事责任：

(一)危险化学品道路运输企业、水路运输企业的驾驶人员、船员、装卸管理人员、押运人员、申报人员、集装箱装箱现场检查员未取得从业资格上岗作业的；

(二)运输危险化学品，未根据危险化学品的危险特性采取相应的安全防护措施，或者未配备必要的防护用品和应急救援器材的；

(三)使用未依法取得危险货物适装证书的船舶，通过内河运输危险化学品的；

(四)通过内河运输危险化学品的承运人违反国务院交通运输主管部门对单船运输的危险化学品数量的限制性规定运输危险化学品的；

(五)用于危险化学品运输作业的内河码头、泊位不符合国家有关安全规范，或者未与饮用水取水口保持国家规定的安全距离，或者未经交通运输主管部门验收合格投入使用的；

(六)托运人不向承运人说明所托运的危险化学品的种类、数量、危险特性以及发生危险情况的应急处置措施，或者未按照国家有关规定对所托运的危险化学品妥善包装并在外包装上设置相应标志的；

（七）运输危险化学品需要添加抑制剂或者稳定剂，托运人未添加或者未将有关情况告知承运人的。

第八十七条 有下列情形之一的，由交通运输主管部门责令改正，处10万元以上20万元以下的罚款，有违法所得的，没收违法所得；拒不改正的，责令停产停业整顿；构成犯罪的，依法追究刑事责任：

（一）委托未依法取得危险货物道路运输许可、危险货物水路运输许可的企业承运危险化学品的；

（二）通过内河封闭水域运输剧毒化学品以及国家规定禁止通过内河运输的其他危险化学品的；

（三）通过内河运输国家规定禁止通过内河运输的剧毒化学品以及其他危险化学品的；

（四）在托运的普通货物中夹带危险化学品，或者将危险化学品谎报或者匿报为普通货物托运的。

在邮件、快件内夹带危险化学品，或者将危险化学品谎报为普通物品交寄的，依法给予治安管理处罚；构成犯罪的，依法追究刑事责任。

邮政企业、快递企业收寄危险化学品的，依照《中华人民共和国邮政法》的规定处罚。

第八十八条 有下列情形之一的，由公安机关责令改正，处5万元以上10万元以下的罚款；构成违反治安管理行为的，依法给予治安管理处罚；构成犯罪的，依法追究刑事责任：

（一）超过运输车辆的核定载质量装载危险化学品的；

（二）使用安全技术条件不符合国家标准要求的车辆运输危险化学品的；

（三）运输危险化学品的车辆未经公安机关批准进入危险化学品

运输车辆限制通行的区域的；

（四）未取得剧毒化学品道路运输通行证，通过道路运输剧毒化学品的。

第八十九条 有下列情形之一的，由公安机关责令改正，处1万元以上5万元以下的罚款；构成违反治安管理行为的，依法给予治安管理处罚：

（一）危险化学品运输车辆未悬挂或者喷涂警示标志，或者悬挂或者喷涂的警示标志不符合国家标准要求的；

（二）通过道路运输危险化学品，不配备押运人员的；

（三）运输剧毒化学品或者易制爆危险化学品途中需要较长时间停车，驾驶人员、押运人员不向当地公安机关报告的；

（四）剧毒化学品、易制爆危险化学品在道路运输途中丢失、被盗、被抢或者发生流散、泄露等情况，驾驶人员、押运人员不采取必要的警示措施和安全措施，或者不向当地公安机关报告的。

第九十条 对发生交通事故负有全部责任或者主要责任的危险化学品道路运输企业，由公安机关责令消除安全隐患，未消除安全隐患的危险化学品运输车辆，禁止上道路行驶。

第九十一条 有下列情形之一的，由交通运输主管部门责令改正，可以处1万元以下的罚款；拒不改正的，处1万元以上5万元以下的罚款：

（一）危险化学品道路运输企业、水路运输企业未配备专职安全管理人员的；

（二）用于危险化学品运输作业的内河码头、泊位的管理单位未制定码头、泊位危险化学品事故应急救援预案，或者未为码头、泊位配备充足、有效的应急救援器材和设备的。

第九十二条 有下列情形之一的，依照《中华人民共和国内河交通安全管理条例》的规定处罚：

（一）通过内河运输危险化学品的水路运输企业未制定运输船舶

危险化学品事故应急救援预案，或者未为运输船舶配备充足、有效的应急救援器材和设备的；

（二）通过内河运输危险化学品的船舶的所有人或者经营人未取得船舶污染损害责任保险证书或者财务担保证明的；

（三）船舶载运危险化学品进出内河港口，未将有关事项事先报告海事管理机构并经其同意的；

（四）载运危险化学品的船舶在内河航行、装卸或者停泊，未悬挂专用的警示标志，或者未按照规定显示专用信号，或者未按照规定申请引航的。

未向港口行政管理部门报告并经其同意，在港口内进行危险化学品的装卸、过驳作业的，依照《中华人民共和国港口法》的规定处罚。

第九十三条 伪造、变造或者出租、出借、转让危险化学品安全生产许可证、工业产品生产许可证，或者使用伪造、变造的危险化学品安全生产许可证、工业产品生产许可证的，分别依照《安全生产许可证条例》、《中华人民共和国工业产品生产许可证管理条例》的规定处罚。

伪造、变造或者出租、出借、转让本条例规定的其他许可证，或者使用伪造、变造的本条例规定的其他许可证的，分别由相关许可证的颁发管理机关处10万元以上20万元以下的罚款，有违法所得的，没收违法所得；构成违反治安管理行为的，依法给予治安管理处罚；构成犯罪的，依法追究刑事责任。

第九十四条 危险化学品单位发生危险化学品事故，其主要负责人不立即组织救援或者不立即向有关部门报告的，依照《生产安全事故报告和调查处理条例》的规定处罚。

危险化学品单位发生危险化学品事故，造成他人人身伤害或者财产损失的，依法承担赔偿责任。

第九十五条 发生危险化学品事故，有关地方人民政府及其有关部门不立即组织实施救援，或者不采取必要的应急处置措施减少事故损失，防止事故蔓延、扩大的，对直接负责的主管人员和其他直接责任人员依法给予处分；构成犯罪的，依法追究刑事责任。

第九十六条 负有危险化学品安全监督管理职责的部门的工作人员，在危险化学品安全监督管理工作中滥用职权、玩忽职守、徇私舞弊，构成犯罪的，依法追究刑事责任；尚不构成犯罪的，依法给予处分。

第八章 附 则

第九十七条 监控化学品、属于危险化学品的药品和农药的安全管理，依照本条例的规定执行；法律、行政法规另有规定的，依照其规定。

民用爆炸物品、烟花爆竹、放射性物品、核能物质以及用于国防科研生产的危险化学品的安全管理，不适用本条例。

法律、行政法规对燃气的安全管理另有规定的，依照其规定。

危险化学品容器属于特种设备的，其安全管理依照有关特种设备安全的法律、行政法规的规定执行。

第九十八条 危险化学品的进出口管理，依照有关对外贸易的法律、行政法规、规章的规定执行；进口的危险化学品的储存、使用、经营、运输的安全管理，依照本条例的规定执行。

危险化学品环境管理登记和新化学物质环境管理登记，依照有关环境保护的法律、行政法规、规章的规定执行。危险化学品环境管理登记，按照国家有关规定收取费用。

第九十九条 公众发现、捡拾的无主危险化学品，由公安机关接收。公安机关接收或者有关部门依法没收的危险化学品，需要进行无害化处理的，交由环境保护主管部门组织其认定的专业单位进行处理，或者交由有关危险化学品生产企业进行处理。处理所需费用由国家财政负担。

第一百条 化学品的危险特性尚未确定的，由国务院安全生产监督管理部门、国务院环境保护主管部门、国务院卫生主管部门分别负责组织对该化学品的物理危险性、环境危害性、毒理特性进行鉴定。根据鉴定结果，需要调整危险化学品目录的，依照本条例第三条第二款的规定办理。

第一百零一条 本条例施行前已经使用危险化学品从事生产的化工企业，依照本条例规定需要取得危险化学品安全使用许可证的，应当在国务院安全生产监督管理部门规定的期限内，申请取得危险化学品安全使用许可证。

第一百零二条 本条例自2011年12月1日起施行。

第二节 《危险化学品安全管理条例》举案解读

不经许可就生产，罚款巨额业主瘫

【案情】某地发生疫情，随着疫情的加重，对次氯酸钙、二氧化氯等各类消毒剂的需求猛增，无固定职业人员汪某见此情形，便从某国有化工企业购入固体次氯酸钙，私自开工生产次氯酸钙消毒液，并在市场上销售。鉴于社会上伪劣消毒液大量出现，当地安全生产监督管理、工商、质检等部门在对生产各类消毒剂的情况进行检查的过程中，汪某的私人作坊被发现，检查组对其做出停产查封、没收违法所得125684元、罚款25万元的处罚决定。汪某做梦也没有想到会受到如此巨额的罚款，一下子瘫倒在地。试问，检查组的处罚过重了吗？

【回答】根据GB 12268《危险货物品名表》可知，次氯酸钙是一种腐蚀性危险化学品。《危险化学品安全管理条例》第十四条规定："危险化学品生产企业进行生产前，应当依照《安全生产许可证条例》的规定，取得危险化学品安全生产许可证。"因此，汪某为牟取暴利，不经审批，擅自开工生产次氯酸钙消毒剂，是一种严重的违法行为。

对于汪某上述未取得危险化学品安全生产许可证而擅自生产危险化学品的行为，应按照《安全生产许可证条例》第十九条规定，责令停止生产，没收违法所得，并处 10 万元以上 50 万元以下的罚款。因此，检查组对其做出停产查封、没收违法所得 125684 元、罚款 25 万元的处罚决定并不过分。

【评析】危险化学品从生产、储存到销售、使用，各方面的要求都很严格，而且，随着危险化学品毒性研究的深入，一些可能给人类造成严重的不可逆的损害的化学品被禁止生产，禁止非科研使用等。

采用危险化学品安全生产许可证制度，一是可以让生产企业经过安全评价，发现各类隐患，通过整改，达到很好的安全生产条件，防范各类事故的发生；二是可以让一些违禁化学品如毒鼠强等不能得到生产，从源头上得到控制；三是可以保证操作工人的安全与健康。

安全距离不够是隐患，采取安全措施可不搬

【案情】某汽车加油站总库容为 165 m^3，地处闹市区，生意非常好。当地市安全监督管理局危化品管理处在检查中，发现其与附近的一大型超市相隔仅有 35 m，检查人员遂以与该大型超市安全距离不够为由对其做出停产搬迁的处罚决定。

该加油站负责人以该站是经过正规设计、正规施工并经消防部门验收合格，取得合法经营资质为由拒绝接受处罚。之所以出现这种情况，是因为该超市为后建，责任在超市而不在他们，理应由超市采取整改措施，而不能要求他们停产搬迁。检查人员一时语塞。试问，在这种情况下，检查人员应如何执法？

【回答】诚然，按照 GB 50156—2012《汽车加油加气站设计与施工规范》的设计要求，库容 165 m^3 的加油站为一级加油站，其与重要公共建筑物的距离不应小于 50 m。本案中的加油站与大型超市相

隔 35 m,确实不符合安全距离的要求。安全距离不够,让谁停业搬迁呢?让加油站搬迁,因其对这种不安全状况的形成无责任,于理不通;让一个大型超市因为一个加油站而停业搬迁,则耗资巨大,难以执行。

对此问题应如何处理呢?《危险化学品安全管理条例》第十九条规定:“危险化学品生产装置或者储存数量构成重大危险源的危险化学品储存设施(运输工具加油站、加气站除外),与下列场所、设施、区域的距离应当符合国家有关规定:(一)居住区以及商业中心、公园等人员密集场所;(二)学校、医院、影剧院、体育场(馆)等公共设施;(三)饮用水源、水厂以及水源保护区;(四)车站、码头(依法经许可从事危险化学品装卸作业的除外)、机场以及通信干线、通信枢纽、铁路线路、道路交通干线、水路交通干线、地铁风亭以及地铁站出入口;(五)基本农田保护区、基本草原、畜禽遗传资源保护区、畜禽规模化养殖场(养殖小区)、渔业水域以及种子、种畜禽、水产苗种生产基地;(六)河流、湖泊、风景名胜区、自然保护区;(七)军事禁区、军事管理区;(八)法律、行政法规规定的其他场所、设施、区域。”

这一条规定,明确了加油站与商业中心的距离可以不用必须满足相关的国家标准,但是,并不是说,安全距离不够的问题就可以不去管它,任其发展,而是应做积极的风险削减处理。常规的做法可以有以下几种方式:一是减少库容,降低加油站等级,从而保证安全间距;二是采取增加卸油和加油油气回收系统等技术措施,也可保证安全间距。如果只简单地以加油站不符合安全条件就强行让其停业搬迁是不妥的,也容易激化矛盾。

【评析】加油站、加气站是现代城市的动力源泉,是它们不断地向现代城市提供无尽的“血液”,从而成为现代城市不可替代的组成部分。但是,由于历史的原因和现实的情况,使得加油站、加气站的建设情况非常复杂。如城市加油站、加气站大都设在交通便利、车流量大的繁华地区,而这些地区又往往寸土寸金,是商家的必争之地,导致商业建筑很难与加油站、加气站保持足够的安全距离，就像本案中的情形一样。正因如此，《危险化学品安全管理条例》对此没有做出同“危险化学品生产装置和储存数量构成重大危险源的储存设施”一样与居民区、商业中心等场所、区域必须符合国家标准的安全距离要求。因为，如果要完全按照国家标准执行，就要有相当多的加油站关闭，既不容易具体操作，也不利于城市的正常运转和发展。

对于类似问题应具体情况具体对待，采取多种多样的安全技术措施，使其最大限度地满足安全要求。采取措施进行整改后，应由安全评价机构认定，能基本达到安全要求的，也视为基本符合安全要求，从而可以继续进行生产经营活动。

大学毕业有特长，店没取证别开张

【案情】王某大学毕业，一时没找到合适的工作，决心利用自己的化学专业特长开办一家化学品批发零售店，主营三氯硅烷、亚硝酸铵。但是，该店开张不久，就被安全监督部门和工商行政管理部门以未取得危险化学品营经营许可证和未经工商注册登记之名联手予以关闭，3589 元收入及未卖掉的危险化学品也被没收，试问安全监督部门和工商行政管理部门的做法正确吗？

【回答】国家对危险化学品经营实行许可制度。未经许可，任何单位和个人不得经营危险化学品。《危险化学品安全管理条例》第七十七条规定，未取得危险化学品经营许可证从事危险化学品经营，由安全生产监督管理部门责令停止经营活动，没收违法经营的危险化学品以及违法所得，并处 10 万元以上 20 万元以下的罚款；构成犯罪的，依法追究刑事责任。

此案中，王某所经营化学品均为危险化学品，而其经营危险化学品未取得危险化学品经营许可证，并未到工商行政管理部门进行注册登记，安全监督管理部门和工商行政管理部门依据《危险化学品安全管理条例》第七十七条做出关闭、没收非法所得的决定是完全合法的。与此同时，还应补加10万元以上20万元以下的罚款。

【评析】易燃、易爆、有毒、有害、腐蚀、放射等危险化学品的特性，决定了必须对其进行严格规范的管理，防范着火、爆炸、腐蚀等事故的发生。近年来，国家对危险化学品的管理越来越严格，越来越规范，既进行了全国范围内的危险化学品安全管理专项整治，也颁布实施了《危险化学品安全管理条例》、《危险化学品经营许可证管理办法》等一系列法规、规章，危险化学品安全管理逐步走上了法制化的管理轨道。

请吃送物下保证，评价结果就能动？

【案情】某安全评价公司在对一危险化学品经营单位进行评价时，发现其存在安全操作规程不健全、零售业务店面的备货库房未经公安消防部门验收、腐蚀性物品库房的耐火等级低于二级等问题，按照规定，该危险化学品经营单位的评价结论应为不符合安全要求。

该经营单位为了尽快通过评价，以便能顺利领取《危险化学品经营许可证》，保障经营业务不因此出现中断，百般讨好安全评价人员，一是花巨款请客，二是向安全评价人员赠送价值不菲的纪念品，三是向安全评价人员下保证尽快整改不合格项目，并在整改期间，采取相应的监控措施，保证不出事。

安全评价人员在其信誓旦旦的承诺下，出具了该单位经安全评价符合安全要求的结论。结果，不到一个月，该单位因没有按照规程将过氧乙酸储存在避光密封的容器中，造成过氧乙酸受热急剧分解引起爆炸，造成1人死亡，16人被灼伤的恶果。试问，该安全评价机构在此案中，有何违法行为？应受到何种惩罚？

【回答】该安全评价机构，在评价对象不符合安全要求的情况下，出具了符合安全要求的评价结论，属于虚假证明，这种行为违反了《安全生产法》第六十九条的规定："承担安全评价、认证、检测、检验的机构应当具备国家规定的资质条件，并对其作出的安全评价、认证、检测、检验的结果负责。”

对于该评价机构的此种行为，应在调查核实的基础上，按照《安全生产法》第八十九条的规定予以处罚，即“承担安全评价、认证、检测、检验工作的机构，出具虚假证明的，没收违法所得；违法所得在十万元以上的，并处违法所得二倍以上五倍以下的罚款；没有违法所得或者违法所得不足十万元的，单处或者并处十万元以上二十万元以下的罚款；对其直接负责的主管人员和其他直接责任人员处二万元以上五万元以下的罚款；给他人造成损害的，与生产经营单位承担连带赔偿责任；构成犯罪的，依照刑法有关规定追究刑事责任。对有前款违法行为的机构，吊销其相应资质。”

【评析】安全评价是以实现工程、系统安全为目的，应用安全系统工程原理和方法，对工程、系统中存在的危险、有害因素进行辨识与分析，判断工程、系统发生事故和职业危害的可能性及其严重程度，从而为制定防范措施和管理决策提供科学依据。这是事前预防、超前管理、保障安全的一个重要环节。生产经营单位符合了安全要求，也就具备了良好的安全生产基础，反之，就会存在较高的事故发生概率。因此，安全评价结论是否实事求是，是否客观反映了生产经营单位的真实情况，对生产经营单位的安全生产和政府职能部门的宏观决策都有极为重要的影响，安全评价结论必须保证其客观性、真实性、公正性。

随着政府职能的转变，这一原来主要由政府职能部门来做的工作，交由社会中介机构来完成。由于此项工作起步较晚，尚不够普及和成熟，而技术性、专业性又强，因此，还存在诸多不足之处。生产实践中，有些中介机构为了扩大业务，谋取经济利益，往往对评价有失原则，把关不严，让一些不符合安全条件的单位顺利过关，这既是亵渎了法律赋予的神圣职责，也是对人民群众生命财产的漠视。因此，对出具虚假证明的行为，必须坚决依法追究其行政责任、民事责任及刑事责任。

执法有标准——严了应该
处理有时限——时刻莫忘

【案情】退休高级炼化工程师王某，根据邻近大型炼油厂、石油醚价格低、原料足的地理和资源优势，以技术投入为主，与财力雄厚的刘某共同投资78万元，办起了利用石油醚生产拖拉机用燃料油的化工厂，投产以来，产销两旺。然而，当地政府安全监督管理部门在对其进行检查时，发现1台备用输油泵虽做了特殊密封处理，但无防爆标志，遂以防爆性能不明、需经论证合格才能使用为由予以查封。

原来，不久前正常运行的输油泵突然出现故障，该厂便紧急启用备用泵。与此同时，对故障泵进行修理，但无法修复。而由于该型号防爆泵规格特别，一时缺货，该厂便临时购买1台非防爆型泵对压盖、输入接线等进行了密封处理，作为防爆备用泵。王某和刘某都知道这不符合安全要求，但考虑到是作为临时备用泵，且另外做了密封处理，自认为按照多少年的经验来看，基本能满足防爆要求。他们向检查人员做了详细的解释，但是，检查人员说，在没有质量技术监督部门的正式结论以前，就是停产也不能启用此泵。

两个月后，新泵依然没买到，而正在运行的输油泵偏偏这时坏了，由于临时泵被查封，厂里未接到安全监督检查部门准许启用的通知，因此，也不敢贸然启用，最后只好停产待泵。试问，在此案中，安全监督检查人员的查封及事后处理合法吗？

【回答】按照规定，用石油醚生产燃料油，必须使用防爆型输油泵。该案中，安全检查人员以防爆性能一时无法明确，对经过私自特殊处理的非防爆型泵进行查封，符合《安全生产法》第六十二条第四款："对有根据认为不符合保障安全生产的国家标准或者行业标准的设施、设备、器材以及违法生产、储存、使用、经营、运输的危险物品予以查封或者扣押，对违法生产、储存、使用、经营危险物品的作业场所予以查封，并依法作出处理决定。"因此，查封是正确的。

但是,《行政强制法》第二十五条规定:"查封、扣押的期限不得超过三十日;情况复杂的,经行政机关负责人批准,可以延长,但是延长期限不得超过三十日。"由于其未在规定期限内对该泵做出处理答复,因此,检查人员在查封后对该泵的后续处理上有失职违规之嫌。

【评析】生产经营单位使用的设施、设备、器材是否符合保障安全生产的条件即符合国家标准或行业标准的要求,直接关系到生产经营单位的安全生产。因此,安全生产法赋予安全生产监督检查人员对认为不符合保障安全生产的国家标准或行业标准的设备、设施、器材进行查封或者扣押的处理权。而且,采取查封措施的,未经允许,生产经营单位不得擅自启用。在石油化工企业中,防爆设备是最为常见、要求也极为严格的设备,一旦设备不防爆,就可能因油气泄漏而发生爆炸着火,造成不可估量的损失,必须严格把关。

当然,查封必须要"有根据"。这根据主要包括两类:一是不用其他技术手段进行检验、检测直接就能判断,如"三无"产品、违反工艺要求的禁用设备等;二是需用技术手段进行检验、检测才能知道其是否符合安全,如本案中的经过密封处理的泵,虽然进行了防爆处理,但这种处理是没有合法资质的个人行为,要想使用该泵,就必须经专家技术论证或质量技术监督部门检测合格后才行。

但是,安全生产检查的目的是保证生产经营活动的正常进行,因此,《安全生产法》在对安全监督检查人员的职权中明确要求,对查封、扣押设备、设施、器材,应当依法在规定的时限内作出明确的责令修理更换、责令整改、责令销毁或对设施不能整改的责令停产停业的处理决定。如果时间拖延太长,容易给生产经营单位的正常运营带来被动,造成不应有的经济损失。

硕士学识富五车,培训就可不用学?

【案情】常州某民营化工厂主要生产铝塑管、PVC管等系列管材,由于铝塑管材在家装市场上需求旺盛,但质量要求必须保证使用期至少 50 年，厂长许某为了提高管材质量，扩大销售量，便于 2002 年 6 月从某化工大学高分子专业用高薪引进 1 名本科生丁某、1 名硕士生刘某，让他们负责工艺技术、指标和操作规程的改进，以提高产品的质量。

丁某、刘某来到该厂后，先在车间与工人们一起跟班操作，以熟悉生产工艺，制定改进方案。在危险化学品专项整治过程中，政府监督检查人员在检查中发现，丁某、刘某没有入厂安全教育的记录，便要求该厂长必须立即让 2 人退出岗位，接受有关法律、法规、规章和安全知识、专业技术、职业卫生防护和应急救援知识的培训，并经考核合格后，方可上岗作业。厂长许某对此很不以为然，说："他们二人，都是学化工的，科班出身，比我的水平高多了，哪还用再接受教育？教育别人还差不多。"试问，检查人员的要求合理吗？厂长许某的解释又是否正确？

【回答】《危险化学品安全管理条例》第四条规定："从业人员应当接受教育和培训，考核合格后上岗作业；对有资格要求的岗位，应当配备依法取得相应资格的人员。"因此，检查人员的要求有法可依，是合理的。业主许某的说法仅仅是凭个人的主观想法，无法律依据，因此，他的解释是错误的。

【评析】危险化学品生产、经营、储存、使用过程中，易燃、易爆、泄漏、中毒等不安全因素很多，一旦发生事故，就会对生产安全和人身健康构成很大的威胁。因此，危险化学品单位对从事生产、经营、储存、运输、使用危险化学品或者处置废弃危险化学品活动的人员，必须对与工作相关的危险化学品管理法规、危险化学品特性、相关的工艺流程、操作参数等知识有一个系统的了解，以使从业人员具有良好的基础知识、操作技能和事故应急处理技能，这样就会做到科学管理、安全生产，有效避免各类事故的发生。因此，要求从业人员接受教育和培训，考核合格后上岗作业，既是对工厂的生产安全负责，也是对员工的生命安全和健康负责。

化学品随身带"简历"——应当
出门后应有"身份证"——莫忘

【案情】某化工厂主要生产硝基脲(化学式 $NH_2CONHNO_2$),按照《常用危险化学品贮存通则》要求进行分瓶包装,并在包装内放上了化学品安全技术说明书。在全国危险化学品专项整治大检查时,所在地安全生产监督管理局的检查人员发现该产品外包装上未拴挂安全标签。检查人员据此对其罚款 3 万元,并限其 10 日内整改完毕。未挂安全标签,产品停止销售。厂长黄某称该产品安全技术说明书有了,只是没挂一个内容简单的安全标签就被罚款 3 万元,处罚太重了,罚一两千就不少了。

试问,黄某的解释是否情有可原?检查人员的罚款数额是否过高?

【回答】《危险化学品安全管理条例》第十五条规定:"危险化学品生产企业应当提供与其生产的危险化学品相符的化学品安全技术说明书,并在危险化学品包装(包括外包装件)上粘贴或者拴挂与包装内危险化学品相符的化学品安全标签。"由于黄某未在其产品硝基脲上拴挂安全标签,因此,理应受到处罚,绝不能以有书无签而放弃处罚。

按照《危险化学品安全管理条例》第七十八条规定,对"危险化学品生产企业未提供化学品安全技术说明书,或者未在包装(包括外包装件)上粘贴、拴挂化学品安全标签的"情况,"由安全生产监督管理部门责令改正,可以处 5 万元以下的罚款;拒不改正的,处 5 万元以上 10 万元以下的罚款"。检查人员针对黄某未在其产品上拴挂安全标签的问题,做出罚款 3 万元的决定,有法可依,判罚适当。

【评析】众所周知,危险化学品的爆炸、腐蚀、剧毒等危险特性是无法用肉眼观察就能看到的,这就要求生产企业必须在危险化学品的包装上提供安全技术说明书,为经营、储存、使用企业提供确切详尽的安全信息，安全技术说明书就像是化学品随身携带的“简历”。

但是，光有安全技术说明书还不够，还必须在外包装上粘贴、拴挂安全标签以表明化学品名称，进行危险特性警示，提示轻拿轻放、保持干燥、远离明火等安全注意事项，向作业人员提供灭火、误服等急救信息，以预防和减少各类化学事故的发生，保障人身安全和健康。安全标签就如同化学品的“身份证”，要流动，就要随身携带。

如果没有安全标签，工人就可能对危险化学品的危险性不了解，不懂如何操作，冒险蛮干，引发爆炸、灼伤、中毒等事故，造成不可估量的人身伤亡和经济损失。因此，《危险化学品安全管理条例》规定对生产企业不在危险化学品外包装上粘贴、拴挂安全标签的行为必须给予严厉的处罚。

化学品新毒性及时公示值得称道
说明书与标签同时修改也是必须

【案情】经过对某厂职工的发病情况进行详细的调查研究，发现该厂一种生产了 5 年的危险化学品是罪魁祸首，原来它存在一种不曾发现的潜在危害，即长时间接触能够让人的支气管发生病变，严重者可导致癌症。对此产品所新发现的危害，该厂立即做了通报，并采取了加强通风、配置面具、定期体检等措施。

采取这些措施后，该厂有效避免了职业伤害，连续几年，再无新增病例出现。但是，当地政府安全生产监督管理部门对其进行检查时发现，该厂对该产品新发现的危害，并未在安全技术说明书和安全标签中做出修改，便要求该厂 5 日内完成修改安全技术说明书和安全标签，在新的安全技术说明书和安全标签出来以前，停止销售该产品。同时，对其罚款 2 万元。该厂负责人黄某同意立即修改安全技术说明书和安全标签，也接受罚款，但不同意停止销售产品，说是如果那样造成的经济损失太大。他反复解释，此种新发现的危害，只有长时间的接触，才会造成危害，一般情况下不会出问题。

试问，黄某的要求是否合理？执法人员的处罚正确吗？

【回答】《危险化学品安全管理》第十五条第二款明文规定："危险化学品生产企业发现其生产的危险化学品有新的危险特性的，应当立即公告，并及时修订其化学品安全技术说明书和化学品安全标签。"

黄某所在厂对生产的这种产品发现新危害进行了公告，并采取了相应的防范控制措施，收到了明显的效果，从事实上对职工的人身安全和健康做到了良好的保护。但是，与此同时，该厂还应对安全说明书和安全标签及时做出修改，以保护所有与之接触者的人身安全和健康。该厂没有这样做，就违反了《危险化学品安全管理条例》的规定，理应受到相应的处罚。

按照《危险化学品安全管理条例》第七十八条的规定，对此种行为，"由安全生产监督管理部门责令改正，可以处5万元以下的罚款；拒不改正的，处5万元以上10万元以下的罚款"。因此，执法人员让其限期改正，并处以2万元的罚款，有法可依，是正确的。至于黄某以"此种产品只有长时间接触才会受到危害，一般情况下，不会对人造成危害"为推脱理由是不能成立的。他必须依法及时修改安全技术说明书和安全标签，以便让所有的用户都能获取这一危害信息，及时有效地做好自我保护工作。

【评析】化学品的危害性复杂多样，通常能够对人的呼吸系统、神经系统、视觉系统等多方面产生危害。对于新化学品，人们往往很难一下子对它的危害性全部认知。那些暂时没被发现的危害，就会对人身及生产、经营、储存过程中的安全造成潜在的威胁。

因此，当一种化学品有新的危害性时，如致畸性、致癌性等，应立即进行公告，并在产品安全技术说明书和安全标签中做出修改。这样做，既是对单位从业人员、广大用户知情权的保护，也是对他们人身健康和生产经营安全的保护。绝不能因其在一般情况下不会出事而不对产品安全技术说明书和安全标签做出修改。如若不然，就必将受到法律的严惩。

别看卖药赚得少，罚款金额可特高

【案情】为了牟取暴利，江苏常州农民王某私自用毒鼠强制作灭鼠药并在市场上出售。当地安全生产监督管理部门在进行危险化学品专项整治发现这种情况时，王某已经获利2.5万元。执法检查组立即对其作出停产关闭的决定，同时，对其作出没收违法所得，并处罚款20万元的决定。

为什么王某仅获利2.5万元，却会受到这么严重的处罚？执法部门是否执法过重？

【回答】《危险化学品安全管理条例》第五条规定："任何单位和个人不得生产、经营、使用国家禁止生产、经营、使用的危险化学品。"毒鼠强是国家明令禁止用来制作灭鼠药的剧毒化学品，王某为牟取暴利私自用来制作灭鼠药，违反了规定，理应依法惩处。根据《危险化学品安全管理条例》第七十五条规定，对此种行为由安全生产监督管理部门责令停止生产、经营、使用活动，处20万元以上50万元以下的罚款；有违法所得的，没收违法所得；构成犯罪的，依法追究刑事责任。

本案中，执法部门作出的处罚决定有法可依，处罚适度，并没因其仅仅获利2.5万元而出现执法过重的现象。相反，如果问题严重，还应考虑按照《最高人民法院、最高人民检察院关于办理非法制造、买卖、运输、储存毒鼠强等禁用剧毒化学品刑事案件具体应用法律若干问题的解释》追究其非法储存危险物质罪，可判3年以上10年以下有期徒刑。

【评析】毒鼠强的危害主要有三点：一是对生物链的破坏。即被毒鼠强药死的老鼠，其天敌将其吃后，也将同样被毒死（在一些食鼠的地方，人吃了死鼠也照样会中毒死亡）。二是对人的生命侵害。毒鼠强的毒性很强，人一旦中毒，由于没有解药，极易死亡。三是由于若购买容易，易被犯罪分子所利用。2002 年 9 月份南京汤山的特大毒鼠强中毒案，一次就导致了 42 人死亡，数百人中毒。因此，对其必须严加管控，严厉打击。

虽然生产没出事，评价超期照处罚

【案情】某市安全生产监督管理部门在对本市所属一生产氰化钠的化工厂进行安全评价方面的检查，在核实该厂生产装置已经 4 年未进行安全评价，并对现场管理状况进行了安全检查后，作出以下处罚决定：10 日内对生产装置安全评价完毕，罚款 8 万元；如不能在规定期限内整改完毕，将吊销其安全生产许可证。

该厂负责人连呼冤枉，说根本就不知道要进行安全评价这回事，对罚款一事更是不服，当面没说，私下认为这是执法人员借机卡要。为此，厂长许某赶紧邀请检查人员到某大酒店吃饭，遭到拒绝后，又向检查人员送礼也遭拒绝。试问，许某所受处罚是否冤枉？

【回答】在本案中，检查人员的执法是正确的。许某认为其所受处罚有过重之处，甚至产生执法人员滥用职权的思想，都是因为其对相关的法律不了解所致。

《危险化学品安全管理条例》第二十二条第一款明确规定："生产、储存危险化学品的企业，应当委托具备国家规定的资质条件的机构，对本企业的安全生产条件每 3 年进行一次安全评价，提出安全评价报告。"由于许某所在厂生产的氰化钠是剧毒化学品，因此，其生产装置就必须每 3 年进行一次安全评价。

同时，根据《危险化学品安全管理条例》第八十条规定，对于未依照本条例规定对其安全生产条件定期进行安全评价的生产企业，"由安全生产监督管理部门责令改正，处 5 万元以上 10 万元以下的罚款；拒不改正的，责令停产停业整顿直至由原发证机关吊销其相关许可证件，并由工商行政管理部门责令其办理经营范围变更登记或者吊销其营业执照；有关责任人员构成犯罪的，依法追究刑事责任"。

由此可知，执法人员的处罚决定是正确的。

【评析】氰化钠是剧毒化学品，其毒性能够对人的生命安全直接构成死亡威胁，决定了对其管理必须严之又严。而化工生产装置大多高温、高压，工艺参数复杂，连续性生产作业，管线、阀门、容器等很容易因腐蚀、压力变化、温度变化而引发泄漏、爆炸事故，稍有疏忽，就可能造成人员集体性死亡。

安全评价，能够通过系统全面的"诊断"，及时发现生产、储存装置存在的问题，通过及时整改，就会为生产、储存单位的安全提供可靠的保障，最大限度地减少各类安全事故的发生。《危险化学品安全管理条例》要求生产、储存、使用危险化学品的单位，应对本单位的安全生产条件每 3 年进行一次安全评价，这种硬性规定，是想企业的健康发展、员工生命安全之所想，企业应积极定期开展安全评价。

报警装置多种多样，按规配齐才不违章

【案情】某市一乙炔气生产厂因未在生产装置区安装可燃气体报警仪，市政府安全生产监督管理部门责令该厂 15 日内配齐，并依据《危险化学品安全管理条例》第六十一条规定对其罚款 1 万元。

对此处罚，该厂负责人唐某当场提出质疑，他认为检查人员是张冠李戴，配可燃气体报警仪自然能多道保险，有好处，但是，目前，尚无标准要求必须配备。按规定应当配备的是在事故状态下能够及时进行报警的电铃、汽笛等装置。至于罚款 1 万元，对一个只有 62 人的小厂来说，不仅罚得太重，而且，本身就不应该罚。执法人员再三向其解释乙炔属于甲类火灾危险性气体，按规定必须在其生产装置内配备可燃气体报警器，并坚持处罚决定不变。试问，唐某的说法是否正确？检查人员是否执法错误？

【回答】《危险化学品安全管理条例》第二十一条明确规定："生产、储存危险化学品的单位，应当在其作业场所设置通信、报警装置，并保证处于适用状态。"

根据《石油化工可燃气体和有毒气体检测报警设计规范》(GB 50493—2009),乙炔厂报警装置包含出现泄漏的可燃气体、有毒气体的监测报警器。对未在作业场所设置报警装置的行为,可以根据《危险化学品安全管理条例》第七十八条的规定,“由安全生产监督管理部门责令改正,可以处5万元以下的罚款;拒不改正的,处5万元以上10万元以下的罚款;情节严重的,责令停产停业整顿”。

本案中,执法人员的执法决定完全正确。唐某的质疑,只能说明其对有关法规、标准的无知。

【评析】报警装置种类不一,功能多样,但配置的目的只有一个,就是要提高生产、经营、储存、使用场所的安全,当然应该配置。本案中,乙炔气属于易燃易爆气体,泄漏到空气中很容易发生爆炸,如果按标准配置了可燃气体报警器,定量检测,乙炔气泄漏就能够被及时发现,从而有效避免火灾爆炸事故,提高生产安全的可靠性。

合作不成散伙去——小事一件
剧毒物品跟着走——大事一桩

【案情】唐某、钱某合伙经营某化工厂,该厂在生产过程中需用二氧化硒做添加剂,因此,该厂必须保持至少1.5公斤的二氧化硒日储存量。由于合作过程中,两人矛盾不断加深,经营状况不断恶化。在此情况下,钱某决定要么抽资退出,要么卖厂分钱,唐某对该厂的前景充满信心,便同意出一部分钱给钱某,然后,自己独立经营。

但是,由于在合作过程中,钱某主抓生产,对一些生产原料包括二氧化硒的使用情况,唐某并不清楚,因此,唐某要求钱某必须将所有物品交接清楚才能离开。在交接过程中,唐某发现,二氧化硒少了18克,便问钱某哪里去了。钱某回答,可能挥发了吧,再说,就那十克八克东西,吃不能吃,卖不值钱,我拿它有什么用?

唐某不为所动,继续向专家进行了咨询后,得知根据二氧化硒的理化特性,在正常情况下,它只可能增重,不可能减少。于是便要求钱某说清二氧化硒的去向，否则，将向公安部门报告。在此情况下，钱某不得不拿出了 18 克二氧化硒。原来，钱某是考虑到个人无法购买，出于好奇和逆反心理，便在临走之时，利用职务之便拿了一点，以备不时之需。

试问，唐某为什么对 18 克二氧化硒如此较真？如不能追回，对唐某将有何影响？对钱某又将有何影响？

【回答】唐某的较真做法是非常正确的。

二氧化硒属剧毒化学品，空气中最高容许蒸气浓度为 0.1 mg/m^3，其水溶液接触皮肤产生疼痛，甚至使组织坏死。对于剧毒化学品，国家进行了非常严格的管理。《危险化学品安全管理条例》第二十三条规定："生产、储存剧毒化学品或者国务院公安部门规定的可用于制造爆炸物品的危险化学品(以下简称易制爆危险化学品)的单位，应当如实记录其生产、储存的剧毒化学品、易制爆危险化学品的数量、流向，并采取必要的安全防范措施，防止剧毒化学品、易制爆危险化学品丢失或者被盗；发现剧毒化学品、易制爆危险化学品丢失或者被盗的，应当立即向当地公安机关报告。"对购买剧毒化学品，第三十八条明确规定"个人不得购买剧毒化学品(属于剧毒化学品的农药除外)"，也即不能私藏剧毒化学品。

对违反剧毒化学品有关管理规定的行为，将受到严厉的处罚。《危险化学品安全管理条例》第八十一条规定，对"发现剧毒化学品、易制爆危险化学品丢失或者被盗，不立即向公安机关报告的"行为，将"由公安机关责令改正，可以处 1 万元以下的罚款；拒不改正的，处 1 万元以上 5 万元以下的罚款"。因此，唐某对 18 克二氧化硒丢失的事情与钱某较真是理所当然的，如若不然，他就要被处以罚款。

而钱某的偷盗行为是非常有害，很不应该的。首先，为了对自身和他人安全多一分保障，应杜绝这种行为。因为，假如他将二氧化硒带回家，由于它是一种白色或微红色有光泽状结晶粉末，很容易被误食，一旦被家人误食，那可真是横祸飞来，后悔莫及。其次，二氧化硒能溶于水，对光和热稳定，如果被用到犯罪行为中如在食品中投毒，那由此造成的社会后果将不可想象，很可能会造成大面积的人员中毒和死亡，而钱某、唐某等都将受到刑法的严厉惩罚。

【评析】此案给我们四点启示：

一是任何人特别是生产、经营、储存、使用单位的人员必须时刻保持高度警惕，对违规现象和可疑之处要与之较真，不弄个明明白白，不查个水落石出，决不罢休。

二是对剧毒化学品负有直接管理和间接管理责任的人员必须对其理化特性、储存、养护等知识有一个全面而准确的了解，不能被人蒙蔽。本案中，如果唐某知道二氧化硒对光和热稳定，有潮解性，易吸收卤代烃而生成卤化硒等知识，他就会直接判定二氧化硒不会减重，要是少了，即是被盗或发出未登记，就会当即揭穿钱某的谎言，缩短二氧化硒在钱某手中的时间，避免可能出现的不良事故后果，特别是降低刑事犯罪的可能性和危害程度。

三是不要因政策控制严而产生逆反心理，一有机会获取剧毒化学品，就不管有没有用，先备点再说，甚至将其作为一种炫耀的资本，这种心理很不健康。而且，这种行为(像本案中钱某的所谓临走时，顺便拿了一点)，大多是要被追究刑事责任的。

四是发现剧毒化学品被盗、丢失或者误售、误用时，必须立即向当地公安部门报告。像本案中唐某未及时报案的做法就是不正确的。他在发现丢失，并一时无法找到的情况下，必须立即向公安部门报告，不能顾情面、靠自己去“破案”。如若不然，就可能让公安机关错过破案良机，容易造成犯罪行为的发生，致使自己不仅受到经济处罚，甚至被追究刑事责任。

构成重大危险源，必须打破常规管

【案情】因市场需求旺盛，某化学品仓库发烟硫酸储存量大增，由原来的日保有量不足 30 吨，猛增到 165 吨。当地政府安全生产监督管理部门在进行检查时,发现其收发、保管只有一人,便责令该库立即改用双人收发、双人保管制。在未实行双人收发、双人保管制度前,禁止收发作业。同时,罚款 2 万元。

仓库主管安全的负责人郑某大吃一惊,说:“搞错了吧,只有剧毒化学品才实行双人收发、双人保管制,像发烟硫酸根本不用双人收发,双人保管。”检查人员解释道:“没有搞错。你们的库存量已经远远超过发烟硫酸临界储存量 100 吨,构成了重大危险源。”郑某更不解了:“什么重大危险?我们知道它危险,要严管理。”检查人员说:“这些发烟硫酸已经构成了重大危险源,管理就不能照老样子管了。看来你还不了解重大危险源管理这回事。来,你看看 GB 18218—2009《危险化学品重大危险源辨识》和国务院第 591 号令《危险化学品安全管理条例》第二十四条、第七十八条你就明白了。”郑某在检查人员的指导下看完了这些标准和规定后,感叹道:“是我错了。如果不是你们帮我学这些规定,我错了还不知道错在哪呢。看来,我这管安全的还真不够格,要继续学习才行。”

试问,本案中所涉相关规定有哪些?为什么郑某会对重大危险源的辨识不清楚?本案给我们带来哪些启示?

【回答】本案在实际生活中,具有典型的教育意义。这是因为本案所涉及的规定对很多人来讲比较陌生,不好操作。

首先,《危险化学品安全管理条例》第二十四条对剧毒化学品以外的构成重大危险源的其他化学品的管理作出了明确的规定:“剧毒化学品以及储存数量构成重大危险源的其他危险化学品,应当在专用仓库内单独存放,并实行双人收发、双人保管制度。”

其次,对于储存数量是否构成重大危险源的辨识,《危险化学品重大危险源辨识》(GB 18218—2009)规定得很清楚,按照该标准,发烟硫酸的临界量是 100 吨,而本案中的单元储存量已经达到 165 吨,自然构成重大危险源。

最后,对该仓库的违法行为,按照《危险化学品安全管理条例》第七十八条规定，由安全生产监督管理部门责令改正，可以处5万元以下的罚款；拒不改正的，处5万元以上10万元以下的罚款；情节严重的，责令停产停业整顿。

【评析】重大危险源风险大，事故后果严重。对构成重大危险源的危险化学品实行更为严格的与剧毒化学品一样的管理，旨在通过严格管理，降低事故风险。重大危险源概念的引入，是非剧毒化学品安全管理的一个科学而有重大实际意义的进步，会有效防止非剧毒化学品引发重大火灾、爆炸或毒物泄漏事故，避免给现场人员和公众带来严重危害，对国家和人民生命财产造成重大损失，对环境造成严重污染。

但是，由于重大危险源学术色彩很浓，很多人包括很多安全生产管理人员对其认识得并不透彻，大多是一无所知或一知半解，这就难免出现本案中郑某听到重大危险源如堕雾里，错了还不知道错在哪里的现象。

本案至少可以给我们带来三点启示：

(1)对于安全法规、标准修订中出现的新用语要有重点地做好宣传工作，以便让一些非专业管理人员也能了解掌握，从而使法规、标准在落实中收到比较好的效果。

(2)安全生产管理人员对与工作相关的法规、标准要经常学习，学深、学透，特别是对新出台的法规、标准要及时学习，以免在不知不觉中做了错事，引发不该发生的事故，受到本可避免的处罚。

(3)执法人员的素养提高了，执法效果就会大大提高。像本案中的执法人员执法水平就很高，处罚决定能够让人心服口服。如果郑某遇到的是一个性格暴躁、不做耐心解释的执法人员，检查者坚决要罚，受罚者不明就里，就很可能出现矛盾激化。

停产忽视储存安全，受到处罚后悔已晚

【案情】某地出现疫情，随着疫情的加重，对过氧乙酸的需求急剧

增加，市场出现供不应求、到处脱销的现象。

某个体化工厂厂长杨某根据这一市场需求状况，决定大量生产过氧乙酸的原料产品过氧化氢（俗称双氧水）。但是，随着疫情的好转，需求迅速下降，该厂产品双氧水出现滞销，产品大量积压，工厂被迫停产，工人放假，只留 1 人看守，大量过氧化氢只能放在临时搭建的简易仓库里。8 月 16 日下午 4 时，该厂突发火灾，幸亏抢救及时，未造成人员伤亡和重大经济损失。

经查，此次事故的发生原因，一是该厂所产双氧水直接在地上光桶码垛超过三桶高；二是简易库房防雨措施不当，特别是地面有可能因松软出现下陷的情况下，未铺垫水泥条。而入夏以来，该地区不断降雨，造成码垛超高的双氧水因地面松软而倾倒，发生泄漏，并与堆在一边的木材缓慢反应发生燃烧，引发火灾。

根据这种情况，事故调查组对该厂作出了如下处罚决定：按标准修建仓库，严格按标准进行码垛、养护；如不建仓库，则必须将双氧水另作处置，不得留有事故隐患；罚款 5 万元。

对于上述处罚，杨某认为此次事故并未造成人员伤亡，也未给他人和环境造成伤害，而被罚款 5 万元不合理，顶多罚个几千就不少了。他的说法合理吗？

【回答】从本案的火灾后果看，此次火灾确实没有造成人员伤亡和大的经济损失，对他人和社会的影响非常小，但是，判定杨某的说法是否合理必须以事实为依据，以法律为准绳。

《危险化学品安全管理条例》第二十七条规定："生产、储存危险化学品的单位转产、停产、停业或者解散的，应当采取有效措施，及时、妥善处置其危险化学品生产装置、储存设施以及库存的危险化学品，不得丢弃危险化学品；处置方案应当报所在地县级人民政府安全生产监督管理部门、工业和信息化主管部门、环境保护主管部门和公安机关备案。安全生产监督管理部门应当会同环境保护主管部门和公安机关对处置情况进行监督检查，发现未依照规定处置的，应当责令其立即处置。”

杨某因产品滞销而停产。然而，停产后，杨某并未对双氧水按规定进行处置，留下了两大事故隐患，一是所建库房为临时简易构筑物，不能满足库温不超过30℃等技术要求，而且，也无良好的防潮设计，导致地面因连续降雨而松软，诱发双氧水垛垮塌；二是码垛超高。按照《常用化学危险品贮存通则》的规定，如对双氧水直接用光桶码垛，“可直接码在地面上或铺垫一层水泥条，三桶高”。而杨某直接在地面上光桶码垛，超过了三层。超高码放，加剧了双氧水桶的倾斜速度和坠地后的损伤后果，并最终引发火灾事故。因此，从整个案件的经过及原因分析来看，此起事故是完全可以避免的。杨某违背了《危险化学品安全管理条例》第二十七条的规定是毫无疑问的，也就理所当然地应该受到处罚。该如何处罚呢？是否因为没有对他人和社会造成危害和损失就可以减少或者免除处罚呢？这也必须执法有据，执法必严，不能讲感情，凭想象。

《危险化学品安全管理条例》第八十二条规定：“生产、储存、使用危险化学品的单位转产、停产、停业或者解散，未采取有效措施及时、妥善处置其危险化学品生产装置、储存设施以及库存的危险化学品，或者丢弃危险化学品的，由安全生产监督管理部门责令改正，处5万元以上10万元以下的罚款；构成犯罪的，依法追究刑事责任。

“生产、储存、使用危险化学品的单位转产、停产、停业或者解散，未依照本条例规定将其危险化学品生产装置、储存设施以及库存危险化学品的处置方案报有关部门备案的，分别由有关部门责令改正，可以处1万元以下的罚款；拒不改正的，处1万元以上5万元以下的罚款。”

因此，由于杨某所存双氧水贮存量大，时间长，而且一直处于不安全的储存条件下，随时有可能发生后果难以估量的事故。虽然，此次事故没有造成对他人和社会的伤害，但是，根据《危险化学品安全管理条例》的相关处罚条款，综合各种不安全因素和可能造成的事故后果，对其作出整改要求的同时，罚款5万元，并不为过。

【评析】危险化学品种类不同，危害性也不同，有的危害性很小，有的则很大，如剧毒品、放射性物品、爆炸性物品，如果得不到安全处置，时间一长，隐患就必然酿成事故，并最终给自身、他人和社会造成非常严重的危害。因为转产、停业等因素，使危险化学品得不到及时处理而引发的事故很多。这里面有很多的因素，但主要因素有两个：

一是使用单位处置技术条件没达到要求。如某单位化验室购买了两桶液体二氧化硫，做完实验后，还剩下一桶。这就带来一个安全问题。因为液体二氧化硫属于A级无机剧毒物品，该实验室一是没有销毁二氧化硫的技术条件，二是了解到相关的处置方法，也无人敢操作。一句话，只有把其送回厂里，可千里迢迢地派专人送一桶二氧化硫去，或者请厂家取回，都是一笔不小的费用。在此情况下，就只好找了个柜子放了起来。

二是受经济利益驱动。要处置化学品，就必须花钱，而现在又有多少人在企业关闭、解散的时候，还去把危险化学品进行安全处置呢？如河南某化工厂，用环氧乙烷做生产原料。后来，厂子停产了，2吨多环氧乙烷没了用场，而处置的最好方法是运回江苏的生产厂家，可这一来一去，至少要搭进去3000多元。厂子赔了，哪还有钱去退？于是，7瓶环氧乙烷一放就是3年，钢瓶外表变得锈迹斑斑。在一个炎热的中午，因瓶阀腐蚀过重，环氧乙烷发生泄漏爆炸，造成生产厂房严重毁坏。近几年来，因为氯气钢瓶不能得到及时处置，长时间风吹雨淋而发生泄漏，导致人员中毒的事故最为突出。

因此，危险化学品的生产、储存、使用单位转产、停产、停业或者解散的，必须采取有效措施，处置危险化学品的生产或者储存设备、库存产品及生产原料，不得留有事故隐患。

管你无知或狡辩，无证就要处罚严

【案情】浙江某化肥厂销售部经理黄某利用自己在销售部门工作

多年，对化肥经营销售内行，有销售关系网的优势，辞职开起了化肥销售公司，生意很快就红火起来。

随着生意规模的扩大，他不仅卖化肥，而且，还经营种类越来越多的危险化学品，包括 MDI、二氧化氯、氰化钠等。该市安全生产监督管理部门在对其进行安全检查中，发现其未有危险化学品经营许可证。当场勒令停业整顿，并根据其经营情况罚款 13 万。

黄某对此大喊冤枉，他拿着营业执照对执法人员说："我有工商部门颁发的营业执照，合法经营，不偷税，不漏税，怎么违法了？"执法人员说："你有营业执照不错，但是，你的经营范围超过了允许范围。要经营危险化学品，就必须办理危险化学品经营许可证，并凭经营许可证向工商部门办理申请登记注册手续。"黄某说："什么时候有这条规定的，我怎么不知道？再说了，即便有，我也应是不知者不怪，我可以停业改正啊？您这一下子就罚款 13 万也太重了吧？"检查人员说："罚多罚少，法律有明确的规定，您看看《危险化学品安全管理条例》第七十七条就明白了。"

试问，黄某在不知情的情况下违规经营，罚款 13 万是否过重？执法人员的行为有无过错？

【回答】1987 年 2 月 17 日，国务院发布了《化学危险物品安全管理条例》，自 2002 年 3 月 15 日颁布施行了《危险化学品安全管理条例》，并于 2011 年修订。自 1987 年以来，国家对危险化学品经营一直实行的是许可证制度，黄某不知有此规定，只能说明，要么他在狡辩，要么他确实就是法盲，都必须依法受到处罚。

对于他的上述违规行为，《危险化学品安全管理条例》第七十七条第三款作出了明确的规定，即"违反本条例规定，未取得危险化学品经营许可证从事危险化学品经营的，由安全生产监督管理部门责令停止经营活动，没收违法经营的危险化学品以及违法所得，并处 10 万元以上 20 万元以下的罚款；构成犯罪的，依法追究刑事责任"。依据本案中黄某无证经营的问题，安全生产监督管理部门不仅应责令其停止经营，罚款 13 万元，还应调查其违法所得及危险化学品库存情况，并依法没收、处罚。

【评析】国家对危险化学品经营高度重视，每个经营单位和个人都必须做到取证经营。而现在有些经营单位和个人依然出现像本案中黄某的这种情况，说明危险化学品安全管理的法规宣传还不够深入，还有死角和漏洞。本案中，如果黄某是在狡辩，那么说明黄某对相关法律的严肃性有所轻视，需要对其加大违规经营所应承担的法律责任的教育；如果是其确实不知，那就更要对其进行系统全面的教育。

安全评价讲科学，不能听信人承诺

【案情】某化工厂工人王某下岗后，开办了一家化学品经销公司，主要开展氰化钠、甲苯、甲醇等化学品的零售业务。在申办"危险化学品经营许可证"的过程中，他们聘请了本市一家取得资质的安全评价机构——诚信达安全评价所对其进行评价。该评价所在评价过程中发现，其备货库房未经公安消防部门验收合格，按照规定，此项不合格为否决项，即评价结论应为不符合安全要求。王某遂以时间来不及为由，让评价人员放心，承诺等他们评价完了，立即去找消防部门进行验收，但是，评价人员没有答应。王某又在请评价人员吃饭的时候，极尽美言，承诺会积极做工作，保证让消防部门验收合格，并将评价费从 18000 元提高到 30000 元。评价人员终于经不住王某的请求，同意为其出具符合安全要求的安全评价报告。

然而，省安全生产监督管理部门收到其申请材料，在对其评价情况进行现场核查时，发现了这一问题，遂对诚信达安全评价所作出了没收非法所得 30000 元，罚款 15 万元的处罚，并吊销其安全评价资格证。试问，本案中的执法依据是《危险化学品安全管理条例》吗？对诚信达公司的处罚是否过重？

【回答】对于安全评价机构在危险化学品经营企业办理危险化学

品经营许可证的过程中，出具虚假报告的行为，在《危险化学品安全管理条例》中并没有具体的处罚规定。但是，在《安全生产法》第八十九条有明确的规定："承担安全评价、认证、检测、检验工作的机构，出具虚假证明的，没收违法所得；违法所得在十万元以上的，并处违法所得二倍以上五倍以下的罚款；没有违法所得或者违法所得不足十万元的，单处或者并处十万元以上二十万元以下的罚款；对其直接负责的主管人员和其他直接责任人员处二万元以上五万元以下的罚款；给他人造成损害的，与生产经营单位承担连带赔偿责任；构成犯罪的，依照刑法有关规定追究刑事责任。对有前款违法行为的机构，吊销其相应资质。"据此可以看出，执法人员的执法是适度的。

【评析】安全评价通过运用科学的评价方法，发现各类事故隐患，对生产经营企业的安全状况获得定量或定性的结果，做到心中有数，有效防范各类事故的发生。因此，安全评价机构所做的工作，既可为生产经营企业的安全生产提供保障，也可为政府的安全监督管理提供科学的决策依据。鉴于安全评价在企业生产经营和政府安全监督管理中的重要作用，安全评价机构出具的评价报告是否客观真实，直接影响到有关安全生产决策的科学性，进而影响到能否切实保障安全生产。安全评价机构出具的评价报告必须保证客观、真实、确切。

本案中，业主王某为了尽快获得危险化学品经营许可证，对存在的隐患不是认真加以整改，而是采取欺骗、请客、提高评价费（等于变相送礼）等不正常手段，要求诚信达安全评价所出具虚假的评估报告，这是不折不扣的违法行为。而诚信达安全评价所禁不住王某的甜言蜜语、信口承诺和经济诱惑，违背原则，出具了与实际不符的虚假报告，严重违背了职业道德，触犯了法律，应当依法处理。鉴于本案中的虚假报告被及时发现，尚未造成严重后果，不够追究刑事责任，对其没收违法所得，处以高额罚款，并吊销其安全评价资格证是完全正确的。

物品一旦有剧毒，买卖必须慎再慎

【案情】肖某开办了一家规模较大的化工产品销售公司，顺利取得危险化学品经营许可证。开张 3 个月后，该市安全生产监督管理部门、公安部门在联合执法大检查时，发现该公司在销售剧毒危险化学品时，只登记购买人员的姓名、单位及剧毒化学品的品种、数量、购买日期等内容。在向肖某指出其剧毒化学品销售存在的问题后，对其作出停止剧毒危险化学品销售、罚款 4 万元的处罚。

开张仅 3 个月，本钱还没捞回来，又搭上 4 万，肖某自然无法接受。他反复向执法人员解释自己不是故意的，而且自己登记的内容和规定的要求也差不了多少，主要内容也都有了，就不要罚那么多了。但是，执法人员依然无动于衷，坚持判罚。

那么，剧毒化学品销售到底要做哪些登记内容？执法人员是否执法过重？

【回答】本案中，肖某在剧毒危险化学品销售过程中，确实存在一定的问题，但是，执法人员的执法有过重之嫌。

按照《危险化学品安全管理条例》第四十一条的规定："危险化学品生产企业、经营企业销售剧毒化学品、易制爆危险化学品，应当如实记录购买单位的名称、地址、经办人的姓名、身份证号码以及所购买的剧毒化学品、易制爆危险化学品的品种、数量、用途。销售记录以及经办人的身份证明复印件、相关许可证件复印件或者证明文件的保存期限不得少于 1 年。"肖某虽然对购买人员的姓名、单位及剧毒化学品的品种、数量、购买日期等内容进行了登记，但是，他的这些内容还不能完全满足《危险化学品安全管理条例》的要求，对于管理上必须严之又严的剧毒化学品，执法人员对此行为必须依法作出处理决定。

对于此种行为，《危险化学品安全管理条例》第八十一条作出了明确的处罚规定，"由公安机关责令改正，可以处 1 万元以下的罚款；

拒不改正的，处 1 万元以上 5 万元以下的罚款”。

执法人员据此做出停售整顿的处罚决定是正确的。但是，对于罚款，虽然从其经营规模较大来讲，应该处以高额罚款，但是，考虑到肖某开张不久，在剧毒化学品的销售上没有故意违规的动机，也做了一些非常重要的工作，对其罚款 1 万元以下为宜。

【评析】剧毒危险化学品以其特殊性决定了对其管理必须严之又严，慎之又慎，为什么？因为剧毒危险化学品不论是生产过程中的操作，还是成品的储存、使用，哪一个环节出错，都会出现危及人员性命、严重污染环境的事情。特别是，如果剧毒化学品成为犯罪分子的作案工具，后果不堪设想。近几年来，全国各地用投毒方式导致群死群伤的事故屡见不鲜。这就不难理解为什么在剧毒危险化学品销售过程中，须登记购买单位的名称、地址和经办人的姓名、身份证号码及所购剧毒化学品的品名、数量、用途，且记录应当至少保存 1 年了。

这个费用该你出，偷鸡不成要蚀米

【案情】某化工厂主要生产氯化亚锡，产品销售一直很好。杨某到该厂谈妥 15 吨购货合同，并交清了货款。然而，出乎杨某意料，在提货时，该厂要求杨某另交 1.2 万元稳定剂添加费，如果不交，该厂将不在产品中添加稳定剂盐酸，运输过程中出了事概不负责。杨某对此非常气愤，声明自己没有这个义务，如果厂方不加添加剂，他将上报有关部门，请求依法处理。

试问，本案中，运输氯化亚锡到底用不用加稳定剂，该由谁来添加？如不添加，过错方将受到何种惩罚？

【回答】氯化亚锡很不稳定，在运输时，必须添加稳定剂盐酸，如若不然，就会氧化生成氯化锡。《危险化学品安全管理条例》第六十三条第二款规定：“运输危险化学品需要添加抑制剂或者稳定剂的，托运人应当添加，并将有关情况告知承运人。”据此可知，厂方应在托运氯化亚锡时，添加稳定剂盐酸，并向承运人说清楚。至于费用问题，可以在订货时，向购货方约定清楚，绝不能以此要挟购货方。因为在此情况下，假如厂方因购货方未付稳定剂添加款，而不在氯化亚锡中添加盐酸，那么受到处罚的，将是厂方而不是购货方。

对于托运人托运危险化学品，不向承运人说明运输的危险化学品的品名、数量、危害、应急措施等情况，或者需要添加抑制剂或者稳定剂，交付托运时未添加的行为，《危险化学品安全管理条例》第八十六条规定："由交通运输主管部门责令改正，处5万元以上10万元以下的罚款；拒不改正的，责令停产停业整顿；构成犯罪的，依法追究刑事责任。"

【评析】由于许多危险化学品稳定性差、反应性强，如果不加以控制，就可能发生分解、化合反应，一是影响产品的质量，二是因许多反应具有放热、产生气体、生成物有毒有害等因素，会造成中毒、爆炸、着火等事故，因此，在储存、运输时，必须添加相应的稳定剂和抑制剂，这是保证危险化学品储存、运输安全的重要措施。正因如此，《危险化学品安全管理条例》对托运人托运危险化学品，不向承运人说明运输的危险化学品的品名、数量、危害、应急措施等情况，或者需要添加抑制剂或者稳定剂，交付托运时未添加的行为，给予了严厉的处罚。

本案还给我们一个启示，那就是，要警惕生产厂家、经营商户利用许多人不懂相关化学常识、相关法规的弱点，曲解相关的规定，蒙骗购货人、承运人支付不应支付的款项。要消除这种现象，一是要求托运人增强法律意识和道德观念，守法守信，不唯利是图；二是要求采购人员、运输人员要多学习相关的化工常识和相关法律规定，做个明白人；三是要加大打击力度，对那些违法行为严格依法予以惩处。

该讲不讲惹祸端，他人出事你买单

【案情】某运输公司是一家取得危险化学品运输资质的企业。该公司承揽某化学品经营公司要求运输5吨五氧化二砷的任务。该运输公司的业务主管刘某便向化学品经营公司经理王某询问五氧化二砷的毒性及注意事项。王某告诉他们，这是剧毒品，路上要特别小心。当刘某还要详细询问出现意外如摔破、漏撒该怎么办等相关事情时，王某很不耐烦地说："出什么事？这是剧毒品，根本就不能出事！只要包装不破，就什么事都没有！"人家是甲方，运输公司无法再问，刘某便派遣司机杨某和押运员丁某执行这次运输任务，再三交代，所运物品为剧毒化学品，千万小心再小心。

然而，天有不测风云。该车在行驶途中，一辆东风大货车与其追尾相撞起火，并将其所装三箱五氧化二砷撞落下来。杨某赶紧将车开到路旁停下，然后，回身取出灭火器与押运员丁某一起灭火并抢运摔落的五氧化二砷。二十分钟后，还没等将火灭掉，两人就不断咳嗽、呼吸困难，无法继续灭火，只好撤出，但很快就晕倒在地，被困在大货车里的司机亦渐渐失去知觉。经查，这是由于一箱五氧化二砷受剧烈撞击摔到路上破裂，泄漏出的五氧化二砷遇高温放出剧毒蒸气，造成三人急性中毒所致。此次事故中，杨某、丁某经抢救得以生还，但留下严重后遗症，而大货车司机经抢救无效死亡。

事后，交通部门以化学品经营公司经理王某未向承运人说明运输的危险化学品的品名、数量、危害、应急措施等情况，并造成严重后果为由，对其作出罚款 8 万元，并建议追究王某刑事责任的处罚决定。

试问，本案中，承运公司司机和押运员都是取得了上岗资质的人员，路上出了事，为什么反而要对化学品经营公司作出巨额罚款并要追究王某的刑事责任？

【回答】《危险化学品安全管理条例》第六十三条第一款规定："托运危险化学品的，托运人应当向承运人说明所托运的危险化学品的种类、数量、危险特性以及发生危险情况的应急处置措施，并按照国家有关规定对所托运的危险化学品妥善包装，在外包装上设置相应的标志。"据此，可以明确得知，本案中化学品经营公司经理既没有向承运人说明所运五氧化二砷的数量、危害、应急措施等情况，也没有在运输公司询问相关安全事项时，给予耐心的解答，只是笼统地说是剧毒化学品，不能出事，这显然违反了本条例的规定。司机及押运员因为不了解五氧化二砷遇高温、明火时，会产生剧毒蒸气这一特性，在灭火时，施救人员必须戴好防毒面具，站在上风头，从而造成三人急性中毒，其中二人留下严重后遗症、一人死亡的严重后果。因此，杨某理应受到相应的处罚。

对托运人托运危险化学品，不向承运人说明运输的危险化学品的品名、数量、危害、应急措施等情况的行为，《危险化学品安全管理条例》第八十六条规定，“由交通运输主管部门责令改正，处 5 万元以上 10 万元以下的罚款；拒不改正的，责令停产停业整顿；构成犯罪的，依法追究刑事责任”。因此，交通部门对其作出“罚款 8 万元的处罚，并建议追究王某的刑事责任”的处罚决定无可厚非。

【评析】押运员、司机取得了上岗证，但是其知识面终究有限，不可能对每一种化学品的理化特性及应急措施全面掌握。但是，承运人必须根据托运人提交的化学品品名、数量、危害、应急措施等情况，查找一定的资料，准备相应的器材，从而制定科学的运输方案，特别是在事故状态下能采取的科学准确的应急措施。因此，托运人应在托运前，向承运人提供化学品品名、数量、危害、应急措施等情况，从本质上而言，这是为了保障托运人的货物安全，托运人不提供相关的信息，是对自己不负责任。当然，作为承运人，应努力采取各种方式对所运货物的危险性做详细的了解，不能一知半解，贸然行事。

进口货物别装洋，入关以后都一样

【案情】某化学品经营公司从西班牙进口 220 吨氢氟酸在国内销售。当地市安全监督管理部门在对其检查时，发现其所售产品无化学品安全技术说明书，只在聚乙烯包装桶上贴有安全标签，便依照《危险化学品安全管理条例》第七十八条对其作出停止销售、罚款 8

万元的处罚决定。该公司经理马某辩称《危险化学品安全管理条例》只适用于国内生产的危险化学品，不适用于进口产品，再说了，即便有说明书，也是西班牙语，谁也看不懂啊，因此，拒绝接受处罚。

试问，马某所言是否有理？检查人员处罚决定是否得当？

【回答】本案中，马某所言纯属胡扯。《危险化学品安全管理条例》第九十八条明确规定："危险化学品的进出口管理，依照有关对外贸易的法律、行政法规、规章的规定执行；进口的危险化学品的储存、使用、经营、运输的安全管理，依照本条例的规定执行。"因此，马某销售进口氢氟酸，也必须遵照《危险化学品安全管理条例》的规定执行。

而按照《危险化学品安全管理条例》第三十七条的规定："危险化学品经营企业不得向未经许可从事危险化学品生产、经营活动的企业采购危险化学品，不得经营没有化学品安全技术说明书或者化学品安全标签的危险化学品。"马某违反了该条规定，理应受到处罚。《危险化学品安全管理条例》第七十八条对此行为的处罚规定是"由安全生产监督管理部门责令改正，可以处 5 万元以下的罚款；拒不改正的，处 5 万元以上 10 万元以下的罚款；情节严重的，责令停产停业整顿"。考虑到马某所售产品量大，处以 8 万元的罚款并不为重。

【评析】化学品安全技术说明书和化学品安全标签，是化学品储存、运输、使用等任何作业活动过程中所有与之接触人员进行安全操作、管理、处置的重要信息来源，不可或缺。我国已经于 1994 年 10 月 22 日，第八届全国人民代表大会常务委员会第十次会议审议通过第 170 号国际公约《作业场所安全使用化学品公约》。该公约第八条第 1 款规定："对于有害化学品，应向雇主提供化学品安全技术说明书，其中应列明其特性、供货人、分类、危害、安全预防措施和应急处置方法的基本资料。"第 2 款规定："应由主管当局，或经当局批准或认可的机构，根据国家或国际标准，制订关于编制化学品安全使用说明书的标准。"第十条第 2 款规定"收到尚未按照第七条要求加贴标签或加以标识，或尚未按第八条要求提供化学品安全说明书的化学品的雇主，应从供货人或其他合理的可能来源处获得有关资料，在未获得此种资料前不应使用此种化学品”。因此，在进口危险化学品时，必须要求外商提供符合中华人民共和国标准的中文化学品安全技术说明书。

第五章 《最高人民法院、最高人民检察院关于办理危害矿山生产安全刑事案件具体应用法律若干问题的解释》解读

《最高人民法院、最高人民检察院关于办理危害矿山生产安全刑事案件具体应用法律若干问题的解释》(以下简称《司法解释》)已于2007年2月26日由最高人民法院审判委员会第1419次会议、2007年2月27日由最高人民检察院第十届检察委员会第72次会议通过,自2007年3月1日起施行。

第一节 《司法解释》全文

最高人民法院、最高人民检察院关于办理危害矿山生产安全刑事案件具体应用法律若干问题的解释

(法释[2007]5号)

为依法惩治危害矿山生产安全犯罪,保障矿山生产安全,根据刑法有关规定,现就办理此类刑事案件具体应用法律的若干问题解释如下:

第一条 刑法第一百三十四条第一款规定的犯罪主体,包括对矿山生产、作业负有组织、指挥或者管理职责的负责人、管理人员、实际控制人、投资人等人员,以及直接从事矿山生产、作业的人员。

第二条 刑法第一百三十四条第二款规定的犯罪主体，包括对矿山生产、作业负有组织、指挥或者管理职责的负责人、管理人员、实际控制人、投资人等人员。

第三条 刑法第一百三十五条规定的“直接负责的主管人员和其他直接责任人员”，是指对矿山安全生产设施或者安全生产条件不符合国家规定负有直接责任的矿山生产经营单位负责人、管理人员、实际控制人、投资人，以及对安全生产设施或者安全生产条件负有管理、维护职责的电工、瓦斯检查工等人员。

第四条 发生矿山生产安全事故，具有下列情形之一的，应当认定为刑法第一百三十四条、第一百三十五条规定的“重大伤亡事故或者其他严重后果”：

（一）造成死亡一人以上，或者重伤三人以上的；

（二）造成直接经济损失一百万元以上的；

（三）造成其他严重后果的情形。

具有下列情形之一的，应当认定为刑法第一百三十四条、第一百三十五条规定的“情节特别恶劣”：

（一）造成死亡三人以上，或者重伤十人以上的；

（二）造成直接经济损失三百万元以上的；

（三）其他特别恶劣的情节。

第五条 刑法第一百三十九条之一规定的“负有报告职责的人员”，是指矿山生产经营单位的负责人、实际控制人、负责生产经营管理的投资人以及其他负有报告职责的人员。

第六条 在矿山生产安全事故发生后，负有报告职责的人员不报或者谎报事故情况，贻误事故抢救，具有下列情形之一的，应当认定为刑法第一百三十九条之一规定的“情节严重”：

（一）导致事故后果扩大，增加死亡一人以上，或者增加重伤三人以上，或者增加直接经济损失一百万元以上的；

（二）实施下列行为之一，致使不能及时有效开展事故抢救的：

1. 决定不报、谎报事故情况或者指使、串通有关人员不报、谎报事故情况的；

2. 在事故抢救期间擅离职守或者逃匿的；

3. 伪造、破坏事故现场，或者转移、藏匿、毁灭遇难人员尸体，或者转移、藏匿受伤人员的；

4. 毁灭、伪造、隐匿与事故有关的图纸、记录、计算机数据等资料以及其他证据的；

(三)其他严重的情节。

具有下列情形之一的，应当认定为刑法第一百三十九条之一规定的“情节特别严重”：

1. 导致事故后果扩大，增加死亡三人以上，或者增加重伤十人以上，或者增加直接经济损失三百万元以上的；

2. 采用暴力、胁迫、命令等方式阻止他人报告事故情况导致事故后果扩大的；

3. 其他特别严重的情节。

第七条 在矿山生产安全事故发生后，实施本解释第六条规定的相关行为，帮助负有报告职责的人员不报或者谎报事故情况，贻误事故抢救的，对组织者或者积极参加者，依照刑法第一百三十九条之一的规定，以共犯论处。

第八条 在采矿许可证被依法暂扣期间擅自开采的，视为刑法第三百四十三条第一款规定的“未取得采矿许可证擅自采矿”。

违反矿产资源法的规定，非法采矿或者采取破坏性的开采方法开采矿产资源，造成重大伤亡事故或者其他严重后果，同时构成刑法第三百四十三条规定的犯罪和刑法第一百三十四条或者第一百三十五条规定的犯罪的，依照数罪并罚的规定处罚。

第九条 国家机关工作人员滥用职权或者玩忽职守，危害矿山生产安全，具有下列情形之一，致使公共财产、国家和人民利益遭受重大损失的，依照刑法第三百九十七条的规定定罪处罚：

（一）对不符合矿山法定安全生产条件的事项予以批准或者验收通过的；

（二）对于未依法取得批准、验收的矿山生产经营单位擅自从事生产经营活动不依法予以处理的；

（三）对于已经依法取得批准的矿山生产经营单位不再具备安全生产条件而不撤销原批准或者发现违反安全生产法律法规的行为不予查处的；

（四）强令审核、验收部门及其工作人员实施本条第（一）项行为，或者实施其他阻碍下级部门及其工作人员依法履行矿山安全生产监督管理职责行为的；

（五）在矿山生产安全事故发生后，负有报告职责的国家机关工作人员不报或者谎报事故情况，贻误事故抢救的；

（六）其他滥用职权或者玩忽职守的行为。

第十条 以暴力、威胁方法阻碍矿山安全生产监督管理的，依照刑法第二百七十七条的规定，以妨害公务罪定罪处罚。

第十一条 国家工作人员违反规定投资入股矿山生产经营，构成本解释涉及的有关犯罪的，作为从重情节依法处罚。

第十二条 危害矿山生产安全构成犯罪的人，在矿山生产安全事故发生后，积极组织、参与事故抢救的，可以酌情从轻处罚。

第二节 《司法解释》的主要内容

《司法解释》主要包括以下五个方面的内容：

1. 明确了犯罪主体范围

《司法解释》明确了刑法第一百三十四条、第一百三十五条、第一百三十九条之一规定的重大责任事故罪、强令违章冒险作业罪，重大劳动安全事故罪、消防责任事故罪，不报、谎报安全事故罪的主体范围。

2. 明确了相关犯罪的定罪标准

《司法解释》对刑法第一百三十四条、第一百三十五条规定的“重大伤亡事故或者其他严重后果”、“情节特别恶劣”等情节作出了明确的规定。

3. 明确了一些新型疑难问题的法律适用依据

《司法解释》对一些新型疑难问题如在采矿许可证被依法暂扣期间擅自开采的行为确定了法律处理依据。

4. 明确了国家机关工作人员相关滥用职权或者玩忽职守行为及处罚

《司法解释》明确了国家机关工作人员实施哪些滥用职权或者玩忽职守行为，要承担危害矿山生产安全的刑事责任。

5. 明确了处罚原则和量刑情节

《司法解释》明确了办理危害矿山生产安全刑事案件的处罚原则和量刑情节。

第三节 《司法解释》逐条解读

一、《司法解释》第一条解读

第一条 刑法第一百三十四条第一款规定的犯罪主体，包括对矿山生产、作业负有组织、指挥或者管理职责的负责人、管理人员、实际控制人、投资人等人员，以及直接从事矿山生产、作业的人员。

刑法第一百三十四条第一款：“在生产、作业中违反有关安全管理的规定，因而发生重大伤亡事故或者造成其他严重后果的，处三年以下有期徒刑或者拘役；情节特别恶劣的，处三年以上七年以下有期徒刑。”

刑法第一百三十四条第一款只笼统地规定“对生产、作业中违反有关安全管理的规定，因而发生重大伤亡事故或者造成其他严重后果的”，视情节不同进行相应的刑罚，但并没有明确受刑罚的包括哪些人，即只明确了框架性犯罪情节，但没有根据当前的生活实际明确犯罪主体。《司法解释》则首先根据当前社会实际情况对犯罪主体进行了具体明确。

《司法解释》第一条规定，刑法第一百三十四条第一款规定的犯罪主体规定，可以概括为管理层与执行层两个层面的人员。

1. 管理层——投资、管理人员

这些投资、管理人员具体包括：对矿山生产、作业负有组织、指挥或者管理职责的负责人、管理人员、实际控制人、投资人等人员。

当前，生产经营方式多样，经济成分复杂，投资主体与实际的管理者，具体的管理者与实际的管理者往往并不统一。

譬如，一些股份公司，投资人可能并不参与具体的管理，具体的管理者常常是受雇而来，具体的管理者表面上大权在握，每天进行着直接的管理，然而，其管理准则却往往只能局限于投资者划定的框框，具体的管理者实际扮演着投资者的“傀儡”角色。具体的管理者在生产、作业中违反有关安全管理的规定，并造成重大伤亡事故或者造成其他严重后果，往往不是主观所愿，而是被动执行的结果。如果此时只对具体的管理者进行处罚，而让幕后操纵的投资人逍遥法外，就违背了法律的公平、公正原则。

同时，在实际生活中，许多实体，譬如某小煤窑，矿主往往徒有虚名，真正的实际控制人往往是有权有势的政府官员。譬如，某些政府官员出资开矿，但其本人并不出面担任矿主或合伙人、投资人等角色，而是直接让其亲属担任矿主。从表面上看，其亲属担任法人代表，每天在矿上负责处理矿上的大小事务，可谓“名副其实”地工作。而实际上，这一切都是表面现象，合法的“法人代表”只能听从于非法的幕后操纵者——实际控制人的操纵。合法的"法人代表"在生产、作业中违反有关安全管理的规定，并造成重大伤亡事故或者造成其他严重后果，往往也不是主观所愿，而是被动执行的结果。如果此时只对"法人代表"等具体的管理者进行处罚，而让幕后操纵的实际控制人逍遥法外，也违背了法律的公平、公正原则。

因此，《司法解释》从实际出发，对生产、作业中违反有关安全管理的规定，因而发生重大伤亡事故或者造成其他严重后果的幕前实际活动者与幕后实际操纵者一并明确出来，堵住了现实生活中危害矿山生产安全犯罪分子投机取巧、逃避打击的法律空子。这种针对实际确定法律主体的原则，贯穿在《司法解释》以下各条对犯罪主体的确定之中，充分体现了法律的公正性、公平性，同时，具有良好的针对性和可操作性。

2. 执行层——具体生产作业人员

直接从事矿山生产、作业的人员，应该遵纪守法，严格按照有关安全管理的规定进行操作，如果在生产、作业中违反有关安全管理的规定，因而发生重大伤亡事故或者造成其他严重后果，受到刑法追究自然是理所应当。

二、《司法解释》第二条解读

第二条 刑法第一百三十四条第二款规定的犯罪主体，包括对矿山生产、作业负有组织、指挥或者管理职责的负责人、管理人员、实际控制人、投资人等人员。

从刑法第一百三十四条第二款可以明确看出，犯罪主体是具有一定管理职能，可以下达命令的各级管理者。而这些管理者，既包括对矿山生产、作业负有组织、指挥或者管理职责的实际负责人、管理人员，也包括幕后的实际控制人、投资人等人员。

基于上述理由，《司法解释》第二条规定刑法第一百三十四条第二款规定的犯罪主体,包括对矿山生产、作业负有组织、指挥或者管理职责的负责人、管理人员、实际控制人、投资人等具有管理职能的人员。其立法本义与上述《司法解释》第一条解读一致。

应该特别指出,《司法解释》第二条规定刑法第一百三十四条第二款规定的犯罪主体,虽然是指具有管理职能,可以"强令他人违章冒险作业"的管理人员,但并不排除直接生产作业人员。在实际生产工作中,许多从业人员往往同时扮演着管理者与执行者双重角色,具有双重职能,如班组长,一般既是管理者,又是直接生产作业人员;又如技术人员,往往也同时是管理者和直接操作者,因此,必须具体问题具体对待,依法公正处理,不要人为制造"强令他人冒险作业只能是管理者不能是直接生产作业者"的法律空子。

三、《司法解释》第三条解读

第三条 刑法第一百三十五条规定的"直接负责的主管人员和其他直接责任人员",是指对矿山安全生产设施或者安全生产条件不符合国家规定负有直接责任的矿山生产经营单位负责人、管理人员、实际控制人、投资人,以及对安全生产设施或者安全生产条件负有管理、维护职责的电工、瓦斯检查工等人员。

刑法第一百三十五条规定:"安全生产设施或者安全生产条件不符合国家规定,因而发生重大伤亡事故或者造成其他严重后果的,对直接负责的主管人员和其他直接责任人员,处三年以下有期徒刑或者拘役;情节特别恶劣的,处三年以上七年以下有期徒刑。"

《司法解释》第三条对刑法第一百三十五条规定的犯罪主体,即直接负责的主管人员和其他直接责任人员,也从管理层、执行层两个层面进行了明确。

1. 管理层——投资、管理人员

这些投资、管理人员指对矿山安全生产设施或者安全生产条件不符合国家规定负有直接责任的矿山生产经营单位负责人、管理人员、实际控制人、投资人。

之所以如此规定，其立法本义与上述《司法解释》第一条解读一致。

2. 执行层——特殊作业人员

这些特殊作业人员是指对安全生产设施或者安全生产条件负有管理、维护职责的电工、瓦斯检查工等人员。

在矿山生产中，瓦斯监测报警、防爆电气的检查与维护，是保证安全生产的重要条件，因此，这些对瓦斯监测报警系统、防爆电气等设备、设施负有管理、维护职责的电工、瓦斯检查工等人员，对保障安全生产条件可靠，从而确保生产安全，保障一线作业者的生命安全具有至关重要的作用。一旦出现失职行为，就极有可能因为一次瓦斯超标不能监测报警、因为一处电气线路不防爆而引发重大瓦斯爆炸事故，因此，必须对这些特殊作业人员明确职责，从严管理，发生事故，依法进行责任追究。

四、《司法解释》第四条解读

第四条 发生矿山生产安全事故，具有下列情形之一的，应当认定为刑法第一百三十四条、第一百三十五条规定的“重大伤亡事故或者其他严重后果”：

（一）造成死亡一人以上，或者重伤三人以上的；

（二）造成直接经济损失一百万元以上的；

（三）造成其他严重后果的情形。

具有下列情形之一的，应当认定为刑法第一百三十四条、第一百三十五条规定的“情节特别恶劣”：

（一）造成死亡三人以上，或者重伤十人以上的；

（二）造成直接经济损失三百万元以上的；

（三）其他特别恶劣的情节。

《司法解释》第四条是对“重大伤亡事故或者其他严重后果”、“情节特别恶劣”两大犯罪情节的细化与明确。

（一）对“重大伤亡事故或者其他严重后果”的明确

刑法第一百三十四条、第一百三十五条规定对量刑标准的表述中均有“重大伤亡事故或者其他严重后果”的规定。但何谓“重大伤亡事故”，何谓“其他严重后果”却难以界定。

1. 何谓“重大伤亡事故”？

按理，这本不应该是一个难以回答的问题，在当前的相关事故管理规定中，都有相关的规定，但却因为政策“打架”而莫衷一是，使得在案件的具体办理中出现标准不一的现象。

（1）《企业职工伤亡事故分类标准》的规定

国家标准《企业职工伤亡事故分类标准》（GB/T 6441—1986）规定：重大伤亡事故指一次死亡1～2人的事故。

这一标准对于重大伤亡事故的界定，虽然明确了死亡人数的范围，但是，从严格意义上讲，是不够完整的。因为，重大伤亡事故，理应存在死亡、受伤两种情形，只明确死亡人数，而不明确受伤人数，显然“名不符实”。

（2）原劳动部的相关规定

在《劳动部办公厅关于印发〈企业职工伤亡事故报告统计问题解答〉的通知》（劳办发[1993]140号）中规定：死亡事故是指一次事故中死亡职工1～2人的事故；重大死亡事故，是指一次事故中死亡3人以上（含3人）的事故。这显然与《企业职工伤亡事故分类标准》的规定大相径庭。

在此，问题就暴露出来了。上述规定中，重大伤亡事故与重大死亡事故，一字之差，但从“重大”这一前提来讲，实质一样，而各自所明确的死亡人数却大相径庭，这在实际操作中，就不好执行了。依照

《企业职工伤亡事故分类标准》,可能执法过重;依照《劳动部办公厅关于印发〈企业职工伤亡事故报告统计问题解答〉的通知》(劳办发[1993]140号)执行,可能执法过松。因此,明确重大伤亡事故的确切范围,是顺利实施《刑法修正案(六)》的重要前提,是一个瓶颈问题。

除去上述两个对生产安全领域重大伤亡事故、重大死亡事故有明确界定的规定之外,其他有关重大伤亡事故的规定,基本包含在按照事故的严重度来分类的各类行业事故分类当中,可以参照进行理解。主要行业事故分类如下。

(1)火灾事故分类

根据《关于调整火灾等级标准的通知》(公消[2007]234号),火灾等级由原来的特大火灾、重大火灾、一般火灾三个等级调整为特别重大火灾、重大火灾、较大火灾和一般火灾四个等级。特别重大、重大、较大和一般火灾的等级标准分别为:

特别重大火灾是指造成30人以上死亡,或者100人以上重伤,或者1亿元以上直接财产损失的火灾;

重大火灾是指造成10人以上30人以下死亡,或者50人以上100人以下重伤,或者5000万元以上1亿元以下直接财产损失的火灾;

较大火灾是指造成3人以上10人以下死亡,或者10人以上50人以下重伤,或者1000万元以上5000万元以下直接财产损失的火灾;

一般火灾是指造成3人以下死亡,或者10人以下重伤,或者1000万元以下直接财产损失的火灾。

注:“以上”包括本数,“以下”不包括本数。

(2)航空飞行事故分类

根据《民用航空器飞行事故等级》(GB 14648—1993)、《民用航空器事故和飞行事故征候调查规定》(CAAR—395—R1)(民航总局令第179号,2007年4月15日起施行),以及《民用航空器飞行事故调查程序》,将飞行事故分为:特别重大飞行事故、重大飞行事故、一般飞行事故。

①凡属下列情况之一者为特别重大飞行事故:

a. 人员死亡,死亡人数在40人及其以上者;

b. 航空器失踪,机上人员在40人及其以上者。

②凡属下列情况之一者为重大飞行事故:

a. 人员死亡,死亡人数在39人及其以下者;

b. 航空器严重损坏或迫降在无法运出的地方(最大起飞重量5.7 t及其以下的航空器除外);

c. 航空器失踪,机上人员在39人及其以下者。

③凡属下列情况之一者为一般飞行事故:

a. 人员重伤,重伤人数在10人及其以上者;

b. 最大起飞重量5.7 t(含)以下的航空器严重损坏,或迫降在无法运出的地方;

c. 最大起飞重量5.7～50 t(含)的航空器一般损坏,其修复费用超过事故当时同型或同类可比新航空器价格的10%(含)者;

d. 最大起飞重量50 t以上的航空器一般损坏,其修复费用超过事故当时同型或同类可比新航空器价格的5%(含)者。

(3)触电事故分类

《触电事故调查统计规程》中,触电事故分为三类:特别重大事故、重大事故、一般事故。

①凡属下列情况之一者为特别重大事故:

a. 人身死亡事故一次达50人及其以上者;

b. 造成直接损失达1000万元及其以上者;

c. 性质特别严重、经国务院电力管理部门认定为特大事故者。

②凡属下列情况之一者为重大事故:

a. 人身死亡事故一次达3人及其以上者或人身伤亡事故一次

死亡与重伤达10人及其以上者；

b. 大面积停电造成减负荷超过200 MW者；

c. 造成发供电设备或施工机械严重损坏，直接经济损失达150万元者；

d. 25 MW及以上的发电设备、31.5 MV·A及其以上的主变压器或大型、贵重的施工机械严重损坏，30天内不能修复或修复后不能达到原来铭牌能力和安全水平者；

e. 其他性质严重的事故，经省级电力管理部门认定为重大事故者。

③除特大事故、重大事故以外的事故，均定为一般事故。

(4)道路交通事故分类

根据《公安部关于修订道路交通事故等级划分标准的通知》(公通字[1991]113号)*规定，道路交通事故分为轻微事故、一般事故、重大事故、特大事故四类。

轻微事故，是指一次造成轻伤1至2人，或者财产损失机动车事故不足1000元、非机动车事故不足200元的事故。

一般事故，是指一次造成重伤1至2人，或者轻伤3人以上，或者财产损失不足3万元的事故。

重大事故，是指一次造成死亡1至2人，或者重伤3人以上10人以下，或者财产损失3万元以上不足6万元的事故。

特大事故，是指一次造成死亡3人以上，或者重伤11人以上，或者死亡1人同时重伤8人以上，或者死亡2人同时重伤5人以上，或者财产损失6万元以上的事故。

从上述各规定来看，总体上，重大伤亡事故应为死亡3人以上(含3人)，或一次重伤10人以上。

那么，到底如何确定重大伤亡事故范畴呢？在《司法解释》征求

* 虽然此文件已作废，且无替换文件，但可供参考。

意见的过程中,出现了几种截然不同的意见。

有些大型矿山企业坚持必须至少死亡 3 人以上,因为对于上万人的矿山地下开采作业,几乎每天都有因为各种各样的原因受到伤害的职工,一年当中死几个职工非常正常,甚至是无法避免的。如果每死 1 个人就要追究相关责任人的刑事责任,甚至被判入狱,那么正常的生产都可能受到严重影响。

有些偏远省份的法官却坚持只要死 1 个人就算作重大伤亡事故,因为,在当地,没有大矿,几乎都是小煤窑,一个小煤窑很多时候就是几个人或十几个人,如果只有死 3 个或伤 10 个才能被追究刑事责任,那么就有可能矿上的人员都伤亡大半了,但矿主仍不会被追究刑事责任,如此一来,矿山安全生产怎么能管好呢?

也有学者提出,生命健康不属于财产范畴,其价值无法估量。我们正进入和谐社会,应该大力倡导生命无价理念,发生任何伤亡事故,都应严厉追究责任人的刑事责任。

也有专家提出,以“依法”确定,既然已经有相关的标准、规定,就应以相关的标准、规定为重要界定依据。

众说纷纭,各有其理。如何确定呢?

在综合考虑各方因素的基础上,《司法解释》最后确定“造成死亡一人以上,或者重伤三人以上”为重大伤亡事故。

关于此重大伤亡事故范畴的确定,可以肯定,许多人会有不同的意见。但情理是大众的普遍感情,是群众论事论理、论是论非的标准;法理是法学家理性思考的结晶,是创造法律规则的逻辑基础。上述重大伤亡事故范畴的确定,是法理与情理的有机结合,是与当前及今后一个较长时期的社会状况相符合的,应该坚决执行。

2. 何谓“其他严重后果”?

除了“造成死亡一人以上,或者重伤三人以上的”重大伤亡事故外,一种具体的情形就是“造成直接经济损失一百万元以上”,和一种泛指的情形——造成其他严重后果的情形。

关于“造成直接经济损失一百万元以上”的“直接经济损失”与“一百万元”，在立法过程中，也多有歧义。有的认为，不能只考虑直接经济损失，还应考虑间接损失；有的说一百万元太高，简直是要了一个小企业的命；有的则说太低，一百万动不了大企业的一根毫毛。事实确实各有其理，最终也只能通过综合考虑，深入论证，充分考虑合理性、可操作性作此界定。

那么“其他严重后果”又包括哪些呢？其他严重后果，主要包括事故造成的恶劣社会影响、政治影响，对环境造成的严重破坏等。

3. 直接经济损失的计算

(1)直接经济损失的统计范围

直接经济损失的统计范围包括人员伤亡后所支出的费用，含医疗费用(含护理费用)、丧葬及抚恤费用、补助及救济费用、歇工工资；善后处理费用，含处理事故的事务性费用、现场抢救费用、清理现场费用、事故罚款和赔偿费用；财产损失价值，含固定资产损失价值、流动资产损失价值。

(2)直接经济损失的具体计算

直接经济损失的具体计算，应根据《企业职工伤亡事故经济损失统计标准》(GB 6721—1986)(见附录)进行。

(二)对“情节特别恶劣”的明确

刑法第一百三十四条、第一百三十五条对量刑标准的表述中均有“情节特别恶劣”的刑罚规定。哪些情节属于特别恶劣的情节呢？如果不加明确，只能是仁者见仁，智者见智，说法不一。

《司法解释》对情节特别恶劣作出明确规定：①造成死亡三人以上，或者重伤十人以上的；②造成直接经济损失三百万元以上的；③其他特别恶劣的情节。这样一来，在执法办案中就较为明确了。

总之,《司法解释》第四条对"重大伤亡事故或者其他严重后果"、"情节特别恶劣"两大犯罪情节的细化与明确,使得在办理危害矿山生产安全的刑事案件中,有了具体可操作的标准,能够较好地做到标准统一、公正执法。

五、《司法解释》第五条解读

第五条 刑法第一百三十九条之一规定的"负有报告职责的人员",是指矿山生产经营单位的负责人、实际控制人、负责生产经营管理的投资人以及其他负有报告职责的人员。

在安全事故发生后,负有报告职责的人员有哪些呢?对此,相关法律作了一些规定,但是,有一些情形没有包括进去。譬如一些幕后操纵的实际控制人、投资人,在实际生活中,常常扮演着瞒报事故的元凶,而却无法从法律上找到追究其责任的依据,并因此逍遥法外。

《司法解释》第五条较好地解决了这一问题,基本明确了矿山投资、管理者及法律法规规定的其他人员。

1. 矿山投资、管理者

主要就是矿山生产经营单位的负责人、实际控制人、负责生产经营管理的投资人。

2. 法律法规规定的其他人员

法律法规规定的其他人员,既有企业一般从业人员,也有政府各级官员。具体可包括:

(1)事故现场有关人员;

(2)有关安全生产监督管理部门工作人员;

(3)有关地方人民政府相关工作人员。

六、《司法解释》第六条解读

第六条 在矿山生产安全事故发生后，负有报告职责的人员不报或者谎报事故情况，贻误事故抢救，具有下列情形之一的，应当认定为刑法第一百三十九条之一规定的“情节严重”：

（一）导致事故后果扩大，增加死亡一人以上，或者增加重伤三人以上，或者增加直接经济损失一百万元以上的；

（二）实施下列行为之一，致使不能及时有效开展事故抢救的：

1. 决定不报、谎报事故情况或者指使、串通有关人员不报、谎报事故情况的；

2. 在事故抢救期间擅离职守或者逃匿的；

3. 伪造、破坏事故现场，或者转移、藏匿、毁灭遇难人员尸体，或者转移、藏匿受伤人员的；

4. 毁灭、伪造、隐匿与事故有关的图纸、记录、计算机数据等资料以及其他证据的；

（三）其他严重的情节。

具有下列情形之一的，应当认定为刑法第一百三十九条之一规定的“情节特别严重”：

1. 导致事故后果扩大，增加死亡三人以上，或者增加重伤十人以上，或者增加直接经济损失三百万元以上的；

2. 采用暴力、胁迫、命令等方式阻止他人报告事故情况导致事故后果扩大的；

3. 其他特别严重的情节。

刑法第一百三十九条规定：在安全事故发生后，负有报告职责的人员不报或者谎报事故情况，贻误事故抢救，情节严重的，处三年以下有期徒刑或者拘役；情节特别严重的，处三年以上七年以下有期徒刑。

哪些情节是严重的？哪些情节是特别严重的呢？如果不加以明确，显然难以操作。

《司法解释》第六条对严重情节、特别严重情节作出了明确规定。

1. 对严重情节的规定

对严重情节具体规定如下。

(1)导致事故后果扩大，增加死亡一人以上，或者增加重伤三人以上，或者增加直接经济损失一百万元以上的。

(2)实施下列行为之一，致使不能及时有效开展事故抢救的：

①决定不报、谎报事故情况或者指使、串通有关人员不报、谎报事故情况的；

②在事故抢救期间擅离职守或者逃匿的；

③伪造、破坏事故现场，或者转移、藏匿、毁灭遇难人员尸体，或者转移、藏匿受伤人员的；

④毁灭、伪造、隐匿与事故有关的图纸、记录、计算机数据等资料以及其他证据的。

(3)其他严重的情节。对于严重情节的界定，基本是从行为结果与行为表现两个层次来确定的。

①从行为结果上确定，即明确在安全事故发生后，负有报告职责的人员不报或者谎报事故情况，贻误事故抢救，造成什么样的结果才算严重情节呢？

对此，《司法解释》第六条从两个层面进行了表述。

"导致事故后果扩大，增加死亡一人以上，或者增加重伤三人以上，或者增加直接经济损失一百万元以上的"，所传递的第一个信息，就是明确事故后果扩大，至少达到了《司法解释》对刑法第一百三十四条、第一百三十五条规定的"重大伤亡事故或者其他严重后果的"所确定的范畴。这可称作事故后果扩大的基本层次。

当然也包括已经造成刑法第一百三十四条、第一百三十五条规定的"重大伤亡事故或其他严重后果"，但仍导致事故后果扩大，并“增加死亡一人以上，或者增加重伤三人以上，或者增加直接经济损失一百万元以上的”情形。这可称作事故后果扩大的第二个层次。

②从行为表现上确定，即不管结果如何，只要具备某种行为，即视为严重情节，这对于打击犯罪具有更为重要的作用与意义。

《司法解释》第六条明确这些行为包括不报事故、谎报事故、擅离职守、逃匿、毁灭证据五种主要行为，及决定不报、谎报事故情况，指使、串通有关人员不报、谎报事故情况，在事故抢救期间擅离职守、逃匿，伪造、破坏事故现场，转移、藏匿、毁灭遇难人员尸体，转移、藏匿受伤人员，毁灭、伪造、隐匿与事故有关的图纸、记录、计算机数据等资料以及其他证据等多种具体的行为。

在生产实际中，上述行为表现肯定不会包罗一切，还会有许多新的行为表现形式，因此，必须从不报事故、谎报事故、擅离职守、逃匿、毁灭证据等五种主要行为上进行归纳考察。

2. 对特别严重情节的规定

对特别严重情节明确规定如下：

(1)导致事故后果扩大，增加死亡三人以上，或者增加重伤十人以上，或者增加直接经济损失三百万元以上的。

(2)采用暴力、胁迫、命令等方式阻止他人报告事故情况导致事故后果扩大的。

(3)其他特别严重的情节。对于特别严重情节的界定，基本上也是从行为结果与行为表现来确定的。

①从行为结果上确定，即“导致事故后果扩大，增加死亡三人以上，或者增加重伤十人以上，或者增加直接经济损失三百万元以上的”，就是明确事故后果扩大，至少达到了刑法第一百三十四条、第一百三十五条规定的“情节特别恶劣”所确定的范畴。当然，也包括已经具备刑法第一百三十四条、第一百三十五条规定的“特别恶劣情节”，在此基础上，事故后果扩大，并“增加死亡三人以上，或

者增加重伤十人以上，或者增加直接经济损失三百万元以上”的情形。

②从行为表现上确定，即采用暴力、胁迫、命令等方式阻止他人报告事故情况，对于这种行为表现，只要导致事故后果扩大，不管扩大的程度是大是小，只要有此行为，就视为特别严重的情节。

七、《司法解释》第七条解读

第七条 在矿山生产安全事故发生后，实施本解释第六条规定的相关行为，帮助负有报告职责的人员不报或者谎报事故情况，贻误事故抢救的，对组织者或者积极参加者，依照刑法第一百三十九条之一的规定，以共犯论处。

《司法解释》第七条明确了对那些虽然不负有报告职责，但却帮助负有报告职责的人员不报或者谎报事故情况，贻误事故抢救的人员的刑事处罚。

对于此条的理解，应包括以下三方面：

1. 犯罪主体

这一条的犯罪主体为不负有报告职责但却帮助负有报告职责的人员不报或者谎报事故情况，贻误事故抢救的人员。在刑法里是没有明确责任追究规定的，该条规定可视作是《司法解释》对打击当前暴露出的一种新的安全生产违法犯罪行为所作的补充规定。

还应特别注意，对帮助负有报告职责的人员不报或者谎报事故情况，贻误事故抢救的人员，不仅是组织者，就是积极参加者，也要受到刑法追究。

2. 行为结果

即犯罪主体是结果犯，不仅有“帮助负有报告职责的人员不报或者谎报事故情况”的行为，而且，还要造成“贻误事故抢救”的后果，如果光有“帮助负有报告职责的人员不报或者谎报事故情况”的行为，而没有造成"贻误事故抢救"的后果，是不应受到刑法处罚的。

3. 量刑依据

对帮助负有报告职责的人员不报或者谎报事故情况，贻误事故抢救的组织者或者积极参加者的刑罚，是依照刑法第一百三十九条之一的规定，以共犯论处，也就是与负有报告职责但不报或者谎报事故情况，贻误事故抢救的人员一视同仁。具体量刑为：情节严重的，处三年以下有期徒刑或者拘役；情节特别严重的，处三年以上七年以下有期徒刑。

八、《司法解释》第八条解读

第八条 在采矿许可证被依法暂扣期间擅自开采的，视为刑法第三百四十三条第一款规定的"未取得采矿许可证擅自采矿"。

违反矿产资源法的规定，非法采矿或者采取破坏性的开采方法开采矿产资源，造成重大伤亡事故或者其他严重后果，同时构成刑法第三百四十三条规定的犯罪和刑法第一百三十四条或者第一百三十五条规定的犯罪的，依照数罪并罚的规定处罚。

采矿许可证被依法暂扣，由于是暂扣，而不是吊销，因此，在采矿许可证被依法暂扣期间，该矿照理依然是具有合法采矿权的，但只是暂时不能再行开采，就像驾驶员的驾驶证被暂扣，其依然是合法的驾驶员，只是暂时不能驾车而已。那么，在采矿许可证被依法暂扣期间，擅自开采，严格来讲就是违法行为，但对于这种违法行为如何定性与处理呢？如果不明确规定，就难以进行合法有效的打击。

《司法解释》第八条对此种行为进行了明确定性，并从危害矿山生产安全的角度对非法采矿、破坏性开采行为进行了刑法追究。

1. 违法定性

在采矿许可证被依法暂扣期间擅自开采的违法行为，确定为刑法第三百四十三条第一款规定的“未取得采矿许可证擅自采矿”的行为。这种行为，不再是具有合法采矿证的合法采矿，而是一种虽有采矿许可证（被暂扣）但非法的采矿行为。

2. 对危害矿山安全的开采行为的量刑——数罪并罚

对违反矿产资源法的规定，非法采矿或者采取破坏性的开采方法开采矿产资源，造成重大伤亡事故或者其他严重后果，同时构成刑法第三百四十三条规定的犯罪和刑法第一百三十四条或者第一百三十五条规定的犯罪的，依照数罪并罚的规定处罚。

九、《司法解释》第九条解读

第九条　国家机关工作人员滥用职权或者玩忽职守，危害矿山生产安全，具有下列情形之一，致使公共财产、国家和人民利益遭受重大损失的，依照刑法第三百九十七条的规定定罪处罚：

（一）对不符合矿山法定安全生产条件的事项予以批准或者验收通过的；

（二）对于未依法取得批准、验收的矿山生产经营单位擅自从事生产经营活动不依法予以处理的；

（三）对于已经依法取得批准的矿山生产经营单位不再具备安全生产条件而不撤销原批准或者发现违反安全生产法律法规的行为不予查处的；

（四）强令审核、验收部门及其工作人员实施本条第（一）项行为，或者实施其他阻碍下级部门及其工作人员依法履行矿山安全生产监督管理职责行为的；

（五）在矿山生产安全事故发生后，负有报告职责的国家机关工作人员不报或者谎报事故情况，贻误事故抢救的；

（六）其他滥用职权或者玩忽职守的行为。

《司法解释》第九条是对国家机关工作人员滥用职权或者玩忽职

守，危害矿山生产安全的应受刑罚的情形进行了具体的明确。理解该条规定，应从以下几个方面进行。

1. 犯罪主体

该条规定的是国家机关工作人员，而非特指国家公务员。哪些人是国家机关工作人员呢？

根据《最高人民检察院关于渎职侵权犯罪案件立案标准的规定》，国家机关工作人员，是指在国家机关中从事公务的人员，包括在各级国家权力机关、行政机关、司法机关和军事机关中从事公务的人员。在依照法律、法规规定行使国家行政管理职权的组织中从事公务的人员，或者在受国家机关委托代表国家行使职权的组织中从事公务的人员，或者虽未列入国家机关人员编制但在国家机关中从事公务的人员，在代表国家机关行使职权时，视为国家机关工作人员。在乡（镇）以上中国共产党机关、人民政协机关中从事公务的人员，也视为国家机关工作人员。

2. 犯罪情形

《司法解释》第九条列举了国家机关工作人员滥用职权或者玩忽职守，危害矿山生产安全，应受刑法追究的六种情形，这六种情形，前五种是当前矿山生产安全管理中常见的，而随着形势的发展，肯定还会有更多的表现形式，因此，应高度关注第六种情形——其他滥用职权或者玩忽职守的行为。

3. 犯罪结果

《司法解释》第九条明确了国家机关工作人员滥用职权或者玩忽职守，危害矿山生产安全应受刑法追究的情形，仅属于行为表现，光有这些行为表现，并不能就依此追究相关国家机关工作人员的刑事责任，必须在国家机关工作人员出现了这些行为，而且这些行为造成了“公共财产、国家和人民利益遭受重大损失”的后果，才能依法追究其刑事责任。光有行为表现，没有造成相应的法律明确的行为后果，仍不能追究其刑事责任。

4. 量刑依据

依照刑法第三百九十七条的规定定罪处罚。

刑法第三百九十七条规定:“国家机关工作人员滥用职权或者玩忽职守,致使公共财产、国家和人民利益遭受重大损失的,处三年以下有期徒刑或者拘役;情节特别严重的,处三年以上七年以下有期徒刑。本法另有规定的,依照规定。

“国家机关工作人员徇私舞弊,犯前款罪的,处五年以下有期徒刑或者拘役;情节特别严重的,处五年以上十年以下有期徒刑。本法另有规定的,依照规定。”

十、《司法解释》第十条解读

第十条 以暴力、威胁方法阻碍矿山安全生产监督管理的,依照刑法第二百七十七条的规定,以妨害公务罪定罪处罚。

在当前矿山开采安全生产监督管理实践中,由于法制观念淡漠,经济利益驱使,以及地方保护势力的影响,经常出现以暴力、威胁方法阻碍矿山安全生产监督管理的现象,使得矿山生产安全状况得不到有效的监督,隐患得不到及时发现整改,不仅助长了危害矿山生产安全的非法开采、违法开采者的嚣张气焰,而且,严重恶化了矿山生产安全形势,成为危害矿山安全生产的毒瘤。

对此种行为,刑法第二百七十七条作出了明确的规定:

以暴力、威胁方法阻碍国家机关工作人员依法执行职务的,处三年以下有期徒刑、拘役、管制或者罚金。

以暴力、威胁方法阻碍全国人民代表大会和地方各级人民代表大会代表依法执行代表职务的,依照前款的规定处罚。

在自然灾害和突发事件中,以暴力、威胁方法阻碍红十字会工作人员依法履行职责的,依照第一款的规定处罚。

故意阻碍国家安全机关、公安机关依法执行国家安全工作任务，未使用暴力、威胁方法，造成严重后果的，依照第一款的规定处罚。

因此，《司法解释》第十条，明确规定"以暴力、威胁方法阻碍矿山安全生产监督管理的，依照刑法第二百七十七条的规定，以妨害公务罪定罪处罚"。

妨害公务罪，是指以暴力、威胁方法阻碍国家机关工作人员依法执行职务，阻碍人民代表大会代表依法执行代表职务，阻碍红十字会工作人员依法履行职责，阻碍国家安全机关、公安机关依法执行国家安全工作任务；未使用暴力、威胁方法，造成严重后果的，以妨害公务罪定罪处罚。

在理解《司法解释》第十条时，应从以下几个方面进行理解。

1. 明确犯罪主体

以暴力、威胁方法阻碍矿山安全生产监督管理的行为主体，既可能是某个人，也可能是某些人；既包括组织者，也包括具体实施者。

2. 明确侵害对象

以暴力、威胁方法阻碍的对象是指矿山安全生产监督管理的国家机关工作人员，这些国家机关工作人员是《最高人民检察院关于渎职侵权犯罪案件立案标准的规定》中的国家机关工作人员，既可能是安全生产监督管理机构的人员，也可能是进行劳动保护监督检查的工会人员。

3. 国家机关工作人员要依法执行公务

所谓依法执行公务，是指国家机关工作人员在国家规定的范围内，运用其合法职权从事公务活动。这种公务活动，不仅包括国家机关工作人员在工作时间或工作单位中所进行的公务活动，而且还包括国家机关工作人员根据有关规定或命令在其他时间或场所内的公务活动。

4. 犯罪行为人必须具有以暴力或者威胁的方法阻碍执行公务的情节

犯罪行为人必须是以暴力或者威胁的方法阻碍执行公务。

暴力,是指行为人对正在依法执行职务的国家工作人员的身体实施了暴力打击或者人身强制,如殴打行为、捆绑行为等。如果行为人的暴力行为造成国家机关工作人员重伤结果或因重伤导致死亡结果,甚至故意杀害国家机关工作人员的,应按处理牵连犯的原则,以重罪吸收轻罪,按故意伤害(重伤)罪或者故意杀人罪定罪,从重处罚。

威胁,是指行为人以杀害、伤害、毁坏财产、破坏名誉、扣押人质等对正在依法执行职务的国家机关工作人员进行威逼、胁迫,企图迫使国家机关工作人员放弃执行公务。

行为人如果并未采用暴力或威胁方法,而是用其他方法干扰国家机关工作人员执行公务,例如谩骂、吵闹等行为,虽然对执行公务有一定程度的妨害,但也不能构成本罪。对此种行为可以批评教育,或进行治安管理处罚,其情节恶劣者,则可能构成侮辱罪或其他犯罪。

十一、《司法解释》第十一条解读

第十一条 国家工作人员违反规定投资入股矿山生产经营,构成本解释涉及的有关犯罪的,作为从重情节依法处罚。

《司法解释》第十一条实质是对国家机关人员危害矿山生产安全的一种从重处罚的情形,具有重要的现实意义。

当前,许多煤矿之所以能在不具备安全生产条件的情况下逃避监督,照常生产,一个重要的因素,就是由国家机关工作人员特别是领导官员的投资入股,充当矿山生产的保护伞。“官商勾结”,使得不具备安全生产条件的矿主,漠视法律、漠视监管、无视安全、冒险蛮干，成为矿山生产安全重特大事故频发不止的重要原因，因此，国家采取了严禁国家机关人员投资入股煤矿生产的硬性规定。在此形势下，如果还有国家机关工作人员违反规定投资入股矿山生产经营，造成重大伤亡事故或其他严重后果，作为从重情节依法对其进行处罚，实属情理之内，法理之中。

十二、《司法解释》第十二条解读

第十二条 危害矿山生产安全构成犯罪的人，在矿山生产安全事故发生后，积极组织、参与事故抢救的，可以酌情从轻处罚。

《司法解释》第十二条是在《司法解释》(征求意见稿)征求意见过程中补充上的。这一补充，不仅非常合理，而且合法。

1. 合理

事故发生是难以完全杜绝的，如果发生事故，对危害矿山生产安全的犯罪者，只根据后果进行刑事责任追究，而不考虑其积极组织、参与事故抢救的情节，那就容易造成救与不救一个样，发生事故想救不救的不正常现象，这对及时进行事故的应急救援，最大限度的避免、减少人员伤亡和财产损失是极为不利的。

诚然，许多事故，在事发之后，救与不救，结果往往并无二致，譬如，特殊情况下的炸药爆炸，瞬间爆炸之后，事故往往也不会再继续发展。但是，更应看到，几乎所有的事故，及时的应急救援，对控制事故的恶化与扩大都具有至关重要的作用，早一秒抢救，就多一份主动，就可能少死许多人，因此，必须对那些危害矿山安全的已经构成犯罪的人，在矿山生产安全事故发生后，仍能积极组织、参与事故抢救的，给他们一个“将功补过”的机会，从法律上予以从轻处罚，以最大限度地形成发生事故后人人参与、迅速救援的良好风气。

2. 合法

《司法解释》的第十二条规定与刑法、《安全生产法》等实现了有机衔接。

刑法第七十八条规定："被判处管制、拘役、有期徒刑、无期徒刑的犯罪分子，在执行期间，如果认真遵守监规，接受教育改造，确有悔改表现的，或者有立功表现的，可以减刑；有下列重大立功表现之一的，应当减刑：

"……

"（五）在抗御自然灾害或者排除重大事故中，有突出表现的；

"（六）对国家和社会有其他重大贡献的。"

对于正在服刑的犯罪分子，对其在抗御自然灾害或者排除重大事故中的突出成绩，尚可给减刑的奖励。对于事发当时，可能知道或并不知道其危害矿山生产安全的行为已经构成犯罪的人的积极组织、参与事故抢救的行为，给予褒扬，酌情从轻处罚，无疑有相当的合法性。

同时，《安全生产法》第十六条规定："国家对在改善安全生产条件、防止生产安全事故、参加抢险救护等方面取得显著成绩的单位和个人，给予奖励。"由此不难看出，对危害矿山生产安全构成犯罪的人，在矿山生产安全事故发生后，积极组织、参与事故抢救的行为，作为酌情从轻处罚的情节，也是有一定的法律依据的。

学习理解《司法解释》第十二条，应特别注意的是该条规定考察的是行为主体的行为，而不是行为主体的结果，即只要在矿山生产安全事故发生后，积极组织、参与事故抢救，不论结果是否有成效，都应酌情从轻处罚。正确理解把握这一点，对于鼓励危害矿山安全行为构成犯罪的行为人，在事故发生之后，积极组织、参与抢救，减少人员伤亡和财产损失是极为重要的。

第四节　应特别注意的几个问题

一、《司法解释》的目的

安全生产关系到国家和人民生命财产安全，关系到人民群众的切身利益，关系到全面落实科学发展观和构建社会主义和谐社会的大局。党的十六届六中全会进一步强调了安全发展重要理念，要求完善法律法规，落实责任，坚决遏制重特大安全事故。《司法解释》的制定和实施顺应了社会发展要求，有利于适应司法实践的迫切需要，对依法惩治危害矿山生产安全犯罪活动、规范矿山安全生产秩序、保障矿山生产安全、保护人民群众生命财产安全、促进社会和谐稳定、推动经济社会又好又快发展有重要意义。

《司法解释》的目的，是根据当前矿山安全生产形势和存在的具体问题，通过对刑法相关条款进行明确的解释，对办理危害矿山生产安全刑事案件可能遇到的主体不明、情节严重性难定等问题作出明确的规定，以提高执法效力，依法惩治危害矿山生产安全犯罪。其根本目的不是打击犯罪，而是保障矿山生产安全，保护人民群众生命财产安全。打击犯罪只是一种保障安全生产的手段。

二、《司法解释》的局限性

《刑法修正案（六）》出台后，社会各方曾广泛要求尽快出台《刑法修正案（六）》的司法解释，但是，出台相关的司法解释的工作量非常大，短时间内是无法完成的。然而，当前矿山安全生产形势的严峻，特别是一些特大伤亡事故的发生，又迫切需要依法严惩，而司法机关在运用《刑法修正案（六）》办理当前危害矿山生产安全的刑事案件中，又遇到了一些犯罪主体情形多样难以确定、犯罪情节复杂难以确定严重性等突出问题，基于这种现实需求，国家专门针对办理矿山生产安全刑事案件对刑法（主要内容为《刑法修正案（六）》）作出了司法解释。

因此，《司法解释》只是对依据刑法办理危害矿山生产安全的事件作出的司法解释，不是对办理矿山、化工、纺织等各行各业安全生产刑事案件作出的司法解释，只适用于办理矿山生产安全刑事案件，并不适用于其他行业的安全生产刑事案件。

三、《司法解释》的借鉴性

虽然《司法解释》只适用于办理矿山生产安全刑事案件。但是，由于它是经过深入调研、广泛讨论而形成的集体成果，所解决的问题在许多其他行业也不同程度、不同形态地存在，因此，其许多内容对于办理其他行业安全生产刑事案件也同样具有良好的借鉴作用。

四、《司法解释》的等效性

从实质上讲，《司法解释》就是对实施《刑法修正案（六）》作出的司法解释。根据我国的法律效力规定，其与《刑法修正案（六）》也即刑法具有同等法律效力。不能认为它的效力低于刑法的效力。

五、《司法解释》的双向性

无疑，《司法解释》是供司法机关办案人员在具体办理危害矿山生产安全刑事案件时所用。但法律是公正、公开、公平的,《司法解释》是约束矿山从业人员的法律标尺,也是司法人员的执法"标尺"和行为"标尺"。

矿山从业人员应深入学习,全面理解,甚至要比法官、检察官学习得更深入,理解得更准确,这样既有助于事先预防碰触"高压线",免受刑法的处罚,也有助于对司法人员执法办案决定有正确的把握,以对正确的执法决定认罪伏法,不无知抗法,对错误的决定依法反驳,依法保护自己的合法权益不受侵犯。

六、特别明确矿山实际控制人及负责生产经营管理的投资人在相关犯罪中的刑事责任

《司法解释》第一条、第二条、第三条、第五条分别明确了矿山的实际控制人及负责生产经营管理的投资人的刑事责任问题,涉及刑法第一百三十四条、第一百三十五条、第一百三十九条之一等三个条文规定的四种罪名。由于名义身份与实际身份存在差异,这两类人员的责任问题,是司法实践中遇到的比较突出的疑难问题之一。

实际控制人是指这样一些人,他们虽然名义上不是法定代表人或者具体管理人员,但实际上指挥、控制矿山企业的生产、经营、安全、投资和人事任免等重大事项和重要事务,或者对重大决策起决定作用,是矿山企业实质意义上的负责人。

这些人之所以隐身幕后而不担任企业中形式上的负责职位,原因是多方面的,有的人是因没有法规依据而不能、不敢公开担任有关职务,如国家工作人员投资开矿的;有的人是为了逃避承担安全生产责任。这种现象在一些地方普遍存在。

根据《安全生产法》及《国务院关于预防煤矿生产安全事故的

特别规定》,实际控制人与煤矿企业负责人对预防煤矿生产安全事故同样负主要责任。投资人对劳动安全设施或者安全生产条件的投入和维护负有资金投入义务。基于投资权益,投资人享有生产经营管理权。考虑到在司法实践中投资人的情况较为复杂,有大股东、小股东之分,参与企业经营管理的程度不同,有的甚至根本不参与矿山的经营管理,若一概加以追究,则范围太大,应作适当限制。

因此,《司法解释》明确规定,矿山的实际控制人和负责生产经营管理的投资人在生产作业中违反有关安全管理的规定,或者强令他人违章冒险作业,或者对矿山生产安全设施或者安全生产条件不符合国家规定负有直接责任,或者在矿山生产安全事故发生后,不报或者谎报事故情况的,依法追究相应的刑事责任。

七、不报或者谎报矿山事故情况的犯罪行为认定标准的层次性

近年来,一些事故单位的负责人和对安全事故负有监督管理职责的人员在事故发生后弄虚作假、隐瞒不报、谎报事故情况,结果贻误事故抢救,造成人员伤亡和财产损失进一步扩大,社会各界对此反应强烈。为依法惩治不报或者谎报事故情况的犯罪行为,正确适用法律,《司法解释》从以下三个层次进一步明确了该罪的认定标准。

1. 明确了不报或者谎报事故情况犯罪的主体范围

《司法解释》第五条规定,刑法第一百三十九条之一规定的"负有报告职责的人员",是指矿山生产经营单位的负责人、实际控制人、负责生产经营管理的投资人以及其他负有报告职责的人员。国家机关工作人员不报或者谎报事故情况构成犯罪的,《司法解释》第九条规

定依照刑法第三百九十七条规定的滥用职权罪或者玩忽职守罪定罪处罚。

2. 明确了不报或者谎报事故情况犯罪的定罪标准

《司法解释》第六条明确了构成不报或者谎报事故情况犯罪的"情节严重"、"情节特别严重"的几种具体情形。在矿山生产安全事故发生后,负有报告职责的人员不报或者谎报事故情况,贻误事故抢救,导致事故后果扩大,增加死亡1人以上,或者增加重伤3人以上,或者增加直接经济损失100万元以上的;决定不报、谎报事故情况或者指使、串通有关人员不报或者谎报事故情况,在事故抢救期间擅离职守或者逃匿,伪造、破坏事故现场,转移、藏匿、毁灭遇难人员尸体,转移、藏匿受伤人员,毁灭、伪造、隐匿与事故有关的图纸、记录、计算机数据等资料以及其他证据,致使不能及时有效开展事故抢救的,应当依法追究刑事责任。

3. 明确了帮助不报或者谎报事故情况构成犯罪的法律界限和适用依据

《司法解释》第七条规定,在矿山生产安全事故发生后,实施本解释第六条规定的相关行为,帮助负有报告职责的人员不报或者谎报事故情况,贻误事故抢救的,对组织者或者积极参加者,依照刑法第一百三十九条之一的规定,以共犯论处。

八、国家机关工作人员在矿山安全生产管理中的渎职犯罪行为

当前,一些国家机关工作人员的渎职行为助长了矿山非法生产现象,许多重特大事故的背后都存在着腐败渎职行为。遏制矿山事故,保障矿山生产安全,必须进一步加大力度、突出重点,依法惩治重大安全生产责任事故涉及的职务犯罪。

《司法解释》第九条从六个方面较为全面地明确了国家机关工

作人员在矿山安全生产管理中的渎职犯罪行为：一是对不符合矿山法定安全生产条件的事项予以批准或者验收通过的；二是对于未依法取得批准、验收的矿山生产经营单位擅自从事生产经营活动不依法予以处理的；三是对于已经依法取得批准的矿山生产经营单位不再具备安全生产条件而不撤销原批准或者发现违反安全生产法律法规的行为不予查处的；四是强令审核、验收部门及其工作人员对不符合矿山法定安全生产条件的事项予以批准或者验收通过，或者实施其他阻碍下级部门及其工作人员依法履行矿山安全生产监督管理职责行为的；五是在矿山生产安全事故发生后，负有报告职责的国家机关工作人员不报或者谎报事故情况，贻误事故抢救的；六是其他危害矿山生产安全的滥用职权或者玩忽职守的行为。

九、宽严相济的立法精神

宽严相济是我国的一项基本刑事政策，《司法解释》主要在以下几个方面贯彻和体现了宽严相济的政策要求。

1. 规定了从轻处罚情节

为有效保护矿工生命财产安全，树立正确导向，鼓励行为人有效减少事故损失和危害后果，《司法解释》第十二条规定，危害矿山生产安全构成犯罪的人，在矿山生产安全事故发生后，积极组织、参与事故抢救的，可以酌情从轻处罚。

2. 规定了从重处罚情节

《司法解释》第十一条规定，国家机关工作人员违反规定投资入股矿山生产经营，构成本解释涉及的有关犯罪的，作为从重情节依法处罚。

3. 规定了数罪并罚情形

《司法解释》第八条第二款规定，违反矿产资源法的规定，非法采矿或者采取破坏性的开采方法开采矿产资源，造成重大伤亡事故或者其他严重后果，同时构成刑法第三百四十三条规定的犯罪和刑法第一百三十四条或者第一百三十五条规定的犯罪的，依照数罪并罚的规定处罚。

4. 遏制暴力抗法行为

考虑到实践中抗拒矿山安全执法的情况较严重，应依法对此种行为人予以打击，《司法解释》第十条对阻碍矿山安全监管构成妨害公务罪的情形作了规定，以遏制犯罪分子的暴力抗法行为，维护矿山安全执法环境。

第六章 《最高人民检察院关于渎职侵权犯罪案件立案标准的规定》解读

《最高人民检察院关于渎职侵权犯罪案件立案标准的规定》(以下简称《立案标准》)已于2005年12月29日由最高人民检察院第十届检察委员会第四十九次会议通过,2006年7月26日起施行。

第一节 《立案标准》全文

最高人民检察院关于渎职侵权犯罪案件立案标准的规定

根据《中华人民共和国刑法》、《中华人民共和国刑事诉讼法》和其他法律的有关规定,对国家机关工作人员渎职和利用职权实施的侵犯公民人身权利、民主权利犯罪案件的立案标准规定如下:

一、渎职犯罪案件

(一)滥用职权案(第三百九十七条)

滥用职权罪是指国家机关工作人员超越职权,违法决定、处理其无权决定、处理的事项,或者违反规定处理公务,致使公共财产、国家和人民利益遭受重大损失的行为。

涉嫌下列情形之一的，应予立案：

1. 造成死亡1人以上，或者重伤2人以上，或者重伤1人、轻伤3人以上，或者轻伤5人以上的；

2. 导致10人以上严重中毒的；

3. 造成个人财产直接经济损失10万元以上，或者直接经济损失不满10万元，但间接经济损失50万元以上的；

4. 造成公共财产或者法人、其他组织财产直接经济损失20万元以上，或者直接经济损失不满20万元，但间接经济损失100万元以上的；

5. 虽未达到3、4两项数额标准，但3、4两项合计直接经济损失20万元以上，或者合计直接经济损失不满20万元，但合计间接经济损失100万元以上的；

6. 造成公司、企业等单位停业、停产6个月以上，或者破产的；

7. 弄虚作假，不报、缓报、谎报或者授意、指使、强令他人不报、缓报、谎报情况，导致重特大事故危害结果继续、扩大，或者致使抢救、调查、处理工作延误的；

8. 严重损害国家声誉，或者造成恶劣社会影响的；

9. 其他致使公共财产、国家和人民利益遭受重大损失的情形。

国家机关工作人员滥用职权，符合刑法第九章所规定的特殊渎职罪构成要件的，按照该特殊规定追究刑事责任；主体不符合刑法第九章所规定的特殊渎职罪的主体要件，但滥用职权涉嫌前款第1项至第9项规定情形之一的，按照刑法第397条的规定以滥用职权罪追究刑事责任。

（二）玩忽职守案（第三百九十七条）

玩忽职守罪是指国家机关工作人员严重不负责任，不履行或者不认真履行职责，致使公共财产、国家和人民利益遭受重大损失的行为。

涉嫌下列情形之一的，应予立案：

1. 造成死亡1人以上，或者重伤3人以上，或者重伤2人、轻伤4人以上，或者重伤1人、轻伤7人以上，或者轻伤10人以上的；

2. 导致20人以上严重中毒的；

3. 造成个人财产直接经济损失15万元以上，或者直接经济损失不满15万元，但间接经济损失75万元以上的；

4. 造成公共财产或者法人、其他组织财产直接经济损失30万元以上，或者直接经济损失不满30万元，但间接经济损失150万元以上的；

5. 虽未达到3、4两项数额标准，但3、4两项合计直接经济损失30万元以上，或者合计直接经济损失不满30万元，但合计间接经济损失150万元以上的；

6. 造成公司、企业等单位停业、停产1年以上，或者破产的；

7. 海关、外汇管理部门的工作人员严重不负责任，造成100万美元以上外汇被骗购或者逃汇1000万美元以上的；

8. 严重损害国家声誉，或者造成恶劣社会影响的；

9. 其他致使公共财产、国家和人民利益遭受重大损失的情形。

国家机关工作人员玩忽职守，符合刑法第九章所规定的特殊渎职罪构成要件的，按照该特殊规定追究刑事责任；主体不符合刑法第九章所规定的特殊渎职罪的主体要件，但玩忽职守涉嫌前款第1项至第9项规定情形之一的，按照刑法第397条的规定以玩忽职守罪追究刑事责任。

(三)故意泄露国家秘密案(第三百九十八条)

故意泄露国家秘密罪是指国家机关工作人员或者非国家机关工作人员违反保守国家秘密法，故意使国家秘密被不应知悉者知悉，或者故意使国家秘密超出了限定的接触范围，情节严重的行为。

涉嫌下列情形之一的，应予立案：

1. 泄露绝密级国家秘密 1 项(件)以上的;

2. 泄露机密级国家秘密 2 项(件)以上的;

3. 泄露秘密级国家秘密 3 项(件)以上的;

4. 向非境外机构、组织、人员泄露国家秘密,造成或者可能造成危害社会稳定、经济发展、国防安全或者其他严重危害后果的;

5. 通过口头、书面或者网络等方式向公众散布、传播国家秘密的;

6. 利用职权指使或者强迫他人违反国家保守秘密法的规定泄露国家秘密的;

7. 以牟取私利为目的泄露国家秘密的;

8. 其他情节严重的情形。

(四)过失泄露国家秘密案(第三百九十八条)

过失泄露国家秘密罪是指国家机关工作人员或者非国家机关工作人员违反保守国家秘密法,过失泄露国家秘密,或者遗失国家秘密载体,致使国家秘密被不应知悉者知悉或者超出了限定的接触范围,情节严重的行为。

涉嫌下列情形之一的,应予立案:

1. 泄露绝密级国家秘密 1 项(件)以上的;

2. 泄露机密级国家秘密 3 项(件)以上的;

3. 泄露秘密级国家秘密 4 项(件)以上的;

4. 违反保密规定,将涉及国家秘密的计算机或者计算机信息系统与互联网相连接,泄露国家秘密的;

5. 泄露国家秘密或者遗失国家秘密载体,隐瞒不报、不如实提供有关情况或者不采取补救措施的;

6. 其他情节严重的情形。

(五)徇私枉法案(第三百九十九条第一款)

徇私枉法罪是指司法工作人员徇私枉法、徇情枉法,对明知是无罪的人而使他受追诉、对明知是有罪的人而故意包庇不使他受追诉,或者在刑事审判活动中故意违背事实和法律作枉法裁判的行为。

涉嫌下列情形之一的,应予立案:

1. 对明知是没有犯罪事实或者其他依法不应当追究刑事责任的人,采取伪造、隐匿、毁灭证据或者其他隐瞒事实、违反法律的手段,以追究刑事责任为目的立案、侦查、起诉、审判的;

2. 对明知是有犯罪事实需要追究刑事责任的人,采取伪造、隐匿、毁灭证据或者其他隐瞒事实、违反法律的手段,故意包庇使其不受立案、侦查、起诉、审判的;

3. 采取伪造、隐匿、毁灭证据或者其他隐瞒事实、违反法律的手段,故意使罪重的人受较轻的追诉,或者使罪轻的人受较重的追诉的;

4. 在立案后,采取伪造、隐匿、毁灭证据或者其他隐瞒事实、违反法律的手段,应当采取强制措施而不采取强制措施,或者虽然采取强制措施,但中断侦查或者超过法定期限不采取任何措施,实际放任不管,以及违法撤销、变更强制措施,致使犯罪嫌疑人、被告人实际脱离司法机关侦控的;

5. 在刑事审判活动中故意违背事实和法律,作出枉法判决、裁定,即有罪判无罪、无罪判有罪,或者重罪轻判、轻罪重判的;

6. 其他徇私枉法应予追究刑事责任的情形。

(六)民事、行政枉法裁判案(第三百九十九条第二款)

民事、行政枉法裁判罪是指司法工作人员在民事、行政审判活动中,故意违背事实和法律作枉法裁判,情节严重的行为。

涉嫌下列情形之一的,应予立案:

1. 枉法裁判，致使当事人或者其近亲属自杀、自残造成重伤、死亡，或者精神失常的；

2. 枉法裁判，造成个人财产直接经济损失10万元以上，或者直接经济损失不满10万元，但间接经济损失50万元以上的；

3. 枉法裁判，造成法人或者其他组织财产直接经济损失20万元以上，或者直接经济损失不满20万元，但间接经济损失100万元以上的；

4. 伪造、变造有关材料、证据，制造假案枉法裁判的；

5. 串通当事人制造伪证，毁灭证据或者篡改庭审笔录而枉法裁判的；

6. 徇私情、私利，明知是伪造、变造的证据予以采信，或者故意对应当采信的证据不予采信，或者故意违反法定程序，或者故意错误适用法律而枉法裁判的；

7. 其他情节严重的情形。

（七）执行判决、裁定失职案（第三百九十九条第三款）

执行判决、裁定失职罪是指司法工作人员在执行判决、裁定活动中，严重不负责任，不依法采取诉讼保全措施、不履行法定执行职责，或者违法采取保全措施、强制执行措施，致使当事人或者其他人的利益遭受重大损失的行为。

涉嫌下列情形之一的，应予立案：

1. 致使当事人或者其近亲属自杀、自残造成重伤、死亡，或者精神失常的；

2. 造成个人财产直接经济损失15万元以上，或者直接经济损失不满15万元，但间接经济损失75万元以上的；

3. 造成法人或者其他组织财产直接经济损失30万元以上，或者直接经济损失不满30万元，但间接经济损失150万元以上的；

4. 造成公司、企业等单位停业、停产1年以上，或者破产的；

5. 其他致使当事人或者其他人的利益遭受重大损失的情形。

(八)执行判决、裁定滥用职权案(第三百九十九条第三款)

执行判决、裁定滥用职权罪是指司法工作人员在执行判决、裁定活动中,滥用职权,不依法采取诉讼保全措施、不履行法定执行职责,或者违法采取保全措施、强制执行措施,致使当事人或者其他人的利益遭受重大损失的行为。

涉嫌下列情形之一的,应予立案:

1. 致使当事人或者其近亲属自杀、自残造成重伤、死亡,或者精神失常的;

2. 造成个人财产直接经济损失 10 万元以上,或者直接经济损失不满 10 万元,但间接经济损失 50 万元以上的;

3. 造成法人或者其他组织财产直接经济损失 20 万元以上,或者直接经济损失不满 20 万元,但间接经济损失 100 万元以上的;

4. 造成公司、企业等单位停业、停产 6 个月以上,或者破产的;

5. 其他致使当事人或者其他人的利益遭受重大损失的情形。

(九)私放在押人员案(第四百条第一款)

私放在押人员罪是指司法工作人员私放在押(包括在羁押场所和押解途中)的犯罪嫌疑人、被告人或者罪犯的行为。

涉嫌下列情形之一的,应予立案:

1. 私自将在押的犯罪嫌疑人、被告人、罪犯放走,或者授意、指使、强迫他人将在押的犯罪嫌疑人、被告人、罪犯放走的;

2. 伪造、变造有关法律文书、证明材料,以使在押的犯罪嫌疑人、被告人、罪犯逃跑或者被释放的;

3. 为私放在押的犯罪嫌疑人、被告人、罪犯,故意向其通风报信、提供条件,致使该在押的犯罪嫌疑人、被告人、罪犯脱逃的;

4. 其他私放在押的犯罪嫌疑人、被告人、罪犯应予追究刑事责任的情形。

(十)失职致使在押人员脱逃案(第四百条第二款)

失职致使在押人员脱逃罪是指司法工作人员由于严重不负责任,不履行或者不认真履行职责,致使在押(包括在羁押场所和押解途中)的犯罪嫌疑人、被告人、罪犯脱逃,造成严重后果的行为。

涉嫌下列情形之一的,应予立案:

1. 致使依法可能判处或者已经判处10年以上有期徒刑、无期徒刑、死刑的犯罪嫌疑人、被告人、罪犯脱逃的;

2. 致使犯罪嫌疑人、被告人、罪犯脱逃3人次以上的;

3. 犯罪嫌疑人、被告人、罪犯脱逃以后,打击报复报案人、控告人、举报人、被害人、证人和司法工作人员等,或者继续犯罪的;

4. 其他致使在押的犯罪嫌疑人、被告人、罪犯脱逃,造成严重后果的情形。

(十一)徇私舞弊减刑、假释、暂予监外执行案(第四百零一条)

徇私舞弊减刑、假释、暂予监外执行罪是指司法工作人员徇私舞弊,对不符合减刑、假释、暂予监外执行条件的罪犯予以减刑、假释、暂予监外执行的行为。

涉嫌下列情形之一的,应予立案:

1. 刑罚执行机关的工作人员对不符合减刑、假释、暂予监外执行条件的罪犯,捏造事实,伪造材料,违法报请减刑、假释、暂予监外执行的;

2. 审判人员对不符合减刑、假释、暂予监外执行条件的罪犯,徇私舞弊,违法裁定减刑、假释或者违法决定暂予监外执行的;

3. 监狱管理机关、公安机关的工作人员对不符合暂予监外执行条件的罪犯,徇私舞弊,违法批准暂予监外执行的;

4. 不具有报请、裁定、决定或者批准减刑、假释、暂予监外执行权的司法工作人员利用职务上的便利，伪造有关材料，导致不符合减刑、假释、暂予监外执行条件的罪犯被减刑、假释、暂予监外执行的；

5. 其他徇私舞弊减刑、假释、暂予监外执行应予追究刑事责任的情形。

（十二）徇私舞弊不移交刑事案件案（第四百零二条）

徇私舞弊不移交刑事案件罪是指工商行政管理、税务、监察等行政执法人员，徇私舞弊，对依法应当移交司法机关追究刑事责任的案件不移交，情节严重的行为。

涉嫌下列情形之一的，应予立案：

1. 对依法可能判处 3 年以上有期徒刑、无期徒刑、死刑的犯罪案件不移交的；

2. 不移交刑事案件涉及 3 人次以上的；

3. 司法机关提出意见后，无正当理由仍然不予移交的；

4. 以罚代刑，放纵犯罪嫌疑人，致使犯罪嫌疑人继续进行违法犯罪活动的；

5. 行政执法部门主管领导阻止移交的；

6. 隐瞒、毁灭证据，伪造材料，改变刑事案件性质的；

7. 直接负责的主管人员和其他直接责任人员为牟取本单位私利而不移交刑事案件，情节严重的；

8. 其他情节严重的情形。

（十三）滥用管理公司、证券职权案（第四百零三条）

滥用管理公司、证券职权罪是指工商行政管理、证券管理等国家有关主管部门的工作人员徇私舞弊，滥用职权，对不符合法律规定条件的公司设立、登记申请或者股票、债券发行、上市申请予以批准或者登记，致使公共财产、国家和人民利益遭受重大损失的行为，以及上级部门、当地政府强令登记机关及其工作人员实施上述行为的行为。

涉嫌下列情形之一的，应予立案：

1. 造成直接经济损失50万元以上的；

2. 工商管理部门的工作人员对不符合法律规定条件的公司设立、登记申请，违法予以批准、登记，严重扰乱市场秩序的；

3. 金融证券管理机构工作人员对不符合法律规定条件的股票、债券发行、上市申请，违法予以批准，严重损害公众利益，或者严重扰乱金融秩序的；

4. 工商管理部门、金融证券管理机构的工作人员对不符合法律规定条件的公司设立、登记申请或者股票、债券发行、上市申请违法予以批准或者登记，致使犯罪行为得逞的；

5. 上级部门、当地政府直接负责的主管人员强令登记机关及其工作人员，对不符合法律规定条件的公司设立、登记申请或者股票、债券发行、上市申请予以批准或者登记，致使公共财产、国家或者人民利益遭受重大损失的；

6. 其他致使公共财产、国家和人民利益遭受重大损失的情形。

(十四)徇私舞弊不征、少征税款案(第四百零四条)

徇私舞弊不征、少征税款罪是指税务机关工作人员徇私舞弊，不征、少征应征税款，致使国家税收遭受重大损失的行为。

涉嫌下列情形之一的，应予立案：

1. 徇私舞弊不征、少征应征税款，致使国家税收损失累计达10万元以上的；

2. 上级主管部门工作人员指使税务机关工作人员徇私舞弊不征、少征应征税款，致使国家税收损失累计达10万元以上的；

3. 徇私舞弊不征、少征应征税款不满10万元，但具有索取或者收受贿赂或者其他恶劣情节的；

4. 其他致使国家税收遭受重大损失的情形。

(十五)徇私舞弊发售发票、抵扣税款、出口退税案(第四百零五条第一款)

徇私舞弊发售发票、抵扣税款、出口退税罪是指税务机关工作人员违反法律、行政法规的规定，在办理发售发票、抵扣税款、出口退税工作中徇私舞弊，致使国家利益遭受重大损失的行为。

涉嫌下列情形之一的，应予立案：

1. 徇私舞弊，致使国家税收损失累计达 10 万元以上的；

2. 徇私舞弊，致使国家税收损失累计不满 10 万元，但发售增值税专用发票 25 份以上或者其他发票 50 份以上或者增值税专用发票与其他发票合计 50 份以上，或者具有索取、收受贿赂或者其他恶劣情节的；

3. 其他致使国家利益遭受重大损失的情形。

(十六)违法提供出口退税凭证案(第四百零五条第二款)

违法提供出口退税凭证罪是指海关、外汇管理等国家机关工作人员违反国家规定，在提供出口货物报关单、出口收汇核销单等出口退税凭证的工作中徇私舞弊，致使国家利益遭受重大损失的行为。

涉嫌下列情形之一的，应予立案：

1. 徇私舞弊，致使国家税收损失累计达 10 万元以上的；

2. 徇私舞弊，致使国家税收损失累计不满 10 万元，但具有索取、收受贿赂或者其他恶劣情节的；

3. 其他致使国家利益遭受重大损失的情形。

(十七)国家机关工作人员签订、履行合同失职被骗案(第四百零六条)

国家机关工作人员签订、履行合同失职被骗罪是指国家机关工作人员在签订、履行合同过程中，因严重不负责任，不履行或者不认真履行职责被诈骗，致使国家利益遭受重大损失的行为。

涉嫌下列情形之一的,应予立案:

1. 造成直接经济损失 30 万元以上,或者直接经济损失不满 30 万元,但间接经济损失 150 万元以上的;

2. 其他致使国家利益遭受重大损失的情形。

(十八)违法发放林木采伐许可证案(第四百零七条)

违法发放林木采伐许可证罪是指林业主管部门的工作人员违反森林法的规定,超过批准的年采伐限额发放林木采伐许可证或者违反规定滥发林木采伐许可证,情节严重,致使森林遭受严重破坏的行为。

涉嫌下列情形之一的,应予立案:

1. 发放林木采伐许可证允许采伐数量累计超过批准的年采伐限额,导致林木被超限额采伐 10 m^3 以上的;

2. 滥发林木采伐许可证,导致林木被滥伐 20 m^3 以上,或者导致幼树被滥伐 1000 株以上的;

3. 滥发林木采伐许可证,导致防护林、特种用途林被滥伐 5 m^3 以上,或者幼树被滥伐 200 株以上的;

4. 滥发林木采伐许可证,导致珍贵树木或者国家重点保护的其他树木被滥伐的;

5. 滥发林木采伐许可证,导致国家禁止采伐的林木被采伐的;

6. 其他情节严重,致使森林遭受严重破坏的情形。

林业主管部门工作人员之外的国家机关工作人员,违反森林法的规定,滥用职权或者玩忽职守,致使林木被滥伐 40 m^3 以上或者幼树被滥伐 2000 株以上,或者致使防护林、特种用途林被滥伐 10 m^3 以上或者幼树被滥伐 400 株以上,或者致使珍贵树木被采伐、毁坏 4 m^3 或者 4 株以上,或者致使国家重点保护的其他植物被采伐、毁坏后果严重的,或者致使国家严禁采伐的林木被采伐、毁坏情节恶劣的,按照刑法第 397 条的规定以滥用职权罪或者玩忽职守罪追究刑事责任。

（十九）环境监管失职案（第四百零八条）

环境监管失职罪是指负有环境保护监督管理职责的国家机关工作人员严重不负责任，不履行或者不认真履行环境保护监管职责导致发生重大环境污染事故，致使公私财产遭受重大损失或者造成人身伤亡的严重后果的行为。

涉嫌下列情形之一的，应予立案：

1. 造成死亡1人以上，或者重伤3人以上，或者重伤2人、轻伤4人以上，或者重伤1人、轻伤7人以上，或者轻伤10人以上的；

2. 导致30人以上严重中毒的；

3. 造成个人财产直接经济损失15万元以上，或者直接经济损失不满15万元，但间接经济损失75万元以上的；

4. 造成公共财产、法人或者其他组织财产直接经济损失30万元以上，或者直接经济损失不满30万元，但间接经济损失150万元以上的；

5. 虽未达到3、4两项数额标准，但3、4两项合计直接经济损失30万元以上，或者合计直接经济损失不满30万元，但合计间接经济损失150万元以上的；

6. 造成基本农田或者防护林地、特种用途林地10亩*以上，或者基本农田以外的耕地50亩以上，或者其他土地70亩以上被严重毁坏的；

7. 造成生活饮用水地表水源和地下水源严重污染的；

8. 其他致使公私财产遭受重大损失或者造成人身伤亡严重后果的情形。

---

* 1亩＝(10000/15) m^2。

(二十)传染病防治失职案(第四百零九条)

传染病防治失职罪是指从事传染病防治的政府卫生行政部门的工作人员严重不负责任,不履行或者不认真履行传染病防治监管职责,导致传染病传播或者流行,情节严重的行为。

涉嫌下列情形之一的,应予立案:

1. 导致甲类传染病传播的;
2. 导致乙类、丙类传染病流行的;
3. 因传染病传播或者流行,造成人员重伤或者死亡的;
4. 因传染病传播或者流行,严重影响正常的生产、生活秩序的;
5. 在国家对突发传染病疫情等灾害采取预防、控制措施后,对发生突发传染病疫情等灾害的地区或者突发传染病病人、病原携带者、疑似突发传染病病人,未按照预防、控制突发传染病疫情等灾害工作规范的要求做好防疫、检疫、隔离、防护、救治等工作,或者采取的预防、控制措施不当,造成传染范围扩大或者疫情、灾情加重的;
6. 在国家对突发传染病疫情等灾害采取预防、控制措施后,隐瞒、缓报、谎报或者授意、指使、强令他人隐瞒、缓报、谎报疫情、灾情,造成传染范围扩大或者疫情、灾情加重的;
7. 在国家对突发传染病疫情等灾害采取预防、控制措施后,拒不执行突发传染病疫情等灾害应急处理指挥机构的决定、命令,造成传染范围扩大或者疫情、灾情加重的;
8. 其他情节严重的情形。

(二十一)非法批准征用、占用土地案(第四百一十条)

非法批准征用、占用土地罪是指国家机关工作人员徇私舞弊,违反土地管理法、森林法、草原法等法律以及有关行政法规中关于土地管理的规定,滥用职权,非法批准征用、占用耕地、林地等农用地以及其他土地,情节严重的行为。

涉嫌下列情形之一的，应予立案：

1. 非法批准征用、占用基本农田10亩以上的；

2. 非法批准征用、占用基本农田以外的耕地30亩以上的；

3. 非法批准征用、占用其他土地50亩以上的；

4. 虽未达到上述数量标准，但造成有关单位、个人直接经济损失30万元以上，或者造成耕地大量毁坏或者植被遭到严重破坏的；

5. 非法批准征用、占用土地，影响群众生产、生活，引起纠纷，造成恶劣影响或者其他严重后果的；

6. 非法批准征用、占用防护林地、特种用途林地分别或者合计10亩以上的；

7. 非法批准征用、占用其他林地20亩以上的；

8. 非法批准征用、占用林地造成直接经济损失30万元以上，或者造成防护林地、特种用途林地分别或者合计5亩以上或者其他林地10亩以上毁坏的；

9. 其他情节严重的情形。

(二十二)非法低价出让国有土地使用权案(第四百一十条)

非法低价出让国有土地使用权罪是指国家机关工作人员徇私舞弊，违反土地管理法、森林法、草原法等法律以及有关行政法规中关于土地管理的规定，滥用职权，非法低价出让国有土地使用权，情节严重的行为。

涉嫌下列情形之一的，应予立案：

1. 非法低价出让国有土地30亩以上，并且出让价额低于国家规定的最低价额标准的百分之六十的；

2. 造成国有土地资产流失价额30万元以上的；

3. 非法低价出让国有土地使用权，影响群众生产、生活，引起纠纷，造成恶劣影响或者其他严重后果的；

4. 非法低价出让林地合计30亩以上，并且出让价额低于国家规定的最低价额标准的百分之六十的；

5. 造成国有资产流失 30 万元以上的；

6. 其他情节严重的情形。

(二十三)放纵走私案(第四百一十一条)

放纵走私罪是指海关工作人员徇私舞弊,放纵走私,情节严重的行为。

涉嫌下列情形之一的,应予立案：

1. 放纵走私犯罪的；

2. 因放纵走私致使国家应收税额损失累计达 10 万元以上的；

3. 放纵走私行为 3 起次以上的；

4. 放纵走私行为,具有索取或者收受贿赂情节的；

5. 其他情节严重的情形。

(二十四)商检徇私舞弊案(第四百一十二条第一款)

商检徇私舞弊罪是指出入境检验检疫机关、检验检疫机构工作人员徇私舞弊,伪造检验结果的行为。

涉嫌下列情形之一的,应予立案：

1. 采取伪造、变造的手段对报检的商品的单证、印章、标志、封识、质量认证标志等作虚假的证明或者出具不真实的证明结论的；

2. 将送检的合格商品检验为不合格,或者将不合格商品检验为合格的；

3. 对明知是不合格的商品,不检验而出具合格检验结果的；

4. 其他伪造检验结果应予追究刑事责任的情形。

(二十五)商检失职案(第四百一十二条第二款)

商检失职罪是指出入境检验检疫机关、检验检疫机构工作人员严重不负责任,对应当检验的物品不检验,或者延误检验出证、错误出证，致使国家利益遭受重大损失的行为。

涉嫌下列情形之一的，应予立案：

1. 致使不合格的食品、药品、医疗器械等商品出入境，严重危害生命健康的；

2. 造成个人财产直接经济损失15万元以上，或者直接经济损失不满15万元，但间接经济损失75万元以上的；

3. 造成公共财产、法人或者其他组织财产直接经济损失30万元以上，或者直接经济损失不满30万元，但间接经济损失150万元以上的；

4. 未经检验，出具合格检验结果，致使国家禁止进口的固体废物、液态废物和气态废物等进入境内的；

5. 不检验或者延误检验出证、错误出证，引起国际经济贸易纠纷，严重影响国家对外经贸关系，或者严重损害国家声誉的；

6. 其他致使国家利益遭受重大损失的情形。

(二十六)动植物检疫徇私舞弊案(第四百一十三条第一款)

动植物检疫徇私舞弊罪是指出入境检验检疫机关、检验检疫机构工作人员徇私舞弊，伪造检疫结果的行为。

涉嫌下列情形之一的，应予立案：

1. 采取伪造、变造的手段对检疫的单证、印章、标志、封识等作虚假的证明或者出具不真实的结论的；

2. 将送检的合格动植物检疫为不合格，或者将不合格动植物检疫为合格的；

3. 对明知是不合格的动植物，不检疫而出具合格检疫结果的；

4. 其他伪造检疫结果应予追究刑事责任的情形。

(二十七)动植物检疫失职案(第四百一十三条第二款)

动植物检疫失职罪是指出入境检验检疫机关、检验检疫机构工作人员严重不负责任，对应当检疫的检疫物不检疫，或者延误检疫出证、错误出证，致使国家利益遭受重大损失的行为。

涉嫌下列情形之一的，应予立案：

1. 导致疫情发生，造成人员重伤或者死亡的；

2. 导致重大疫情发生、传播或者流行的；

3. 造成个人财产直接经济损失15万元以上，或者直接经济损失不满15万元，但间接经济损失75万元以上的；

4. 造成公共财产或者法人、其他组织财产直接经济损失30万元以上，或者直接经济损失不满30万元，但间接经济损失150万元以上的；

5. 不检疫或者延误检疫出证、错误出证，引起国际经济贸易纠纷，严重影响国家对外经贸关系，或者严重损害国家声誉的；

6. 其他致使国家利益遭受重大损失的情形。

(二十八)放纵制售伪劣商品犯罪行为案(第四百一十四条)

放纵制售伪劣商品犯罪行为罪是指对生产、销售伪劣商品犯罪行为负有追究责任的国家机关工作人员徇私舞弊，不履行法律规定的追究职责，情节严重的行为。

涉嫌下列情形之一的，应予立案：

1. 放纵生产、销售假药或者有毒、有害食品犯罪行为的；

2. 放纵生产、销售伪劣农药、兽药、化肥、种子犯罪行为的；

3. 放纵依法可能判处3年有期徒刑以上刑罚的生产、销售伪劣商品犯罪行为的；

4. 对生产、销售伪劣商品犯罪行为不履行追究职责，致使生产、销售伪劣商品犯罪行为得以继续的；

5. 3次以上不履行追究职责，或者对3个以上有生产、销售伪劣商品犯罪行为的单位或者个人不履行追究职责的；

6. 其他情节严重的情形。

（二十九）办理偷越国（边）境人员出入境证件案（第四百一十五条）

办理偷越国（边）境人员出入境证件罪是指负责办理护照、签证以及其他出入境证件的国家机关工作人员，对明知是企图偷越国（边）境的人员，予以办理出入境证件的行为。

负责办理护照、签证以及其他出入境证件的国家机关工作人员涉嫌在办理护照、签证以及其他出入境证件的过程中，对明知是企图偷越国（边）境的人员而予以办理出入境证件的，应予立案。

（三十）放行偷越国（边）境人员案（第四百一十五条）

放行偷越国（边）境人员罪是指边防、海关等国家机关工作人员，对明知是偷越国（边）境的人员予以放行的行为。

边防、海关等国家机关工作人员涉嫌在履行职务过程中，对明知是偷越国（边）境的人员而予以放行的，应予立案。

（三十一）不解救被拐卖、绑架妇女、儿童案（第四百一十六条第一款）

不解救被拐卖、绑架妇女、儿童罪是指对被拐卖、绑架的妇女、儿童负有解救职责的公安、司法等国家机关工作人员接到被拐卖、绑架的妇女、儿童及其家属的解救要求或者接到其他人的举报，而对被拐卖、绑架的妇女、儿童不进行解救，造成严重后果的行为。

涉嫌下列情形之一的，应予立案：

1. 导致被拐卖、绑架的妇女、儿童或者其家属重伤、死亡或者精神失常的；

2. 导致被拐卖、绑架的妇女、儿童被转移、隐匿、转卖，不能及时进行解救的；

3. 对被拐卖、绑架的妇女、儿童不进行解救 3 人次以上的；

4. 对被拐卖、绑架的妇女、儿童不进行解救，造成恶劣社会影响的；

5. 其他造成严重后果的情形。

（三十二）阻碍解救被拐卖、绑架妇女、儿童案（第四百一十六条第二款）

阻碍解救被拐卖、绑架妇女、儿童罪是指对被拐卖、绑架的妇女、儿童负有解救职责的公安、司法等国家机关工作人员利用职务阻碍解救被拐卖、绑架的妇女、儿童的行为。

涉嫌下列情形之一的，应予立案：

1. 利用职权，禁止、阻止或者妨碍有关部门、人员解救被拐卖、绑架的妇女、儿童的；

2. 利用职务上的便利，向拐卖、绑架者或者收买者通风报信，妨碍解救工作正常进行的；

3. 其他利用职务阻碍解救被拐卖、绑架的妇女、儿童应予追究刑事责任的情形。

（三十三）帮助犯罪分子逃避处罚案（第四百一十七条）

帮助犯罪分子逃避处罚罪是指有查禁犯罪活动职责的司法及公安、国家安全、海关、税务等国家机关工作人员，向犯罪分子通风报信、提供便利，帮助犯罪分子逃避处罚的行为。

涉嫌下列情形之一的，应予立案：

1. 向犯罪分子泄漏有关部门查禁犯罪活动的部署、人员、措施、时间、地点等情况的；

2. 向犯罪分子提供钱物、交通工具、通讯设备、隐藏处所等便利条件的；

3. 向犯罪分子泄漏案情的；

4. 帮助、示意犯罪分子隐匿、毁灭、伪造证据，或者串供、翻供的；

5. 其他帮助犯罪分子逃避处罚应予追究刑事责任的情形。

(三十四)招收公务员、学生徇私舞弊案(第四百一十八条)

招收公务员、学生徇私舞弊罪是指国家机关工作人员在招收公务员、省级以上教育行政部门组织招收的学生工作中徇私舞弊,情节严重的行为。

涉嫌下列情形之一的,应予立案:

1. 徇私舞弊,利用职务便利,伪造、变造人事、户口档案、考试成绩或者其他影响招收工作的有关资料,或者明知是伪造、变造的上述材料而予以认可的;

2. 徇私舞弊,利用职务便利,帮助5名以上考生作弊的;

3. 徇私舞弊招收不合格的公务员、学生3人次以上的;

4. 因徇私舞弊招收不合格的公务员、学生,导致被排挤的合格人员或者其近亲属自杀、自残造成重伤、死亡,或者精神失常的;

5. 因徇私舞弊招收公务员、学生,导致该项招收工作重新进行的;

6. 其他情节严重的情形。

(三十五)失职造成珍贵文物损毁、流失案(第四百一十九条)

失职造成珍贵文物损毁、流失罪是指文物行政部门、公安机关、工商行政管理部门、海关、城乡建设规划部门等国家机关工作人员严重不负责任,造成珍贵文物损毁或者流失,后果严重的行为。

涉嫌下列情形之一的,应予立案:

1. 导致国家一、二、三级珍贵文物损毁或者流失的;

2. 导致全国重点文物保护单位或者省、自治区、直辖市级文物保护单位损毁的;

3. 其他后果严重的情形。

二、国家机关工作人员利用职权实施的侵犯公民人身权利、民主权利犯罪案件

(一)国家机关工作人员利用职权实施的非法拘禁案(第二百三十八条)

非法拘禁罪是指以拘禁或者其他方法非法剥夺他人人身自由的行为。

国家机关工作人员利用职权非法拘禁,涉嫌下列情形之一的,应予立案:

1. 非法剥夺他人人身自由24小时以上的;

2. 非法剥夺他人人身自由,并使用械具或者捆绑等恶劣手段,或者实施殴打、侮辱、虐待行为的;

3. 非法拘禁,造成被拘禁人轻伤、重伤、死亡的;

4. 非法拘禁,情节严重,导致被拘禁人自杀、自残造成重伤、死亡,或者精神失常的;

5. 非法拘禁3人次以上的;

6. 司法工作人员对明知是没有违法犯罪事实的人而非法拘禁的;

7. 其他非法拘禁应予追究刑事责任的情形。

(二)国家机关工作人员利用职权实施的非法搜查案(第二百四十五条)

非法搜查罪是指非法搜查他人身体、住宅的行为。

国家机关工作人员利用职权非法搜查,涉嫌下列情形之一的,应予立案:

1. 非法搜查他人身体、住宅,并实施殴打、侮辱等行为的;

2. 非法搜查，情节严重，导致被搜查人或者其近亲属自杀、自残造成重伤、死亡，或者精神失常的；

3. 非法搜查，造成财物严重损坏的；

4. 非法搜查3人(户)次以上的；

5. 司法工作人员对明知是与涉嫌犯罪无关的人身、住宅非法搜查的；

6. 其他非法搜查应予追究刑事责任的情形。

(三)刑讯逼供案(第二百四十七条)

刑讯逼供罪是指司法工作人员对犯罪嫌疑人、被告人使用肉刑或者变相肉刑逼取口供的行为。

涉嫌下列情形之一的，应予立案：

1. 以殴打、捆绑、违法使用械具等恶劣手段逼取口供的；

2. 以较长时间冻、饿、晒、烤等手段逼取口供，严重损害犯罪嫌疑人、被告人身体健康的；

3. 刑讯逼供造成犯罪嫌疑人、被告人轻伤、重伤、死亡的；

4. 刑讯逼供，情节严重，导致犯罪嫌疑人、被告人自杀、自残造成重伤、死亡，或者精神失常的；

5. 刑讯逼供，造成错案的；

6. 刑讯逼供3人次以上的；

7. 纵容、授意、指使、强迫他人刑讯逼供，具有上述情形之一的；

8. 其他刑讯逼供应予追究刑事责任的情形。

(四)暴力取证案(第二百四十七条)

暴力取证罪是指司法工作人员以暴力逼取证人证言的行为。

涉嫌下列情形之一的，应予立案：

1. 以殴打、捆绑、违法使用械具等恶劣手段逼取证人证言的；

2. 暴力取证造成证人轻伤、重伤、死亡的；

3. 暴力取证，情节严重，导致证人自杀、自残造成重伤、死亡，或者精神失常的；

4. 暴力取证，造成错案的；

5. 暴力取证3人次以上的；

6. 纵容、授意、指使、强迫他人暴力取证，具有上述情形之一的；

7. 其他暴力取证应予追究刑事责任的情形。

(五)虐待被监管人案(第二百四十八条)

虐待被监管人罪是指监狱、拘留所、看守所、拘役所、劳教所等监管机构的监管人员对被监管人进行殴打或者体罚虐待，情节严重的行为。

涉嫌下列情形之一的，应予立案：

1. 以殴打、捆绑、违法使用械具等恶劣手段虐待被监管人的；

2. 以较长时间冻、饿、晒、烤等手段虐待被监管人，严重损害其身体健康的；

3. 虐待造成被监管人轻伤、重伤、死亡的；

4. 虐待被监管人，情节严重，导致被监管人自杀、自残造成重伤、死亡，或者精神失常的；

5. 殴打或者体罚虐待3人次以上的；

6. 指使被监管人殴打、体罚虐待其他被监管人，具有上述情形之一的；

7. 其他情节严重的情形。

(六)报复陷害案(第二百五十四条)

报复陷害罪是指国家机关工作人员滥用职权、假公济私，对控告人、申诉人、批评人、举报人实行打击报复、陷害的行为。

涉嫌下列情形之一的，应予立案：

1. 报复陷害，情节严重，导致控告人、申诉人、批评人、举报人或者其近亲属自杀、自残造成重伤、死亡，或者精神失常的；

2. 致使控告人、申诉人、批评人、举报人或者其近亲属的其他合法权利受到严重损害的；

3. 其他报复陷害应予追究刑事责任的情形。

(七)国家机关工作人员利用职权实施的破坏选举案(第二百五十六条)

破坏选举罪是指在选举各级人民代表大会代表和国家机关领导人员时，以暴力、威胁、欺骗、贿赂、伪造选举文件、虚报选举票数或者编造选举结果等手段破坏选举或者妨害选民和代表自由行使选举权和被选举权，情节严重的行为。

国家机关工作人员利用职权破坏选举，涉嫌下列情形之一的，应予立案：

1. 以暴力、威胁、欺骗、贿赂等手段，妨害选民、各级人民代表大会代表自由行使选举权和被选举权，致使选举无法正常进行，或者选举无效，或者选举结果不真实的；

2. 以暴力破坏选举场所或者选举设备，致使选举无法正常进行的；

3. 伪造选民证、选票等选举文件，虚报选举票数，产生不真实的选举结果或者强行宣布合法选举无效、非法选举有效的；

4. 聚众冲击选举场所或者故意扰乱选举场所秩序，使选举工作无法进行的；

5. 其他情节严重的情形。

三、附则

(一)本规定中每个罪案名称后所注明的法律条款系《中华人民共和国刑法》的有关条款。

（二）本规定所称“以上”包括本数；有关犯罪数额“不满”，是指已达到该数额百分之八十以上的。

（三）本规定中的“国家机关工作人员”，是指在国家机关中从事公务的人员，包括在各级国家权力机关、行政机关、司法机关和军事机关中从事公务的人员。在依照法律、法规规定行使国家行政管理职权的组织中从事公务的人员，或者在受国家机关委托代表国家行使职权的组织中从事公务的人员，或者虽未列入国家机关人员编制但在国家机关中从事公务的人员，在代表国家机关行使职权时，视为国家机关工作人员。在乡（镇）以上中国共产党机关、人民政协机关中从事公务的人员，视为国家机关工作人员。

（四）本规定中的“直接经济损失”，是指与行为有直接因果关系而造成的财产损毁、减少的实际价值；“间接经济损失”，是指由直接经济损失引起和牵连的其他损失，包括失去的在正常情况下可以获得的利益和为恢复正常的管理活动或者挽回所造成的损失所支付的各种开支、费用等。

有下列情形之一的，虽然有债权存在，但已无法实现债权的，可以认定为已经造成了经济损失：(1)债务人已经法定程序被宣告破产，且无法清偿债务；(2)债务人潜逃，去向不明；(3)因行为人责任，致使超过诉讼时效；(4)有证据证明债权无法实现的其他情况。

直接经济损失和间接经济损失，是指立案时确已造成的经济损失。移送审查起诉前，犯罪嫌疑人及其亲友自行挽回的经济损失，以及由司法机关或者犯罪嫌疑人所在单位及其上级主管部门挽回的经济损失，不予扣减，但可作为对犯罪嫌疑人从轻处理的情节考虑。

（五）本规定中的“徇私舞弊”，是指国家机关工作人员为徇私情、私利，故意违背事实和法律，伪造材料，隐瞒情况，弄虚作假的行为。

（六）本规定自公布之日起施行。本规定发布前**有关人民检察院直接受理立案侦查的国家机关工作人员渎职和利用职权实施的侵犯公民人身权利、民主权利犯罪案件的立案标准**，与本规定有重复或者不一致的，适用本规定。

对于本规定施行前发生的国家机关工作人员渎职和利用职权实施的侵犯公民人身权利、民主权利犯罪案件，按照《最高人民法院、最高人民检察院关于适用刑事司法解释时间效力问题的规定》办理。

第二节 《立案标准》常见问题

关于渎职罪，《刑法》(1997 年)第三百九十七条规定："国家机关工作人员滥用职权或者玩忽职守，致使公共财产、国家和人民利益遭受重大损失的，处三年以下有期徒刑或者拘役；情节特别严重的，处三年以上七年以下有期徒刑。本法另有规定的，依照规定。

"国家机关工作人员徇私舞弊，犯前款罪的，处五年以下有期徒刑或者拘役；情节特别严重的，处五年以上十年以下有期徒刑。本法另有规定的，依照规定。"

这里强调"致使公共财产、国家和人民利益遭受重大损失"，国家机关工作人员有哪些？人民利益包括哪些？如何才算"重大损失"？这些问题，在以往的司法实践中一直难以操作，增加了渎职罪的追究难度，对安全生产的影响，就是明显削弱了对安全生产违法行为的打击力度。如对重大矿难的渎职犯罪追究往往找不到充足的法律依据，使一些不法分子得不到相应的法律追究。

2005 年 12 月 29 日，最高人民检察院公布《最高人民检察院关于渎职侵权犯罪案件立案标准的规定》，对国家机关工作人员的渎职、侵权犯罪作出了详细的规定，共计 42 个罪名，229 项立案情形。其中，渎职犯罪案中，共有 35 个罪名，有关安全生产的罪名 2 个，即滥用职权罪、玩忽职守罪，共计 18 种立案情形。对安全生产违法行为的打击做到了标准具体，可操作性强，充分发挥了刑法的威慑力。

一、修订立案标准是形势所需

1999年8月6日《最高人民检察院关于人民检察院直接受理立案侦查案件立案标准的规定(试行)》公布实施以来,全国各级检察机关认真履行查办渎职侵权犯罪案件的检察职能,有力地惩治了国家机关工作人员渎职和利用职权实施的侵犯公民人身权利、民主权利犯罪。但是,随着社会的发展和形势的变化,原来立案标准中的一些规定已不适应新形势下惩治渎职侵权犯罪工作的需要。这次修订的《立案标准》,是适应经济社会发展新形势和司法实践新要求的产物。

(1)反映了法制建设的最新成果。由于改革开放不断深入,我国的政治、经济、文化建设取得了很大的成就,形势也发生了很大变化。为适应形势发展的需要,国家制定了一批新的法律法规,并对一些法律法规作出了修订、补充。不少新的法律法规都涉及国家机关工作人员渎职侵权犯罪。这些最新的法制建设成果,应当在司法解释中加以反映。

(2)适应了经济社会的发展需要。随着我国经济体制改革和政治体制改革的进一步深化,国家权力的配置和运行、人民群众对法制的需求都出现了新的特点,国家机关工作人员渎职侵权犯罪也呈现出很多新的表现形式,立案标准也必须随之作出相应的调整。

(3)司法实践中遇到的大量具体问题急需通过修订立案标准来加以解决。过去的立案标准中有的条款过于笼统,不够具体,致使一些犯罪无法得到有效查处,修订立案标准已成为司法实践的迫切需要。

二、立案标准修订后的新特点

1. 犯罪主体范围更加明确

根据刑法的规定，渎职罪的犯罪主体是国家机关工作人员。由于此前未对国家机关工作人员作出明确规定，致使渎职罪主体问题成为长期困扰司法实践的一个突出问题。这次修订后的立案标准在吸收立法成果的基础上，对渎职侵权案件中国家机关工作人员的概念和范围作出了明确的界定。

2. 保障人权的价值取向更加突出

一方面，此次立案标准的修改，自始至终体现了“国家尊重和保障人权”的宪法原则，通篇贯穿了保障人权的价值取向，并且认真落实到具体条款中。

另一方面，对“手段残忍、影响恶劣”予以具体明确的规定。保护人权，尤其是加强诉讼活动中的人权保护，是反渎职侵权工作的重要职能。在过去的立案标准中，侵权手段表述较为笼统，多以“手段残忍、影响恶劣”予以概括。

新的立案标准对此进行了修订，以列举方式明晰了“手段残忍、影响恶劣”的侵权手段的表述，更有利于检察机关加大对恶劣侵权行为的惩治力度，这既是司法实践的现实反映，也是保护人权、维护执法公正的必然要求。

3. 保护个人合法财产更加注重

在过去的立案标准中，以滥用职权案、玩忽职守案为代表的渎职案件，未对公共财产损失和个人财产损失进行区别，司法实践中基本上是按同一标准执行。

新的立案标准对此作了调整，如对滥用职权案，玩忽职守案，执行判决、裁定失职案，环境监管失职案，商检失职案，动植物检疫失职案等都明确规定造成个人财产直接经济损失达到法定数额的应予立案。规定渎职行为给个人造成经济损失的数额标准,体现了对公民财产权利的保护,适应了社会发展和司法实践的需求,保障了执法的平衡性和协调性。

4. 惩治渎职侵权犯罪的可操作性大大加强

在遵循立法原义的基础上突出了实用操作性,主要体现在以下几个方面:

(1)对 42 个渎职侵权犯罪罪名的立案标准规定了 229 项立案情形,比 1999 年的立案标准增加 69 项。

(2)对渎职侵权案件中国家机关工作人员的概念和范围作出了明确的界定。

(3)对“手段残忍、影响恶劣”予以具体明确的规定。

(4)明确规定渎职行为给个人造成经济损失的数额标准。

(5)明确了对权力干预型渎职犯罪的惩治。

(6)其可操作性,使惩治渎职侵权犯罪的法网更加周密和严谨,对追究安全生产事故责任将会更加有规可循。

三、什么是滥用职权罪?

滥用职权罪是指国家机关工作人员超越职权,违法决定、处理其无权决定、处理的事项,或者违反规定处理公务,致使公共财产、国家和人民利益遭受重大损失的行为。

四、滥用职权罪立案标准

涉嫌下列情形之一的,应予立案:

(1)造成死亡 1 人以上,或者重伤 2 人以上,或者重伤 1 人、轻伤 3 人以上,或者轻伤 5 人以上的;

(2)导致 10 人以上严重中毒的;

(3)造成个人财产直接经济损失10万元以上，或者直接经济损失不满10万元，但间接经济损失50万元以上的；

(4)造成公共财产或者法人、其他组织财产直接经济损失20万元以上，或者直接经济损失不满20万元，但间接经济损失100万元以上的；

(5)虽未达到(3)、(4)两项数额标准，但(3)、(4)两项合计直接经济损失20万元以上，或者合计直接经济损失不满20万元，但合计间接经济损失100万元以上的；

(6)造成公司、企业等单位停业、停产6个月以上，或者破产的；

(7)弄虚作假，不报、缓报、谎报或者授意、指使、强令他人不报、缓报、谎报情况，导致重特大事故危害结果继续、扩大，或者致使抢救、调查、处理工作延误的；

(8)严重损害国家声誉，或者造成恶劣社会影响的；

(9)其他致使公共财产、国家和人民利益遭受重大损失的情形。

国家机关工作人员滥用职权，符合刑法第九章所规定的特殊渎职罪构成要件的，按照该特殊规定追究刑事责任；主体不符合刑法第九章所规定的特殊渎职罪的主体要件，但滥用职权涉嫌前款第(1)～(9)项规定情形之一的，按照刑法第三百九十七条的规定以滥用职权罪追究刑事责任。

五、什么是玩忽职守罪？

玩忽职守罪是指国家机关工作人员严重不负责任，不履行或者不认真履行职责，致使公共财产、国家和人民利益遭受重大损失的行为。

六、玩忽职守罪立案标准

涉嫌下列情形之一的，应予立案：

(1)造成死亡 1 人以上，或者重伤 3 人以上，或者重伤 2 人、轻伤 4 人以上，或者重伤 1 人、轻伤 7 人以上，或者轻伤 10 人以上的；

(2)导致 20 人以上严重中毒的；

(3)造成个人财产直接经济损失 15 万元以上，或者直接经济损失不满 15 万元，但间接经济损失 75 万元以上的；

(4)造成公共财产或者法人、其他组织财产直接经济损失 30 万元以上，或者直接经济损失不满 30 万元，但间接经济损失 150 万元以上的；

(5)虽未达到(3)、(4)两项数额标准，但(3)、(4)两项合计直接经济损失 30 万元以上，或者合计直接经济损失不满 30 万元，但合计间接经济损失 150 万元以上的；

(6)造成公司、企业等单位停业、停产 1 年以上，或者破产的；

(7)海关、外汇管理部门的工作人员严重不负责任，造成 100 万美元以上外汇被骗购或者逃汇 1000 万美元以上的；

(8)严重损害国家声誉，或者造成恶劣社会影响的；

(9)其他致使公共财产、国家和人民利益遭受重大损失的情形。

国家机关工作人员玩忽职守，符合刑法第九章所规定的特殊渎职罪构成要件的，按照该特殊规定追究刑事责任；主体不符合刑法第九章所规定的特殊渎职罪的主体要件，但玩忽职守涉嫌前款第(1)～(9)项规定情形之一的，按照刑法第三百九十七条的规定以玩忽职守罪追究刑事责任。

七、何谓"国家机关工作人员"?

根据《立案标准》,国家机关工作人员,是指在国家机关中从事公务的人员,包括在各级国家权力机关、行政机关、司法机关和军事机关中从事公务的人员。在依照法律、法规规定行使国家行政管理职权的组织中从事公务的人员,或者在受国家机关委托代表国家行使职权的组织中从事公务的人员,或者虽未列入国家机关人员编制但在国家机关中从事公务的人员,在代表国家机关行使职权时,视为国家机关工作人员。在乡(镇)以上中国共产党机关、人民政协机关中从事公务的人员,视为国家机关工作人员。

八、未列入国家编制的公务人员,如借调、临时聘用人员是否属于国家机关工作人员?

根据《立案标准》中所述国家机关工作人员定义可知,只要在机关工作,履行机关管理职能行使职权的人员,视为国家机关工作人员,在履行职权的过程中,其实施的渎职犯罪也应该以渎职侵权罪论处。

九、如何计算直接经济损失与间接损失?

《立案标准》中的"直接经济损失",是指与行为有直接因果关系而造成的财产损毁、减少的实际价值;"间接经济损失",是指由直接经济损失引起和牵连的其他损失,包括失去的在正常情况下可以获得的利益和为恢复正常的管理活动或者挽回所造成的损失所支付的各种开支、费用等。

有下列情形之一的，虽然有债权存在，但已无法实现债权的，可以认定为已经造成了经济损失：

(1)债务人已经法定程序被宣告破产，且无法清偿债务；

(2)债务人潜逃，去向不明；

(3)因行为人责任，致使超过诉讼时效；

(4)有证据证明债权无法实现的其他情况。

直接经济损失和间接经济损失，是指立案时确已造成的经济损失。移送审查起诉前，犯罪嫌疑人及其亲友自行挽回的经济损失，以及由司法机关或者犯罪嫌疑人所在单位及其上级主管部门挽回的经济损失，不予扣减，但可作为对犯罪嫌疑人从轻处理的情节考虑。

但是，对于安全生产事故，国家已经有明确的事故损失的计算标准《企业职工伤亡事故经济损失统计标准》(GB 6721—1986)，因此，根据下位法服从上位法、普通法服从特殊法的原则，安全生产事故经济损失应按照该标准进行计算。特殊情况下，《立案标准》的上述规定，可以进行参照补充。

第七章 《安全生产领域违法违纪行为政纪处分暂行规定》解读

《安全生产领域违法违纪行为政纪处分暂行规定》(以下简称《暂行规定》)已经监察部 2006 年 10 月 30 日第 8 次部长办公会议、国家安全生产监督管理总局 2006 年 9 月 26 日第 23 次局长办公会议通过,于 2006 年 11 月 22 日公布,自公布之日起施行。

第一节 《暂行规定》全文

安全生产领域违法违纪行为政纪处分暂行规定

(国家安全生产监督管理总局令第 11 号)

第一条 为了加强安全生产工作,惩处安全生产领域违法违纪行为,促进安全生产法律法规的贯彻实施,保障人民群众生命财产和公共财产安全,根据《中华人民共和国行政监察法》、《中华人民共和国安全生产法》及其他有关法律法规,制定本规定。

第二条 国家行政机关及其公务员,企业、事业单位中由国家行政机关任命的人员有安全生产领域违法违纪行为,应当给予处分的,适用本规定。

第三条 有安全生产领域违法违纪行为的国家行政机关,对其直接负责的主管人员和其他直接责任人员,以及对有安全生产领域违法违纪行为的国家行政机关公务员(以下统称有关责任人员),由监察机关或者任免机关按照管理权限,依法给予处分。

有安全生产领域违法违纪行为的企业、事业单位,对其直接负责的主管人员和其他直接责任人员,以及对有安全生产领域违法违纪行为的企业、事业单位工作人员中由国家行政机关任命的人员(以下统称有关责任人员),由监察机关或者任免机关按照管理权限,依法给予处分。

第四条 国家行政机关及其公务员有下列行为之一的,对有关责任人员,给予警告、记过或者记大过处分;情节较重的,给予降级或者撤职处分;情节严重的,给予开除处分:

(一)不执行国家安全生产方针政策和安全生产法律、法规、规章以及上级机关、主管部门有关安全生产的决定、命令、指示的;

(二)制定或者采取与国家安全生产方针政策以及安全生产法律、法规、规章相抵触的规定或者措施,造成不良后果或者经上级机关、有关部门指出仍不改正的。

第五条 国家行政机关及其公务员有下列行为之一的,对有关责任人员,给予警告、记过或者记大过处分;情节较重的,给予降级或者撤职处分;情节严重的,给予开除处分:

(一)向不符合法定安全生产条件的生产经营单位或者经营者颁发有关证照的;

(二)对不具备法定条件机构、人员的安全生产资质、资格予以批准认定的;

(三)对经责令整改仍不具备安全生产条件的生产经营单位,不撤销原行政许可、审批或者不依法查处的;

(四)违法委托单位或者个人行使有关安全生产的行政许可权或者审批权的;

(五)有其他违反规定实施安全生产行政许可或者审批行为的。

第六条 国家行政机关及其公务员有下列行为之一的,对有关责任人员，给予警告、记过或者记大过处分；情节较重的，给予降级或者撤职处分；情节严重的，给予开除处分：

（一）批准向合法的生产经营单位或者经营者超量提供剧毒品、火工品等危险物资，造成后果的；

（二）批准向非法或者不具备安全生产条件的生产经营单位或者经营者，提供剧毒品、火工品等危险物资或者其他生产经营条件的。

第七条 国家行政机关公务员利用职权或者职务上的影响，违反规定为个人和亲友谋取私利，有下列行为之一的，给予警告、记过或者记大过处分；情节较重的，给予降级或者撤职处分；情节严重的，给予开除处分：

（一）干预、插手安全生产装备、设备、设施采购或者招标投标等活动的；

（二）干预、插手安全生产行政许可、审批或者安全生产监督执法的；

（三）干预、插手安全生产中介活动的；

（四）有其他干预、插手生产经营活动危及安全生产行为的。

第八条 国家行政机关及其公务员有下列行为之一的，对有关责任人员，给予警告、记过或者记大过处分；情节较重的，给予降级或者撤职处分；情节严重的，给予开除处分：

（一）未按照有关规定对有关单位申报的新建、改建、扩建工程项目的安全设施，与主体工程同时设计、同时施工、同时投入生产和使用中组织审查验收的；

（二）发现存在重大安全隐患，未按规定采取措施，导致生产安全事故发生的；

（三）对发生的生产安全事故瞒报、谎报、拖延不报，或者组织、参与瞒报、谎报、拖延不报的；

（四）生产安全事故发生后，不及时组织抢救的；

（五）对生产安全事故的防范、报告、应急救援有其他失职、渎职行为的。

第九条 国家行政机关及其公务员有下列行为之一的，对有关责任人员，给予警告、记过或者记大过处分；情节较重的，给予降级或者撤职处分；情节严重的，给予开除处分：

（一）阻挠、干涉生产安全事故调查工作的；

（二）阻挠、干涉对事故责任人员进行责任追究的；

（三）不执行对事故责任人员的处理决定，或者擅自改变上级机关批复的对事故责任人员的处理意见的。

第十条 国家行政机关公务员有下列行为之一的，给予警告、记过或者记大过处分；情节较重的，给予降级或者撤职处分；情节严重的，给予开除处分：

（一）本人及其配偶、子女及其配偶违反规定在煤矿等企业投资入股或者在安全生产领域经商办企业的；

（二）违反规定从事安全生产中介活动或者其他营利活动的；

（三）在事故调查处理时，滥用职权、玩忽职守、徇私舞弊的；

（四）利用职务上的便利，索取他人财物，或者非法收受他人财物，在安全生产领域为他人谋取利益的。

对国家行政机关公务员本人违反规定投资入股煤矿的处分，法律、法规另有规定的，从其规定。

第十一条 国有企业及其工作人员有下列行为之一的，对有关责任人员，给予警告、记过或者记大过处分；情节较重的，给予降级、撤职或者留用察看处分；情节严重的，给予开除处分：

（一）未取得安全生产行政许可及相关证照或者不具备安全生产条件从事生产经营活动的；

（二）弄虚作假，骗取安全生产相关证照的；

（三）出借、出租、转让或者冒用安全生产相关证照的；

（四）未按照有关规定保证安全生产所必需的资金投入，导致产生重大安全隐患的；

（五）新建、改建、扩建工程项目的安全设施，不与主体工程同时设计、同时施工、同时投入生产和使用，或者未按规定审批、验收，擅自组织施工和生产的；

（六）被依法责令停产停业整顿、吊销证照、关闭的生产经营单位，继续从事生产经营活动的。

第十二条 国有企业及其工作人员有下列行为之一，导致生产安全事故发生的，对有关责任人员，给予警告、记过或者记大过处分；情节较重的，给予降级、撤职或者留用察看处分；情节严重的，给予开除处分：

（一）对存在的重大安全隐患，未采取有效措施的；

（二）违章指挥，强令工人违章冒险作业的；

（三）未按规定进行安全生产教育和培训并经考核合格，允许从业人员上岗，致使违章作业的；

（四）制造、销售、使用国家明令淘汰或者不符合国家标准的设施、设备、器材或者产品的；

（五）超能力、超强度、超定员组织生产经营，拒不执行有关部门整改指令的；

（六）拒绝执法人员进行现场检查或者在被检查时隐瞒事故隐患，不如实反映情况的；

（七）有其他不履行或者不正确履行安全生产管理职责的。

第十三条 国有企业及其工作人员有下列行为之一的，对有关责任人员，给予记过或者记大过处分；情节较重的，给予降级、撤职或者留用察看处分；情节严重的，给予开除处分：

（一）对发生的生产安全事故瞒报、谎报或者拖延不报的；

（二）组织或者参与破坏事故现场、出具伪证或者隐匿、转移、篡改、毁灭有关证据，阻挠事故调查处理的；

（三）生产安全事故发生后，不及时组织抢救或者擅离职守的。

生产安全事故发生后逃匿的，给予开除处分。

第十四条 国有企业及其工作人员不执行或者不正确执行对事故责任人员作出的处理决定，或者擅自改变上级机关批复的对事故责任人员的处理意见的，对有关责任人员，给予警告、记过或者记大过处分；情节较重的，给予降级、撤职或者留用察看处分；情节严重的，给予开除处分。

第十五条 国有企业负责人及其配偶、子女及其配偶违反规定在煤矿等企业投资入股或者在安全生产领域经商办企业的，对由国家行政机关任命的人员，给予警告、记过或者记大过处分；情节较重的，给予降级、撤职或者留用察看处分；情节严重的，给予开除处分。

第十六条 承担安全评价、培训、认证、资质验证、设计、检测、检验等工作的机构及其工作人员，出具虚假报告等与事实不符的文件、材料，造成安全生产隐患的，对有关责任人员，给予警告、记过或者记大过处分；情节较重的，给予降级、降职或者撤职处分；情节严重的，给予开除留用察看或者开除处分。

第十七条 法律、法规授权的具有管理公共事务职能的组织以及国家行政机关依法委托的组织及其工勤人员以外的工作人员有安全生产领域违法违纪行为，应当给予处分的，参照本规定执行。

企业、事业单位中除由国家行政机关任命的人员外，其他人员有安全生产领域违法违纪行为，应当给予处分的，由企业、事业单位参照本规定执行。

第十八条 有安全生产领域违法违纪行为，需要给予组织处理的，依照有关规定办理。

第十九条 有安全生产领域违法违纪行为，涉嫌犯罪的，移送司法机关依法处理。

第二十条 本规定由监察部和国家安全生产监督管理总局负责解释。

第二十一条 本规定自公布之日起施行。

第二节 《暂行规定》解读

《暂行规定》是我国第一部关于安全生产领域政纪处分方面的部门规章。这部规章对安全生产领域中各类违法违纪行为及其处分量纪标准作出明确规定，是查处安全生产领域违法违纪案件的重要依据，《暂行规定》体现了预防为主，是从源头上强化政府安全监管主体、企业安全责任主体应负责任的重要措施。它的颁布实施，对于切实加强安全生产工作，惩处安全生产领域违法违纪行为，促进安全生产法律法规的贯彻实施，落实各级安全生产责任制，保障人民群众生命财产安全，落实科学发展观，构建社会主义和谐社会，具有重大意义。

一、《暂行规定》的立法宗旨

1. 直接立法宗旨：打击危害安全生产的腐败行为

安全生产领域违法违纪行为与事故密切相关，国家也高度重视。因此，严厉打击官商勾结、权钱交易等危害安全生产的腐败行为，规范党纪政纪处分执行程序，做到有法可依，执法必严，是《暂行规定》的直接立法宗旨。

2. 长远立法宗旨：源头控制，预防为主，重在治本

《暂行规定》对国家行政机关及其公务员在安全生产领域的相关违法违纪行为，包括 7 类 25 种情形。国有企业及其工作人员在安全生产领域的相关违法违纪行为，包括 5 类 20 种情形。对事业单位、中介组织及其工作人员的相关违法违纪行为也进行了具体规定。

这些安全生产违法违纪行为情形有一个前所未有的共同特点，即这些行为都是法律上的行为犯——只要发生某种规定的安全生产违法违纪行为，譬如弄虚作假，骗取安全生产相关证照，不管结果是否导致事故，都要进行政纪处分。只有极少的行为情形是结果犯——不仅要发生某种安全生产违法违纪行为，这种行为还要造成了某种后果，如因安全投入不足，不具备基本的安全生产条件，导致事故、事故恶化等，才会受到政纪处分。

同时，在这些违法违纪情形中，有许多具有强化安全生产、提高本质安全可靠性、事前防范事故的特点。如未按照有关规定保证安全生产所必需的资金投入，导致产生重大安全隐患；未取得安全生产行政许可及相关证照或者不具备安全生产条件从事生产经营活动；新建、改建、扩建工程项目的安全设施，不与主体工程同时设计、同时施工、同时投入生产和使用，或者未按规定审批、验收，擅自组织施工和生产。

注重从源头上强化政府安全监管主体、企业安全责任主体应负责任的落实，消除生产过程中的不安全行为，而不仅是注重行为的后果，集中体现了"安全第一、预防为主、综合管理"的安全生产方针和源头控制、重在治本的科学思想，对于抓好安全生产至关重要。

因此，源头控制，预防为主，重在治本，是《暂行规定》的又一立法宗旨。

3. 依法问责的立法宗旨：三位一体，责任共担，共保安全

《暂行规定》的适用范围，从严格意义上讲，只适用于国家行政机关及其公务员，企业、事业单位中由国家行政机关任命的人员有安全生产领域违法违纪行为，应当给予处分的情形。

但是，《暂行规定》的第十七条又明确了一种参照本规定执行的两种情形：①法律法规授权的具有管理公共事务职能的组织以及国家行政机关依法委托的组织及其工勤人员以外的工作人员有安全生产领域违法违纪行为，应当给予处分的，参照本规定执行；②企业、事业单位中除由国家行政机关任命的人员外，其他人员有安全生产领域违法违纪行为，应当给予处分的，由企业、事业单位参照本规定执行。这实际上又涵盖了企事业单位和中介组织中的所有人员。

因此，《暂行规定》的适用范围包括国家行政机关、企事业单位和中介组织中的所有人员。只是对国家行政机关及其公务员，企业、事业单位中由国家行政机关任命的人员必须严格按照本规定执行，而对于法律法规授权的具有管理公共事务职能的组织以及国家行政机关依法委托的组织及其工勤人员以外的工作人员，企业、事业单位中除由国家行政机关任命的人员外的其他人员，是参照本规定执行。

此处的“按照”与“参照”虽然有一字之差，但是，从立法原义上讲，并无区别。

因此，要求国家机关及其公务员、国有企业及其工作人员、事业单位、中介组织保持监管主体、责任主体、服务主体“三位一体”，根据各自职责实现安全生产职责，实现责任共担，共保安全，是《暂行规定》依法问责的立法宗旨。

4. 根本立法宗旨：落实责任，依法惩处，防范事故

《暂行规定》对安全生产领域中各类违法违纪行为及其处分量纪标准作出明确规定，从而可以依法惩处安全生产领域违法违纪行为，这无疑是一项促进安全生产法律法规的贯彻实施，加强安全生产工作的重要举措。因此，落实各级安全生产责任制，依法惩处安全生产领域违法违纪行为，有效防范各类事故的发生，保障人民群众生命财产和公共财产安全，构建和谐社会，是《暂行规定》的根本宗旨。

二、《暂行规定》的法律依据

《暂行规定》依据的法律，主要是《行政监察法》、《安全生产法》，也包括其他有关法律法规。

三、《暂行规定》的适用范围

《暂行规定》的适用范围包括国家行政机关、企事业单位和中介组织中的所有人员。只是对国家行政机关及其公务员，企业、事业单位中由国家行政机关任命的人员必须严格按照本规定执行。而对于法律法规授权的具有管理公共事务职能的组织以及国家行政机关依法委托的组织及其工勤人员以外的工作人员，企业、事业单位中除由国家行政机关任命的人员外的其他人员，是参照本规定执行。

虽然“按照”与“参照”有一字之差，但是，从立法原义上讲，并无区别。这一点对于《暂行规定》的实际运用非常重要，切不能认为只适用国家行政机关及其公务员，企业、事业单位中由国家行政机关任命的人员，而不适用法律法规授权的具有管理公共事务职能的组织以及国家行政机关依法委托的组织及其工勤人员以外的工作人员，企业、事业单位中除由国家行政机关任命的人员外的其他人员。如若不然，执法主体缺失就会出现重大失误，让具有安全生产违法违纪行为，应当受到处分的人逍遥法外，削弱了《暂行规定》的威慑力和实际效力。

四、《暂行规定》的执法主体

《暂行规定》的执法主体，主要包括监察机关、任免机关和企业、事业单位。具体如下。

(1)有安全生产领域违法违纪行为的国家行政机关，对其直接负责的主管人员和其他直接责任人员，以及对有安全生产领域违法违纪行为的国家行政机关公务员(以下统称有关责任人员)，由监察机关或者任免机关按照管理权限，依法给予处分。

(2)有安全生产领域违法违纪行为的企业、事业单位，对其直接负责的主管人员和其他直接责任人员，以及对有安全生产领域违法违纪行为的企业、事业单位工作人员中由国家行政机关任命的人员（以下统称有关责任人员），由监察机关或者任免机关按照管理权限，依法给予处分。

（3）企业、事业单位中除由国家行政机关任命的人员外，其他人员有安全生产领域违法违纪行为，应当给予处分的，由企业、事业单位参照本规定执行。

五、《暂行规定》的执行主体

《暂行规定》的执行主体，既包括有安全生产领域违法违纪行为的国家行政机关、企业单位、事业单位的直接负责的主管人员，也包括有安全生产领域违法违纪行为的国家行政机关、企业单位、事业单位的直接责任人员和其他责任人员；既包括由国家行政机关任命的人员，也包括非由国家行政机关任命的其他相关人员。

六、《暂行规定》的行政处分种类

针对安全生产领域违法违纪行为的类别和表现，《暂行规定》依据有关法律法规，对相关人员的处分种类如下：

1. 对公务员的处分种类(6种)

（1）警告；

（2）记过；

（3）记大过；

（4）降级；

（5）撤职；

（6）开除。

2. 对国有企业工作人员的处分种类(7种)

(1)警告；

(2)记过；

(3)记大过；

(4)降级；

(5)撤职；

(6)留用察看；

(7)开除。

3. 对事业单位及中介组织工作人员的处分种类(8种)

(1)警告；

(2)记过；

(3)记大过；

(4)降级；

(5)降职；

(6)撤职；

(7)留用察看；

(8)开除。

七、国家行政机关及其公务员相关违法违纪行为及相应处分

《暂行规定》对国家行政机关及其公务员在安全生产领域的相关违法违纪行为，归纳为7类25种情形。具体情形及相应处分如下：

(一)不执行或者违背安全生产法律法规规章的行为

1. 两种情形

(1)不执行国家安全生产方针政策和安全生产法律、法规、规章

以及上级机关、主管部门有关安全生产的决定、命令、指示；

(2)制定或者采取与国家安全生产方针政策以及安全生产法律、法规、规章相抵触的规定或者措施，造成不良后果或者经上级机关、有关部门指出仍不改正。

2. 相应处分

国家行政机关及其公务员有上述行为之一的，对有关责任人员，给予警告、记过或者记大过处分；情节较重的，给予降级或者撤职处分；情节严重的，给予开除处分。

(二)违法违规实施行政许可的行为

1. 五种情形

(1)向不符合法定安全生产条件的生产经营单位或者经营者颁发有关证照；

(2)对不具备法定条件机构、人员的安全生产资质、资格予以批准认定；

(3)对经责令整改仍不具备安全生产条件的生产经营单位，不撤销原行政许可、审批或者不依法查处；

(4)违法委托单位或者个人行使有关安全生产的行政许可权或者审批权；

(5)有其他违反规定实施安全生产行政许可或者审批行为。

2. 相应处分

国家行政机关及其公务员有上述行为之一的，对有关责任人员，给予警告、记过或者记大过处分；情节较重的，给予降级或者撤职处分；情节严重的，给予开除处分。

(三)违法批准危险物资供应或者其他生产经营条件的行为

1. 两种情形

(1)批准向合法的生产经营单位或者经营者超量提供剧毒品、火工品等危险物资，造成后果；

(2)批准向非法或者不具备安全生产条件的生产经营单位或者经营者，提供剧毒品、火工品等危险物资或者其他生产经营条件。

2. 相应处分

国家行政机关及其公务员有上述行为之一的，对有关责任人员，给予警告、记过或者记大过处分；情节较重的，给予降级或者撤职处分；情节严重的，给予开除处分。

(四)干预插手安全生产经营活动以及安全生产行政许可、监督执法、中介活动等行为

1. 四种情形

(1)干预、插手安全生产装备、设备、设施采购或者招标投标等活动；

(2)干预、插手安全生产行政许可、审批或者安全生产监督执法；

(3)干预、插手安全生产中介活动；

(4)其他干预、插手生产经营活动危及安全生产行为。

2. 相应处分

国家行政机关公务员利用职权或者职务上的影响，违反规定为个人和亲友谋取私利，有上述行为之一的，给予警告、记过或者记大过处分；情节较重的，给予降级或者撤职处分；情节严重的，给予开除处分。

(五)对工程项目未按照“三同时”规定组织审查验收，对生产安全事故瞒报、谎报，或者不及时组织抢救等行为

1. 五种情形

(1)未按照有关规定对有关单位申报的新建、改建、扩建工程项目的安全设施，与主体工程同时设计、同时施工、同时投入生产和使

用中组织审查验收；

(2)发现存在重大安全隐患，未按规定采取措施，导致生产安全事故发生；

(3)对发生的生产安全事故瞒报、谎报、拖延不报，或者组织、参与瞒报、谎报、拖延不报；

(4)生产安全事故发生后，不及时组织抢救；

(5)对生产安全事故的防范、报告、应急救援有其他失职、渎职行为。

2. 相应处分

国家行政机关及其公务员有上述行为之一的，对有关责任人员，给予警告、记过或者记大过处分；情节较重的，给予降级或者撤职处分；情节严重的，给予开除处分。

(六)妨碍事故调查处理和不执行事故处理决定的行为

1. 三种情形

(1)阻挠、干涉生产安全事故调查工作；

(2)阻挠、干涉对事故责任人员进行责任追究；

(3)不执行对事故责任人员的处理决定，或者擅自改变上级机关批复的对事故责任人员的处理意见。

2. 相应处分

国家行政机关及其公务员有上述行为之一的，对有关责任人员，给予警告、记过或者记大过处分；情节较重的，给予降级或者撤职处分；情节严重的，给予开除处分。

(七)违规参与经济活动及徇私舞弊等行为

1. 四种情形

(1)本人及其配偶、子女及其配偶违反规定在煤矿等企业投资入股或者在安全生产领域经商办企业；

(2)违反规定从事安全生产中介活动或者其他营利活动；

(3)在事故调查处理时,滥用职权、玩忽职守、徇私舞弊;

(4)利用职务上的便利,索取他人财物,或者非法收受他人财物,在安全生产领域为他人谋取利益。

2. 相应处分

国家行政机关公务员有上述行为之一的,给予警告、记过或者记大过处分;情节较重的,给予降级或者撤职处分;情节严重的,给予开除处分。

对国家行政机关公务员本人违反规定投资入股煤矿的处分,法律、法规另有规定的,从其规定。

八、国有企业及其工作人员相关违法违纪行为及相应处分

国有企业及其工作人员在安全生产领域的相关违法违纪行为,可归纳为5类20种情形。具体情形及相应处分如下:

(一)生产经营和新建、改扩建等环节的违法违纪行为

1. 六种情形

(1)未取得安全生产行政许可及相关证照或者不具备安全生产条件从事生产经营活动;

(2)弄虚作假,骗取安全生产相关证照;

(3)出借、出租、转让或者冒用安全生产相关证照;

(4)未按照有关规定保证安全生产所必需的资金投入,导致产生重大安全隐患;

(5)新建、改建、扩建工程项目的安全设施,不与主体工程同时设计、同时施工、同时投入生产和使用,或者未按规定审批、验收,擅自组织施工和生产;

(6)被依法责令停产停业整顿、吊销证照、关闭的生产经营单位,

继续从事生产经营活动。

2. 相应处分

国有企业及其工作人员有上述行为之一的，对有关责任人员，给予警告、记过或者记大过处分；情节较重的，给予降级、撤职或者留用察看处分；情节严重的，给予开除处分。

(二)履职不到位导致生产安全事故发生的违法违纪行为

1. 七种情形

(1)对存在的重大安全隐患，未采取有效措施；

(2)违章指挥，强令工人违章冒险作业；

(3)未按规定进行安全生产教育和培训并经考核合格，允许从业人员上岗，致使违章作业；

(4)制造、销售、使用国家明令淘汰或者不符合国家标准的设施、设备、器材或者产品；

(5)超能力、超强度、超定员组织生产经营，拒不执行有关部门整改指令；

(6)拒绝执法人员进行现场检查或者在被检查时隐瞒事故隐患，不如实反映情况；

(7)其他不履行或者不正确履行安全生产管理职责的行为。

2. 相应处分

国有企业及其工作人员有上述行为之一的，导致生产安全事故发生的，对有关责任人员，给予警告、记过或者记大过处分；情节较重的，给予降级、撤职或者留用察看处分；情节严重的，给予开除处分。

(三)瞒报、谎报事故，擅离职守，逃匿以及妨碍事故调查的违法违纪行为

1. 三种情形

(1)对发生的生产安全事故瞒报、谎报或者拖延不报；

(2)组织或者参与破坏事故现场、出具伪证或者隐匿、转移、篡改、毁灭有关证据,阻挠事故调查处理;

(3)生产安全事故发生后,不及时组织抢救或者擅离职守。

2. 相应处分

国有企业及其工作人员有上述行为之一的,对有关责任人员,给予记过或者记大过处分;情节较重的,给予降级、撤职或者留用察看处分;情节严重的,给予开除处分。

生产安全事故发生后逃匿的,给予开除处分。

(四)不执行或者擅自改变事故处理决定的违法违纪行为

1. 两种情形

(1)不执行或者不正确执行对事故责任人员作出的处理决定;

(2)擅自改变上级机关批复的对事故责任人员的处理意见。

2. 相应处分

国有企业及其工作人员有上述行为之一的,对有关责任人员,给予警告、记过或者记大过处分;情节较重的,给予降级、撤职或者留用察看处分;情节严重的,给予开除处分。

(五)违反规定在煤矿等企业投资入股或者在安全生产领域经商办企业的行为

1. 两种情形

(1)国有企业负责人及其配偶、子女及其配偶违反规定在煤矿等企业投资入股;

(2)国有企业负责人及其配偶、子女及其配偶违反规定在安全生产领域经商办企业。

2. 相应处分

对由国家行政机关任命的人员,给予警告、记过或者记大过处分;情节较重的,给予降级、撤职或者留用察看处分;情节严重的,给予开除处分。

对非由国家行政机关任命的其他人员，由企业参照上述相应处分规定执行。

九、事业单位、中介组织及其工作人员的相关违法违纪行为及相应处分

1. 具体情形

承担安全评价、培训、认证、资质验证、设计、检测、检验等工作的机构及其工作人员，出具虚假报告等与事实不符的文件、材料，造成安全生产隐患。

2. 相应处分

对有关责任人员，给予警告、记过或者记大过处分；情节较重的，给予降级、降职或者撤职处分；情节严重的，给予留用察看或者开除处分。

十、其他违法违纪行为及相应处分

(1)法律、法规授权的具有管理公共事务职能的组织以及国家行政机关依法委托的组织及其工勤人员以外的工作人员有安全生产领域违法违纪行为，应当给予处分的，参照本规定执行。

(2)企业、事业单位中除由国家行政机关任命的人员外，其他人员有安全生产领域违法违纪行为，应当给予处分的，由企业、事业单位参照本规定执行。

(3)有安全生产领域违法违纪行为，需要给予组织处理的，依照有关规定办理。

(4)有安全生产领域违法违纪行为，涉嫌犯罪的，移送司法机关依法处理。

十一、对国家行政机关及其公务员的处分量纪特点

1. 突出打击行为犯

对国家机关及其公务员的违法违纪行为，既有只考察过程行为的行为犯，又有既考察过程行为也考察行为结果的结果犯。但总体而言，重在打击行为犯。对于结果犯，只有两种行为情形：一是发现存在重大安全隐患，未按规定采取措施，导致生产安全事故发生；二是批准向合法的生产经营单位或者经营者超量提供剧毒品、火工品等危险物资，造成后果。

2. 正常业务行为与非正常业务行为并重

安全生产违法违纪行为，既包括正常业务范围、工作时间范围的工作行为，即日常安全行政许可、隐患查处、应急救援等，也包括非正常业务、非正常工作时间内的业余行为。业余行为主要包括国家机关公务员本人及其配偶、子女及其配偶违反规定在煤矿等企业投资入股或者在安全生产领域经商办企业；违反规定从事安全生产中介活动或者其他营利活动等违法经济行为。

3. 量纪标准分类相同

对安全生产违法违纪行为的一般情形，给予警告、记过或者记大过处分；情节较重的，给予降级或者撤职处分；情节严重的，给予开除处分。

十二、对国有企业及其工作人员的处分量纪特点

1. 行为犯与结果犯并重

对国有企业及其工作人员相关违法违纪行为及相应处分，既重行为犯，也重结果犯。从具体规定的违法违纪行为情形的数量上看，行为犯的行为情形与结果犯的行为情形大致持平。此规定较好地体

现了事故预防的原则。但是，也应注意，从某种意义上讲，这种规定，打击的力度不够强。如对违章指挥、强令工人违章冒险作业，如果作为一种行为犯，即不论是否因此发生事故，都要进行处分，会更加有利于安全生产。而现今规定为一种必须导致生产事故发生才能惩处的行为，惩处力度明显偏弱。

2. 正常业务行为与非正常业务行为并重

安全生产违法违纪行为，既包括正常业务范围、工作时间范围的工作行为，如日常安全管理、隐患查处、应急救援等，也包括非正常业务范围、非正常工作时间内的业余行为。业余行为，主要包括国有企业负责人及其配偶、子女及其配偶违反规定在煤矿等企业投资入股；国有企业负责人及其配偶、子女及其配偶违反规定在安全生产领域经商办企业。

3. 处分量纪标准分类基本相同，个别有重大差异

处分量纪标准分类基本相同，即对安全生产违法违纪行为的一般情形，给予警告、记过或者记大过处分；情节较重的，给予降级、撤职或者留用察看处分；情节严重的，给予开除处分。

但是，也有个别情形，具有重大差异：如发生事故瞒报、谎报或者拖延不报；组织或者参与破坏事故现场、出具伪证或者隐匿、转移、篡改、毁灭有关证据，阻挠事故调查处理；生产安全事故发生后，不及时组织抢救或者擅离职守等违法违纪行为，没有警告处分，最低就是记过处分，而且特别强调，生产安全事故发生后逃匿的，给予最为严厉的开除处分。

如此规定，凸显了对事故上报、应急救援与事故查处的高度重视与严格要求，具有重要的现实意义，一是强化生命至上意识，充分体现关爱生命、以人为本的安全价值观，消除草菅人命、漠视生命等不良现象；二是保证有关部门以最快的速度了解事故的真相，及时、准确地进行事故的应急救援，把人员伤亡和财产损失降到最低程度。当前，许多重特大事故，就是因为在事故发生之后，不是及时、如实地上报，而是自行处理，想把大事化小、小事化了，能捂则捂，实在捂不住了，再行报告，但这往往已经错过了最为宝贵的抢救时间。甚至有些肇事者、企业主在事发后逃匿、擅离职守，事故根本得不到及时抢救处理，让众多本可逃生的人员无谓地丧生，不仅可气，而且可恨。

4. 处分对象身份不同，量纪标准一样

对由国家行政机关任命的人员，按照《暂行规定》处分，对非由国家行政机关任命的其他人员，由企业参照《暂行规定》执行。从立法本意上讲，处理对象身份不同，但处分量纪标准一样。

十三、对事业单位、中介组织及其工作人员的处分量纪特点

事业单位、中介组织，既有不同（有些事业单位是纯粹的事业单位，有些中介机构是纯粹的中介机构，不是事业单位），也有交叉（有些事业单位还成立有安全评价、咨询等中介组织，因此既是事业单位，又是中介组织）。对这种事业单位、中介组织，既有不同、又有交叉的现象，《暂行规定》对事业单位、中介组织及其工作人员的相关违法违纪行为作出了相同的处分量纪分类标准，即对安全生产违法违纪行为的一般情形，给予警告、记过或者记大过处分；情节较重的，给予降级、降职或者撤职处分；情节严重的，给予留用察看或者开除处分。

《暂行规定》是在当前安全生产形势严峻，安全生产违法违纪行为复杂多样，事故成因多样的大背景下出台的我国第一部关于安全生产领域政纪处分方面的部门规章。在应用的过程中，还会遇到许多新情况，新问题，只有深入理解、准确把握其总体的立法宗旨、具体条款的立法本意，才能很好地贯彻执行，唯有如此，才能真正起到严惩安全生产违法违纪行为，强化安全生产，保障人民群众生命财产和公共财产安全，构建和谐社会的积极作用。

第八章　重大责任事故判例

一、大连中石油国际储运有限公司"7·16"输油管道爆炸火灾等4起事故

2010年7月16日，位于辽宁省大连市保税区的大连中石油国际储运有限公司原油库输油管道发生爆炸，引发大火并造成大量原油泄漏，导致部分原油、管道和设备烧损，另有部分泄漏原油流入附近海域造成污染。事故造成1名作业人员轻伤、1名失踪；在灭火过程中，1名消防战士牺牲、1名受重伤。事故造成的直接财产损失为22330.19万元。其后，中国石油天然气集团公司在大连地区的企业又相继发生了3起火灾事故，即2010年发生的大连中石油国际储运有限公司"10·24"火灾事故，2011年发生的中石油大连石化分公司"7·16"火灾事故和"8·29"爆炸火灾事故。

国务院批复同意国务院事故调查组提出的对该4起事故的调查处理意见，认定这4起事故均为责任事故。其中，大连中石油国际储运有限公司"7·16"输油管道爆炸火灾事故（以下简称"7·16"事故）是一起特别重大责任事故。

（一）"7·16"事故简要情况

1. 事故概况

大连中石油国际储运有限公司在大连保税区的原油库建有20个原油储罐，总库容185万立方米。2010年5月26日，中油燃料油股份有限公司与中国联合石油有限责任公司（与中石油国际事业有

限公司合署办公)签订了事故涉及原油的代理采购确认单。在原油运抵大连港一周前,中油燃料油股份有限公司得知此批原油硫化氢含量高,需要进行脱硫化氢处理,于7月8日与天津辉盛达石化技术有限公司(以下简称天津辉盛达公司)签订协议,约定由天津辉盛达公司提供“脱硫化氢剂”,由上海祥诚商品检验技术服务有限公司(以下简称上海祥诚公司)负责加注作业。7月9日,中国联合石油有限责任公司原油部向大连中石油国际储运有限公司下达原油入库通知,注明硫化氢脱除作业由上海祥诚公司协调。7月11日至14日,大连中石油国际储运有限公司、上海祥诚公司大连分公司和中石油大连石化分公司石油储运公司的工作人员共同选定原油罐防火堤外2号输油管道上的放空阀作为“脱硫化氢剂”的临时加注点。

7月15日15时45分,外籍“宇宙宝石”号油轮开始向原油库卸油。20时许,上海祥诚公司人员开始加注“脱硫化氢剂”,天津辉盛达公司人员负责现场指导。16日13时,油轮停止卸油,开始扫舱作业。上海祥诚公司和天津辉盛达公司现场人员在得知油轮停止卸油的情况下,继续将剩余的约22.6吨“脱硫化氢剂”加入管道。18时02分,靠近加注点东侧管道低点处发生爆炸,导致罐区阀组损坏、大量原油泄漏并引发大火。

2. 事故的直接原因

中石油国际事业有限公司(中国联合石油有限责任公司)下属的大连中石油国际储运有限公司同意、中油燃料油股份有限公司委托上海祥诚公司使用天津辉盛达公司生产的含有强氧化剂过氧化氢的“脱硫化氢剂”,违规在原油库输油管道上进行加注“脱硫化氢剂”作业,并在油轮停止卸油的情况下继续加注,造成“脱硫化氢剂”在输油管道内局部富集,发生强氧化反应,导致输油管道发生爆炸,引发火灾和原油泄漏。

3. 事故的间接原因

上海祥诚公司违规承揽加剂业务;天津辉盛达公司违法生产“脱

硫化氢剂”,并隐瞒其危险特性;中国石油国际事业有限公司(中国联合石油有限责任公司)及其下属公司安全生产管理制度不健全,未认真执行承包商施工作业安全审核制度;中油燃料油股份有限公司未经安全审核就签订原油硫化氢脱除处理服务协议;中石油大连石化分公司及其下属石油储运公司未提出硫化氢脱除作业存在安全隐患的意见;中国石油天然气集团公司和中国石油天然气股份有限公司对下属企业的安全生产工作监督检查不到位;大连市安全监管局对大连中石油国际储运有限公司的安全生产工作监管检查不到位。

(二)其他3起事故简要情况

(1)2010年10月24日,大连中石油国际储运有限公司在拆除“7·16”事故损毁的103号储罐过程中又发生火灾事故,事故没有造成人员伤亡,财产损失已计入“7·16”事故损失。

事故的直接原因是:施工人员违反拆除方案要求,擅自切割储罐浮船底板,引燃浮船底板下残留的油污等可燃物,导致储罐内起火。

事故的间接原因是:施工单位中石油辽河石油勘探局油田建设工程一公司制定的拆除施工方案存在缺陷,且未按拆除方案要求进行作业,安全措施不落实;总承包单位中石油中油辽河工程有限公司安全管理不到位;管理和施工监理单位中石油寰球工程项目管理(北京)有限公司安全监理工作不到位;业主单位大连中石油国际储运有限公司对作业过程安全监管不力。

(2)2011年7月16日,中石油大连石化分公司1000万吨/年常减压蒸馏联合装置减压蒸馏塔塔底换热器泄漏引发火灾事故,造成直接经济损失187.8万元,未造成人员伤亡。

事故的直接原因是:换热器管箱法兰检修更换的垫片不符合设计要求,且垫片安装不正,经7月13日、14日两次紧固后,垫片局部被“压溃”,造成原油泄漏。泄漏的原油流淌到泄漏点下方的换热器高温表面被引燃。

事故的间接原因是：中石油大连石化分公司在设备管理、物资采购管理以及检修质量管理等方面存在漏洞；施工单位大庆石化建设公司对垫片保管、领取、安装管理不到位；大连七星监理公司监理人员没有认真履行监理职责；大连市甘井子区北方石化机械配件厂制造垫片的工艺存在问题，造成垫片存在固有缺陷。

(3)2011 年 8 月 29 日，中石油大连石化分公司储运车间柴油罐区一台 2 万立方米柴油储罐在进料过程中发生闪爆并引发火灾，造成直接经济损失 789.0473 万元，未造成人员伤亡。

事故的直接原因是：由于事故储罐送油造成液位过低，浮盘与柴油液面之间形成气相空间，造成空气进入。正值上游装置操作波动，进入事故储罐的柴油中轻组分含量增加，在浮盘下形成爆炸性气体。加之进油流速过快，产生大量静电无法及时导出产生放电，引发爆炸。

事故的间接原因是：中石油大连石化分公司未认真执行生产运行管理中“浮顶罐和内浮顶罐正常操作时，其最低液面不应低于浮顶、内浮顶(或内浮盘)的支撑高度”的规定；在储罐收油过程中，未重视油品流速过快造成静电过大的风险；未能有效辨识上游装置操作变化带来的安全风险；对储罐维护保养不到位。

(三)对 4 起事故有关责任单位和责任人依法依纪严肃处理

国务院批复同意事故调查组提出的对“7・16”事故有关责任单位和责任人的处理意见(具体处理情况见附件)。将 14 名责任人移送司法机关依法追究刑事责任，给予 29 名责任人相应的党纪、政纪处分。依据有关法律法规规定，对大连中石油国际储运有限公司、天津辉盛达公司、上海祥诚公司等相关责任单位分别处以规定上限的行政处罚；依法吊销天津辉盛达公司危险化学品生产企业安全生产许可证，该公司主要负责人张海军，除建议依法追究其刑事责任外，终身不得再担任危险化学品生产经营单位的主要负责人；上海祥诚公司不得从事除商检外涉及危险化学品作业的有关业务。责成中国石油天然气集团公司向国务院国资委作出深刻检查。

国务院事故调查组审核同意辽宁省人民政府事故调查组提出的对2010年发生的大连中石油国际储运有限公司“10·24”火灾事故和大连市人民政府事故调查组提出的对2011年发生的中石油大连石化分公司“7·16”火灾事故、“8·29”爆炸火灾事故有关责任单位及责任人的处理意见，给予35名责任人相应的党纪、政纪处分。同时，对中石油大连石化分公司、大庆石化建设公司、大连七星监理公司和大连市甘井子区北方石化机械配件厂分别处以相应的行政处罚。

具体处理情况如下。

1. 对大连中石油国际储运有限公司“7·16”输油管道爆炸火灾事故有关责任人员的处理情况

(1)已被移送司法机关追究刑事责任人员

①孙利，上海祥诚公司大连分公司员工。2010年8月2日，因涉嫌重大责任事故罪被刑事拘留。同年9月8日，变更强制措施予以取保候审。

②王勇，上海祥诚公司大连分公司员工。2010年8月2日，因涉嫌重大责任事故罪被刑事拘留。同年9月8日，变更强制措施予以取保候审。

③李伟，上海祥诚公司大连分公司经理。2010年8月2日，因涉嫌重大责任事故罪被刑事拘留。同年9月8日，被依法逮捕。

④张立辉，上海祥诚公司石化部经理助理。2010年8月2日，因涉嫌重大责任事故罪被刑事拘留。同年9月8日，被依法逮捕。

⑤戴小兵，上海祥诚公司石化部经理。2010年8月2日，因涉嫌重大责任事故罪被刑事拘留。同年9月8日，被依法逮捕。

⑥迟红军，天津辉盛达公司技术员。2010年8月2日，因涉嫌重大责任事故罪被刑事拘留。同年9月8日，被依法逮捕。

⑦田仲明，天津辉盛达公司生产助理。2010年8月2日，因涉嫌重大责任事故罪被刑事拘留。同年9月8日，被依法逮捕。

⑧张德胜，天津辉盛达公司总经理。2010年8月2日，因涉嫌重大责任事故罪被取保候审。同年9月9日，变更强制措施，予以刑事拘留。同年9月16日，被依法逮捕。

⑨张海军，天津辉盛达公司董事长、法定代表人。2010年8月2日因涉嫌重大责任事故罪被取保候审。同年9月9日，变更强制措施，予以刑事拘留。同年9月16日，被依法逮捕。同年10月9日，变更强制措施，予以取保候审。

⑩张永常，中石油大连石化分公司石油储运公司生产安全员。2010年8月4日，因涉嫌重大责任事故罪被取保候审。

⑪甄炜，中石油大连石化分公司石油储运公司生产调度员。2010年8月4日，因涉嫌重大责任事故罪被取保候审。

⑫刘昌东，大连中石油国际储运有限公司运行管理部经理。2010年8月4日，因涉嫌重大责任事故罪被取保候审。

⑬唐军，中燃油公司市场处副处长。2010年8月27日，因涉嫌重大责任事故罪被取保候审。

⑭沈璠，中燃油公司市场处处长。2010年8月27日，因涉嫌重大责任事故罪被取保候审。

(2)给予党纪、政纪处分人员

①陈石，大连中石油国际事业有限公司党委委员，大连中石油国际储运有限公司总经理、党支部书记，给予行政撤职、撤销党内职务处分。

②刘玲，大连中石油国际事业有限公司企业发展部副经理(主持工作)、党支部委员，给予行政撤职、撤销党内职务处分。

③胡殿明，大连中石油国际事业有限公司总会计师兼安全总监、党委委员，给予行政撤职、撤销党内职务处分。

④孙宏伟，大连中石油国际事业有限公司总经理、党委副书记，

给予行政撤职、撤销党内职务处分。

⑤张景福，大连中石油国际事业有限公司董事长、党委书记兼大连中石油国际储运有限公司董事长，依法免去大连中石油国际事业有限公司和大连中石油国际储运有限公司的董事长职务，给予撤销党内职务处分。

⑥戚韫，中共党员，中国石油国际事业有限公司（中国联合石油有限公司）原油部执行岗业务经理，给予行政撤职、党内严重警告处分。

⑦李闯，中共党员，中国石油国际事业有限公司（中国联合石油有限公司）原油部副总经理，给予行政降级、党内严重警告处分。

⑧耿健，中国石油国际事业有限公司（中国联合石油有限公司）原油部副总经理、党支部委员，给予行政撤职、撤销党内职务处分。

⑨郑骏，中国石油国际事业有限公司（中国联合石油有限公司）原油部总经理、党支部委员，给予行政降级、党内严重警告处分。

⑩朱世明，中国石油国际事业有限公司（中国联合石油有限公司）项目与安全质量管理部副总经理兼公司健康安全环保（HSE）委员会办公室主任，给予行政降级处分。

⑪孙厚刚，中国石油国际事业有限公司（中国联合石油有限公司）副总工程师兼项目与安全质量管理部总经理、党支部委员，给予行政降级、党内严重警告处分。

⑫赵勇，中国石油国际事业有限公司（中国联合石油有限公司）副总经理、党委委员，给予行政降级、党内严重警告处分。

⑬吕建池，中国石油国际事业有限公司（中国联合石油有限公司）副总经理、安全总监、党委委员，给予行政降级、党内严重警告处分。

⑭王立华，中国石油天然气集团公司副总经济师、中国石油国际事业有限责任公司（中国联合石油有限公司）总经理、党委副书记，给予行政降级、党内严重警告处分。

⑮杨玉玲，中共党员，中油燃料油股份有限公司安全环保处副处长（主持工作），给予行政降级、党内严重警告处分。

⑯苏震，中油燃料油股份有限公司副总经理、安全总监、党委委员，给予行政降级、党内严重警告处分。

⑰李久杰，中油燃料油股份有限公司副总经理、党委书记、纪委书记、工会主席，给予行政降级、党内严重警告处分。

⑱郑明禹，中油燃料油股份有限公司总经理、党委副书记，给予行政记过处分。

⑲孙国鹏，中共党员，中石油大连石化分公司石油储运公司生产技术部部长，给予行政撤职、党内严重警告处分。

⑳马用祥，中共党员，中石油大连石化分公司石油储运公司安全环保部部长，给予行政撤职、党内严重警告处分。

㉑聂成均，中共党员，中石油大连石化分公司石油储运公司副经理兼安全总监，给予行政降级、党内严重警告处分。

㉒迟晓斌，中石油大连石化分公司石油储运公司经理、党总支书记，给予行政降级、党内严重警告处分。

㉓宋伟，中石油大连石化分公司安全环保处处长、党支部书记，给予行政记过处分。

㉔贺荣芳，中共党员，中国石油天然气集团公司安全副总监、安全环保与节能部总经理，中国石油天然气股份公司安全总监、安全环保与节能部总经理，给予行政记大过处分。

㉕刘宏斌，中国石油天然气股份公司副总裁、销售分公司总经理、党委副书记，给予行政记大过处分。

㉖廖永远，中国石油天然气集团公司党组成员、副总经理、安全总监，中国石油天然气股份公司副总裁，给予记过处分。

㉗李新华，中国石油天然气集团公司党组成员、副总经理，中国联合石油有限公司原董事长，给予记过处分。

㉘蒋洁敏，中国石油天然气集团公司董事长、党组书记，给予警

告处分。

㉙江毅，中共党员，大连市安全生产监督管理局监督管理四处处长，给予记大过处分。

2. 对大连中石油国际储运有限公司“10·24”火灾事故有关责任人员的处理情况

①李兴荣，中石油辽河石油勘探局油田建设工程一公司施工现场2机组气焊工，解除劳动合同。

②张波，中共党员，中石油辽河石油勘探局油田建设一公司金属储罐公司一队副队长、大连保税油库一期恢复工程项目部作业二班班长，给予行政记过处分。

③张玉明，中石油辽河石油勘探局油田建设工程一公司大连分公司副经理兼党支部书记、大连保税油库一期恢复工程项目部生产经理，给予行政记大过处分。

④刘岩，中石油辽河石油勘探局油田建设工程一公司大连分公司经理兼党支部副书记、大连保税油库一期恢复工程项目经理，给予行政记过处分。

⑤孙树山，中共党员，中石油辽河石油勘探局油田建设工程一公司总工程师兼安全总监，给予行政记过处分。

⑥程显东，中共党员，中石油辽河石油勘探局油田建设工程一公司经理兼党委副书记，给予行政记过处分。

⑦李冰，中石油中油辽河工程有限公司热力工程所副主任、党支部书记，大连保税油库一期恢复工程项目施工部经理，给予行政记过处分。

⑧王永新，中共党员，中石油中油辽河工程有限公司安全环保部主任、大连保税油库一期恢复工程项目执行经理兼安全总监，给予行政记过处分。

⑨李明辉，中共党员，中石油中油辽河工程有限公司常务副总经理、党委委员兼大连中石油国际储运有限公司恢复重建项目副经理，

给予行政记过处分。

⑩王铸，中石油寰球工程项目管理（北京）有限公司施工监理部总监，给予行政记大过处分。

⑪郭忠民，中共党员，中石油寰球工程项目管理（北京）有限公司PMC安全总监，给予行政记过处分。

⑫王金泉，中共党员，中石油寰球工程项目管理（北京）有限公司PMC项目经理，给予行政记过处分。

⑬刘亚平，中共党员，中石油寰球工程项目管理（北京）有限公司总经理，给予行政记过处分。

⑭张景福，大连中石油国际事业有限公司董事长、党委书记兼大连中石油国际储运有限公司董事长，鉴于该同志在中石油国际储运有限公司“7·16”事故调查中还被认定负有主要领导责任，与其一并处理。

3. 对中石油大连石化分公司“7·16”火灾事故有关责任人员的处理情况

①徐春吉，中石油大连石化分公司物资供应管理部副部长，给予行政撤职处分。

②宋仕运，中石油大连石化分公司物资采购部部长，给予行政记过处分。

③高士栋，中石油大连石化分公司生产新区设备主任，给予行政记过处分。

④李鸿刚，中石油大连石化分公司新区主任，给予行政警告处分。

⑤张野，中石油大连石化分公司机动设备处副处长，给予行政记过处分。

⑥杨毅，中石油大连石化分公司机动设备处处长，给予行政警告处分。

⑦刘栋，中石油大连石化分公司副总经理，予以通报批评。

⑧郭强，中石油大连石化分公司副总经理，予以通报批评。

⑨王洪涛，大庆石化建设公司执行经理，给予行政记大过处分。

⑩徐伟，大庆石化建设公司施工员，予以行政撤职处分。

⑪杨家乐，大连七星监理公司监理人员，给予行政警告处分。

4. 对中石油大连石化分公司“8·29”爆炸火灾事故有关责任人员的处理情况

①关海若，中石油大连石化分公司储运车间主任，给予行政记大过处分。

②文继明，储运车间设备副主任，给予行政记大过处分。

③刘勇，储运车间生产副主任，给予行政撤职处分。

④周才江，储运车间技术负责人，给予行政记大过处分。

⑤谢广斌，储运车间设备员，给予行政警告处分。

⑥王剑，中石油大连石化分公司第五联合车间副主任，给予行政记过处分。

⑦杨殿臣，第五联合车间工艺员，给予行政警告处分。

⑧张家栋，中石油大连石化分公司生产运行处副处长，给予行政记过处分。

⑨张野，中石油大连石化分公司机动设备处副处长，给予行政警告处分。

⑩焦玉瑞，中共党员，中石油大连石化分公司副总经理，给予行政记过处分。

⑪蒋凡，中石油大连石化分公司原总经理、党委副书记，给予行政警告处分，并处上一年收入30%的罚款。

（四）加强危险化学品安全管理工作的要求

“7·16”事故经济损失和社会影响重大，周边海域受到污染，教训极为深刻。其后，中国石油天然气集团公司在大连所属企业又相继发生了3起事故，充分暴露出中国石油天然气集团公司在大连所属部分企业的危险化学品管理存在严重问题。为深刻吸取该4起事故教训，全面加强危险化学品管理，有效防范和坚决遏制重特大事故的发生，努力促进全国危险化学品安全生产形势持续稳定好转，现提出以下要求：

(1)立即组织开展对已投用石油库的安全检查。地方各级人民政府和有关企业要立即组织对建成投用的所有石油库进行全面安全检查，检查油库在规划布局、油库设计、本质安全、管理体制和管理责任落实、规章制度建立、人员素质、安全生产、应急管理等方面存在的问题和隐患，限期彻底整改。各地区要对石油库开展风险评估，全面查找、消除安全隐患，对规模大、品种多、风险高、处于敏感区域的石油库，要督促企业采取有效措施提高安全设防等级。

(2)组织对石油库拟建和在建项目进行全面清理整顿。地方各级人民政府要组织相关部门，对本辖区内拟建和已批准在建的石油库建设项目进行全面清理整顿。清理整顿工作要重点检查在建石油库是否依法依规履行了相关项目核准和相关审查手续，选址、布局是否满足安全需要，是否全面吸取了“7·16”事故教训，进一步完善设计，对发现的问题和隐患要采取有针对性的防范措施，确保新建、在建石油库满足安全要求。要组织对石油库拟建项目再次进行安全论证，不能确保安全的，严禁建设。

(3)地方各级人民政府要认真贯彻落实新修订的《危险化学品安全管理条例》(国务院令第591号)的有关规定，科学规划专门用于危险化学品生产、储存的区域，合理布局专门区域内的危险化学品生产、储存装置，统筹解决区域安全及相关应急处置等问题，提高区域抗御危险化学品事故灾害的能力；对新建危险化学品生产、储存专门区域，要编制安全等专项规划。

(4)危险化学品单位要深刻吸取事故教训，切实加强安全生产工作。要坚决贯彻执行国家有关安全生产的法律法规，坚持“安全第一、预防为主、综合治理”的方针，全面落实《国务院关于进一步加强企业安全生产工作的通知》要求，切实履行企业安全生产主体责任；

完善安全生产管理体制机制和安全生产责任制等各项管理制度;强化工艺、设备、物资采购及检维修等专业管理,严格执行各类安全操作规程和规定,持续深入排查各类安全生产事故隐患;切实加强对供应商、承包商的管理;建立和完善变更管理有关制度,切实加强变更管理,严格防范由各类变更带来的事故风险,做到不安全不生产。

(5)地方各级安全监管部门要切实履行安全监管职责,充分发挥危险化学品安全监管部门联席会议机制的作用,联合相关部门,全面加强危险化学品安全监管。地方各级人民政府和有关部门要按照新修订的《危险化学品安全管理条例》,切实履行各自的危险化学品安全管理职责,积极采取有效措施切实加强危险化学品安全管理。要建立和完善危险化学品安全监管部门联席会议制度,加强部门间协调沟通,齐抓共管,形成联合执法的合力。对连续发生事故的地区和企业,要采取更加严厉的监管措施。要从加强规划选址、项目设计、日常监管和应急管理等方面全面加强危险化学品安全工作,建立更加高效的风险管理和应急救援体系,防范危险化学品事故,确保人民群众生命财产安全。

二、山东省青岛市“11·22”中石化东黄输油管道泄漏爆炸特别重大事故

2013年11月22日10时25分,位于山东省青岛经济技术开发区的中国石油化工股份有限公司管道储运分公司东黄输油管道泄漏原油进入市政排水暗渠,在形成密闭空间的暗渠内油气积聚遇火花发生爆炸,造成62人死亡、136人受伤,直接经济损失75172万元。

(一)基本情况

1. 事故单位情况

(1)中国石油化工集团公司(以下简称中石化集团公司),是经国

务院批准于 1998 年 7 月在原中国石油化工总公司基础上重组成立的特大型石油石化企业集团，是国家独资设立的国有公司，注册资本 2316 亿元。

(2)中国石油化工股份有限公司(以下简称中石化股份公司)，是中石化集团公司以独家发起方式于 2000 年 2 月设立的股份制企业，主要从事油气勘探与生产、油品炼制与销售、化工生产与销售等业务。

(3)中石化股份公司管道储运分公司(以下简称中石化管道分公司)，是中石化股份公司下属的从事原油储运的专业化公司，位于江苏省徐州市，下设 13 个输油生产单位，管辖途经 14 个省(区、市)的 37 条、6505 公里输油管道和 101 个输油站(库)。

(4)中石化管道分公司潍坊输油处(以下简称潍坊输油处)，是中石化管道分公司下属的输油生产单位，位于山东省潍坊市，负责管理东黄输油管道等 5 条、872 公里管道。

(5)中石化管道分公司黄岛油库(以下简称黄岛油库)，是中石化管道分公司下属的输油生产单位，位于山东省青岛经济技术开发区，负责港口原油接收及转输业务。黄岛油库油罐总容量 210 万立方米(其中，5 万立方米油罐 34 座，10 万立方米油罐 4 座)。

(6)潍坊输油处青岛输油站(以下简称青岛站)，是潍坊输油处下属的管道运行维护单位，位于山东省青岛市胶州市，负责管理东黄输油管道胶州、高密界至黄岛油库的 94 公里管道。

2. 东黄输油管道相关情况

东黄输油管道于 1985 年建设，1986 年 7 月投入运行，起自山东省东营市东营首站，止于开发区黄岛油库。设计输油能力 2000 万吨/年，设计压力 6.27 兆帕。管道全长 248.5 公里，管径 711 毫米，材料为 API5LX-60 直缝焊接钢管。管道外壁采用石油沥青布防腐，外加电流阴极保护。1998 年 10 月改由黄岛油库至东营首站反向输送，输油能力 1000 万吨/年。

事故发生段管道沿开发区秦皇岛路东西走向，采用地埋方式敷设。北侧为青岛丽东化工有限公司厂区，南侧有青岛益和电器集团公司、青岛信泰物流有限公司等企业。

事故发生时，东黄输油管道输送埃斯坡、罕戈 1∶1 混合原油，密度 0.86 吨/立方米，饱和蒸汽压 13.1 千帕，蒸汽爆炸极限 1.76%～8.55%，闭杯闪点-16℃。油品属轻质原油。原油出站温度 27.8℃，满负荷运行出站压力 4.67 兆帕。

3. 排水暗渠相关情况

事故主要涉及刘公岛路（秦皇岛路以南并与秦皇岛路平行）至入海口的排水暗渠，全长约 1945 米，南北走向，通过桥涵穿过秦皇岛路。秦皇岛路以南排水暗渠（上游）沿斋堂岛街西侧修建，最南端位于斋堂岛街与刘公岛路交会的十字路口西北侧，长度约为 557 米；秦皇岛路以北排水暗渠（下游）穿过青岛丽东化工有限公司厂区，并向北延伸至入海口，长度约为 1388 米。斋堂岛街东侧建有青岛益和电器设备有限公司、开发区第二中学等单位；斋堂岛街西侧建有青岛信泰物流有限公司、华欧北海花园、华欧水湾花园等企业及居民小区。

排水暗渠分段、分期建设。1995 年、1997 年先后建成秦皇岛路桥涵南、北半幅（南半幅长 30 米、宽 18 米、高 3.29 米，北半幅长 25 米、宽 18 米、高 2.87 米）。秦皇岛路桥涵以南沿斋堂岛街的排水明渠于 1996 年建设完成；1998 年、2002 年、2008 年经过 3 次加设盖板改造，成为排水暗渠（暗渠宽 8 米、高 2.5 米）。秦皇岛路桥涵以北的排水暗渠于 2004 年、2009 年分两期建设完成（暗渠宽 13 米、高 2.0—2.5 米不等）。排水暗渠底板为钢筋混凝土，墙体为浆砌石，顶部为预制钢筋混凝土盖板。

4. 东黄输油管道与排水暗渠交叉情况

输油管道在秦皇岛路桥涵南半幅顶板下架空穿过，与排水暗渠交叉。桥涵内设 3 座支墩，管道通过支墩洞孔穿越暗渠，顶部距桥涵顶板 110 厘米，底部距渠底 148 厘米，管道穿过桥涵两侧壁部位采用细石混凝土进行封堵。管道泄漏点位于秦皇岛路桥涵东侧墙体外15厘米，处于管道正下部位置。

(二)事故发生经过及应急处置情况

1. 原油泄漏处置情况

(1)企业处置情况

11月22日2时12分，潍坊输油处调度中心通过数据采集与监视控制系统发现东黄输油管道黄岛油库出站压力从4.56兆帕降至4.52兆帕，两次电话确认黄岛油库无操作因素后，判断管道泄漏；2时25分，东黄输油管道紧急停泵停输。

2时35分，潍坊输油处调度中心通知青岛站关闭洋河阀室截断阀(洋河阀室距黄岛油库24.5公里，为下游距泄漏点最近的阀室)；3时20分左右，截断阀关闭。

2时50分，潍坊输油处调度中心向处运销科报告东黄输油管道发生泄漏；2时57分，通知处抢维修中心安排人员赴现场抢修。

3时40分左右，青岛站人员到达泄漏事故现场，确认管道泄漏位置距黄岛油库出站口约1.5公里，位于秦皇岛路与斋堂岛街交叉口处。组织人员清理路面泄漏原油，并请求潍坊输油处调用抢险救灾物资。

4时左右，青岛站组织开挖泄漏点、抢修管道，安排人员拉运物资清理海上溢油。

4时47分，运销科向潍坊输油处处长报告泄漏事故现场情况。

5时07分，运销科向中石化管道分公司调度中心报告原油泄漏事故总体情况。

5时30分左右，潍坊输油处处长安排副处长赴现场指挥原油泄漏处置和入海原油围控。

6时左右，潍坊输油处、黄岛油库等现场人员开展海上溢油清理。

7 时左右，潍坊输油处组织泄漏现场抢修，使用挖掘机实施开挖作业；7 时 40 分，在管道泄漏处路面挖出 2 米×2 米×1.5 米作业坑，管道露出；8 时 20 分左右，找到管道泄漏点，并向中石化管道分公司报告。

9 时 15 分，中石化管道分公司通知现场人员按照预案成立现场指挥部，做好抢修工作；9 时 30 分左右，潍坊输油处副处长报告中石化管道分公司，潍坊输油处无法独立完成管道抢修工作，请求中石化管道分公司抢维修中心支援。

10 时 25 分，现场作业时发生爆炸，排水暗渠和海上泄漏原油燃烧，现场人员向中石化管道分公司报告事故现场发生爆炸燃烧。

(2)政府及相关部门处置情况

11 月 22 日 2 时 31 分，开发区公安分局 110 指挥中心接警，称青岛丽东化工有限公司南门附近有泄漏原油，黄岛派出所出警。

3 时 10 分，110 指挥中心向开发区总值班室报告现场情况。至 4 时 17 分，开发区应急办、市政局、安全监管局、环保分局、黄岛街道办事处等单位人员分别收到事故报告。4 时 51 分、7 时 46 分、7 时 48 分，开发区管委会副主任、主任、党工委书记分别收到事故报告。

4 时 10 分至 5 时左右，开发区应急办、安全监管局、环保分局、市政局及开发区安全监管局石化区分局、黄岛街道办事处有关人员先后到达原油泄漏事故现场，开展海上溢油清理。

7 时 49 分，开发区应急办副主任将泄漏事故现场及处置情况报告青岛市政府总值班室。

8 时 18 分至 27 分，青岛市政府总值班室电话调度青岛市环保局、青岛海事局、青岛市安全监管局，要求进一步核实信息。

8 时 34 分至 40 分，青岛市政府总值班室将泄漏事故基本情况通过短信报告市政府秘书长、副秘书长、应急办副主任。

8 时 53 分，青岛市政府副秘书长将泄漏事故基本情况短信转发市经济和信息化委员会副主任，并电话通知其立即赶赴事故现场。

9 时 01 分至 06 分，青岛市政府副秘书长、市政府总值班室将泄漏事故基本情况分别通过短信报告市长及 4 位副市长。

9 时 55 分，青岛市经济和信息化委员会副主任等到达泄漏事故现场；10 时 21 分，向市政府副秘书长报告海面污染情况；10 时 27 分，向市政府副秘书长报告事故现场发生爆炸燃烧。

2. 爆炸情况

为处理泄漏的管道，现场决定打开暗渠盖板。现场动用挖掘机，采用液压破碎锤进行打孔破碎作业，作业期间发生爆炸。爆炸时间为 2013 年 11 月 22 日 10 时 25 分。

爆炸造成秦皇岛路桥涵以北至入海口、以南沿斋堂岛街至刘公岛路排水暗渠的预制混凝土盖板大部分被炸开，与刘公岛路排水暗渠西南端相连接的长兴岛街、唐岛路、舟山岛街排水暗渠的现浇混凝土盖板拱起、开裂和局部炸开，全长波及 5000 余米。爆炸产生的冲击波及飞溅物造成现场抢修人员、过往行人、周边单位和社区人员，以及青岛丽东化工有限公司厂区内排水暗渠上方临时工棚及附近作业人员，共 62 人死亡、136 人受伤。爆炸还造成周边多处建筑物不同程度损坏，多台车辆及设备损毁，供水、供电、供暖、供气多条管线受损。泄漏原油通过排水暗渠进入附近海域，造成胶州湾局部污染。

3. 爆炸后应急处置及善后情况

爆炸发生后，山东省委书记姜异康、省长郭树清迅速率领有关部门负责同志赶赴事故现场，指导事故现场处置工作。青岛市委、市政府主要领导同志立即赶赴现场，成立应急指挥部，组织抢险救援。中石化集团公司董事长傅成玉立即率工作组赶赴现场，中石化管道分公司调集专业力量、中石化集团公司调集山东省境内石化企业抢险救援力量赶赴现场。王勇国务委员在事故现场听取山东省、青岛市主要领导同志的工作汇报后，指示成立了以省政府主要领导同志为总指挥的现场指挥部，下设 8 个工作组，开展人员搜救、抢险救援、医疗救治及善后处理等工作。当地驻军也投入力量积极参与抢险救援。

现场指挥部组织2000余名武警及消防官兵、专业救援人员，调集100余台（套）大型设备和生命探测仪及搜救犬，紧急开展人员搜救等工作。截至12月2日，62名遇难人员身份全部确认并向社会公布。遇难者善后工作基本结束。136名受伤人员得到妥善救治。

青岛市对事故区域受灾居民进行妥善安置，调集有关力量，全力修复市政公共设施，恢复供水、供电、供暖、供气，清理陆上和海上油污。当地社会秩序稳定。

（三）事故原因和性质

1. 直接原因

输油管道与排水暗渠交汇处管道腐蚀减薄、管道破裂、原油泄漏，流入排水暗渠并反冲到路面。原油泄漏后，现场处置人员采用液压破碎锤在暗渠盖板上打孔破碎，产生撞击火花，引发暗渠内油气爆炸。

原因分析：由于与排水暗渠交叉段的输油管道所处区域土壤盐碱和地下水氯化物含量高，同时排水暗渠内随着潮汐变化海水倒灌，输油管道长期处于干湿交替的海水及盐雾腐蚀环境，加之管道受到道路承重和振动等因素影响，导致管道加速腐蚀减薄、破裂，造成原油泄漏。泄漏点位于秦皇岛路桥涵东侧墙体外15厘米，处于管道正下部位置。经计算、认定，原油泄漏量约2000吨。

泄漏原油部分反冲出路面，大部分从穿越处直接进入排水暗渠。泄漏原油挥发的油气与排水暗渠空间内的空气形成易燃易爆的混合气体，并在相对密闭的排水暗渠内积聚。由于原油泄漏到发生爆炸达8个多小时，受海水倒灌影响，泄漏原油及其混合气体在排水暗渠内蔓延、扩散、积聚，最终造成大范围连续爆炸。

2. 间接原因

（1）中石化集团公司及下属企业安全生产主体责任不落实，隐患排查治理不彻底，现场应急处置措施不当。

①中石化集团公司和中石化股份公司安全生产责任落实不到位。安全生产责任体系不健全，相关部门的管道保护和安全生产职责划分不清、责任不明；对下属企业隐患排查治理和应急预案执行工作督促指导不力，对管道安全运行跟踪分析不到位；安全生产大检查存在死角、盲区，特别是在全国集中开展的安全生产大检查中，隐患排查工作不深入、不细致，未发现事故段管道安全隐患，也未对事故段管道采取任何保护措施。

②中石化管道分公司对潍坊输油处、青岛站安全生产工作疏于管理。组织东黄输油管道隐患排查治理不到位，未对事故段管道防腐层大修等问题及时跟进，也未采取其他措施及时消除安全隐患；对一线员工安全和应急教育不够，培训针对性不强；对应急救援处置工作重视不够，未督促指导潍坊输油处、青岛站按照预案要求开展应急处置工作。

③潍坊输油处对管道隐患排查整治不彻底，未能及时消除重大安全隐患。2009 年、2011 年、2013 年先后 3 次对东黄输油管道外防腐层及局部管体进行检测，均未能发现事故段管道严重腐蚀等重大隐患，导致隐患得不到及时、彻底整改；从 2011 年起安排实施东黄输油管道外防腐层大修，截至 2013 年 10 月仍未对包括事故泄漏点所在的 15 千米管道进行大修；对管道泄漏突发事件的应急预案缺乏演练，应急救援人员对自己的职责和应对措施不熟悉。

④青岛站对管道疏于管理，管道保护工作不力。制定的管道抢维修制度、安全操作规程针对性、操作性不强，部分员工缺乏安全操作技能培训；管道巡护制度不健全，巡线人员专业知识不够；没有对开发区在事故段管道先后进行排水明渠和桥涵、明渠加盖板、道路拓宽和翻修等建设工程提出管道保护的要求，没有根据管道所处环境变化提出保护措施。

⑤事故应急救援不力，现场处置措施不当。青岛站、潍坊输油

处、中石化管道分公司对泄漏原油数量未按应急预案要求进行研判，对事故风险评估出现严重错误，没有及时下达启动应急预案的指令；未按要求及时全面报告泄漏量、泄漏油品等信息，存在漏报问题；现场处置人员没有对泄漏区域实施有效警戒和围挡；抢修现场未进行可燃气体检测，盲目动用非防爆设备进行作业，严重违规违章。

(2)青岛市人民政府及开发区管委会贯彻落实国家安全生产法律法规不力。

①督促指导青岛市、开发区两级管道保护工作主管部门和安全监管部门履行管道保护职责和安全生产监管职责不到位，对长期存在的重大安全隐患排查整改不力。

②组织开展安全生产大检查不彻底，没有把输油管道作为监督检查的重点，没有按照“全覆盖、零容忍、严执法、重实效”的要求，对事故涉及企业深入检查。

③黄岛街道办事处对青岛丽东化工有限公司长期在厂区内排水暗渠上违章搭建临时工棚问题失察，导致事故伤亡扩大。

(3)管道保护工作主管部门履行职责不力，安全隐患排查治理不深入。

①山东省油区工作办公室已经认识到东黄输油管道存在安全隐患，但督促企业治理不力，督促落实应急预案不到位；组织安全生产大检查不到位，督促青岛市油区工作办公室开展监督检查工作不力。

②青岛市经济和信息化委员会、油区工作办公室对管道保护的监督检查不彻底、有盲区，2013 年开展了 6 次管道保护的专项整治检查，但都没有发现秦皇岛路道路施工对管道安全的影响；对管道改建计划跟踪督促不力，督促企业落实应急预案不到位。

③开发区安全监管局作为管道保护工作的牵头部门，组织有关部门开展管道保护工作不力，督促企业整治东黄输油管道安全隐患不力；安全生产大检查走过场，未发现秦皇岛路道路施工对管道安全的影响。

(4)开发区规划、市政部门履行职责不到位，事故发生地段规划建设混乱。

①开发区控制性规划不合理，规划审批工作把关不严。开发区规划分局对青岛信泰物流有限公司项目规划方案审批把关不严，未对市政排水设施纳入该项目规划建设及明渠改为暗渠等问题进行认真核实，导致市政排水设施继续划入厂区规划，明渠改暗渠工程未能作为单独市政工程进行报批。事故发生区域危险化学品企业、油气管道与居民区、学校等近距离或交叉布置，造成严重安全隐患。

②管道与排水暗渠交叉工程设计不合理。管道在排水暗渠内悬空架设，存在原油泄漏进入排水暗渠的风险，且不利于日常维护和抢维修；管道处于海水倒灌能够到达的区域，腐蚀加剧。

③开发区行政执法局(市政公用局)对青岛信泰物流有限公司厂区明渠改暗渠审批把关不严，以“绿化方案审批”形式违规同意设置盖板，将明渠改为暗渠；实施的秦皇岛路综合整治工程，未与管道企业沟通协商，未按要求计算对管道安全的影响，未对管道采取保护措施，加剧管体腐蚀、损坏；未发现青岛丽东化工有限公司长期在厂区内排水暗渠上违章搭建临时工棚的问题。

(5)青岛市及开发区管委会相关部门对事故风险研判失误，导致应急响应不力。

①青岛市经济和信息化委员会、油区工作办公室对原油泄漏事故发展趋势研判不足，指挥协调现场应急救援不力。

②开发区管委会未能充分认识原油泄漏的严重程度，根据企业报告情况将事故级别定为一般突发事件，导致现场指挥协调和应急救援不力，对原油泄漏的发展趋势研判不足；未及时提升应急预案响应级别，未及时采取警戒和封路措施，未及时通知和疏散群众，也未能发现和制止企业现场应急处置人员违规违章操作等问题。

③开发区应急办未严格执行生产安全事故报告制度，压制、拖延事故信息报告，谎报开发区分管领导参与事故现场救援指挥等

信息。

④开发区安全监管局未及时将青岛丽东化工有限公司报告的厂区内明渠发现原油等情况向政府和有关部门通报，也未采取有效措施。

3. 事故性质

经调查认定，山东省青岛市"11·22"中石化东黄输油管道泄漏爆炸特别重大事故是一起生产安全责任事故。

（四）对事故有关责任人员及责任单位的处理建议

1. 司法机关已采取措施的有关人员

（1）裘冬平，中共党员，中石化管道分公司运销处处长。因涉嫌重大责任事故罪，被司法机关于2013年12月14日刑事拘留，12月27日批准逮捕。

（2）廖达伟，中共党员，中石化管道分公司安全环保监察处处长。因涉嫌重大责任事故罪，被司法机关于2013年12月14日刑事拘留，12月27日批准逮捕。

（3）尚凤山，中共党员，中石化管道分公司运销处副处长。因涉嫌重大责任事故罪，被司法机关于2013年12月14日刑事拘留，12月27日批准逮捕。

（4）靳春义，中共党员，潍坊输油处处长兼副书记。因涉嫌重大责任事故罪，被司法机关于2013年12月9日刑事拘留，12月23日批准逮捕。

（5）邢玉庆，中共党员，潍坊输油处副处长。因涉嫌重大责任事故罪，被司法机关于2013年12月9日刑事拘留，12月23日批准逮捕。

（6）黄岱，中共党员，潍坊输油处保卫（反打）科科长。因涉嫌重大责任事故罪，被司法机关于2013年12月9日刑事拘留，12月23日批准逮捕。

(7)王全林,中共党员,潍坊输油处安全环保监察科副科长(主持工作)。因涉嫌重大责任事故罪,被司法机关于2013年12月9日刑事拘留,12月23日批准逮捕。

(8)刘同浩,中共党员,潍坊输油处青岛站副站长(主持工作)。因涉嫌重大责任事故罪,被司法机关于2013年12月9日刑事拘留,12月23日批准逮捕。

(9)苏贺银,潍坊输油处青岛站安全助理工程师。因涉嫌重大责任事故罪,被司法机关于2013年12月14日刑事拘留,12月27日批准逮捕。

(10)汪啸,中共党员,青岛市黄岛区委办、开发区工委管委办公室副主任兼应急办主任,黄岛区政协委员。因涉嫌玩忽职守罪,被司法机关于2013年12月11日立案侦查,12月13日刑事拘留,12月27日批准逮捕。

(11)杨玉军,中共党员,开发区应急管理办公室(区长公开电话办公室、总值班室)副主任。因涉嫌玩忽职守罪,被司法机关于2013年12月11日立案侦查,12月13日刑事拘留,12月30日批准逮捕。

(12)李宝三,中共党员,开发区安全监管局副局长。因涉嫌玩忽职守罪,被司法机关于2013年12月19日立案侦查,12月21日刑事拘留,2014年1月3日批准逮捕。

(13)李本哲,中共党员,开发区安全监管局危化品处负责人兼监察大队负责人。因涉嫌玩忽职守罪,被司法机关于2013年12月11日立案侦查,12月13日刑事拘留,12月30日批准逮捕。

(14)任献文,中共党员,开发区安全监管局副局长兼石化区分局局长。因涉嫌玩忽职守罪,被司法机关于2013年12月19日立案侦查,因病暂未采取拘留措施。

(15)王成河,中共党员,开发区安全监管局石化区分局副局长。因涉嫌玩忽职守罪,被司法机关于2013年12月19日立案侦查,12月21日刑事拘留,2014年1月3日批准逮捕。

以上人员属中共党员或行政监察对象的，待司法机关作出处理后，由当地纪检监察机关或具有管辖权的单位及时给予相应的党纪、政纪处分。对其他人员涉嫌犯罪的，由司法机关依法独立开展调查。

2. 建议给予党纪、政纪处分人员

(1)傅成玉，中石化集团公司党组书记、董事长，中石化股份公司董事长。作为公司主要负责人，履行安全生产领导责任、贯彻落实国家安全生产法律法规不到位，督促指导集团公司及其中石化管道分公司开展输油管道安全生产工作不到位。对事故发生负有重要领导责任，建议给予行政记过处分。

(2)王天普，中石化集团公司党组成员、总经理，中石化股份公司副董事长。作为集团公司安全生产第一责任人，履行安全生产领导责任、贯彻落实国家安全生产法律法规不到位。在分管安全生产工作期间，督促指导集团公司及其中石化管道分公司输油管道安全生产工作不到位。对事故发生负有重要领导责任，建议给予行政记大过处分。

(3)李春光，中石化集团公司党组成员、副总经理，2013 年 5 月起任中石化股份公司总裁，分管集团公司安全生产工作。作为集团公司分管安全生产的领导，履行安全生产分管领导职责、贯彻落实国家安全生产法律法规不力，对集团公司及其中石化管道分公司输油管道安全生产工作不力问题失察。对事故发生负有重要领导责任，建议给予行政记大过、党内严重警告处分。

(4)王永健，中共党员，2013 年 7 月起任中石化股份公司副总裁、安全总监，协助李春光同志负责安全生产工作。工作失职，未认真履行安全总监的职责，指导督促中石化股份公司及中石化管道分公司开展输油管道安全生产工作不力，对负有安全生产监管职责的部门不正确履行职责的问题失察。对事故发生负有主要领导责任，建议给予行政记大过处分、免职。

(5)俞仁明，中共党员，中石化股份公司生产经营管理部主任。

贯彻落实国家安全生产法律法规不到位，对中石化管道分公司及其下属单位管理人员业务指导、督促检查不到位。对事故发生负有重要领导责任，建议给予行政记大过处分。

(6)段彦修，中共党员，中石化股份公司生产经营管理部副主任，分管调度处、国内原油处。未认真履行职责，贯彻落实国家安全生产法律法规不到位，对中石化管道分公司及其下属单位管理人员业务指导不力、督促检查不到位，对东黄输油管道存在的安全隐患督促整改不力。对事故发生负有重要领导责任，建议给予行政降级、党内严重警告处分。

(7)尚孟平，中共党员，中石化股份公司生产经营管理部国内原油处处长。工作失职，对中石化管道分公司及其下属单位管理人员业务指导、督促检查不力，对东黄输油管道存在的安全隐患整改不力。对事故发生负有主要领导责任，建议给予行政撤职、党内严重警告处分。

(8)赵日峰，中共党员，中石化股份公司炼油事业部主任。贯彻落实国家安全生产法律法规不到位，对归口管理的板块企业及其下属单位未认真履行安全生产管理职责的问题督促检查不到位。对事故发生负有重要领导责任，建议给予行政记过处分。

(9)王妙云，中共党员，中石化股份公司炼油事业部副主任，分管调度处、设备处。贯彻落实国家安全生产法律法规不到位，对归口管理的板块企业及其下属单位未认真履行安全生产管理职责的问题督促检查不到位。对事故发生负有重要领导责任，建议给予行政记大过处分。

(10)王强，中共党员，中石化股份公司安全监管局局长。贯彻落实国家安全生产法律法规不到位，对中石化管道分公司及其下属单位管理人员未认真履行安全生产管理职责的问题督促检查不到位。对事故发生负有重要领导责任，建议给予行政记大过处分。

(11)彭国生，中共党员，中石化股份公司安全监管局副局长，分管安全监督处的油田板块、应急和综合治理处工作。未认真履行职责，贯彻落实国家安全生产法律法规不到位，对板块及其下属单位应急培训指导不到位，对应急预案执行情况督促指导不力。对事故发生负有重要领导责任，建议给予行政降级、党内严重警告处分。

(12)寇建朝，中共党员，中石化股份公司安全监管局副局长，分管安全监督处、安全技术处的炼化板块。未认真履行职责，指导督促中石化管道分公司及其下属单位开展安全生产监督检查、履行安全生产管理职责不力，安全生产大检查不彻底。对事故发生负有重要领导责任，建议给予行政降级、党内严重警告处分。

(13)杜红岩，中共党员，中石化股份公司安全监管局安全监督处处长。工作失职，指导督促中石化管道分公司及其下属单位管理人员贯彻落实安全生产规章制度、开展安全生产教育培训工作不力。对事故发生负有主要领导责任，建议给予行政撤职、党内严重警告处分。

(14)田以民，中石化管道分公司党委书记。贯彻落实党的安全生产方针政策不力，对企业干部、职工安全生产思想教育和培训工作不到位，指导应急处置工作不力。对事故发生负有主要领导责任，建议给予撤销党内职务处分。

(15)钱建华，中石化管道分公司党委常委、总经理。工作失职，作为中石化管道分公司安全生产第一责任人，贯彻落实输油管道安全生产法律法规和公司规章制度不力，督促指导潍坊输油处开展东黄输油管道安全隐患排查整改和安全保护工作不力；指导应急处置不力。对事故发生负有主要领导责任，建议给予行政撤职、撤销党内职务处分。

(16)杨庆华，中石化管道分公司党委常委、副总经理，分管工程、设计、质监站和抢维修工作。未认真履行职责、贯彻落实国家安全生产法律法规和公司规章制度不到位，对潍坊输油处及下属单位履行管道保护的综合监督、检查不力。对事故发生负有重要领导责任，建议给予行政降级、党内严重警告处分。

(17)高安东,中石化管道分公司党委常委、副总经理,分管运销、安全、管道等工作。工作失职,贯彻落实输油管道安全生产法律法规和公司规章制度不认真,督促检查潍坊输油处开展东黄输油管道安全隐患排查整改和安全保护工作不力;东黄输油管道泄漏后,没有及时上报信息,指导应急处置不力。对事故发生负有主要领导责任,建议给予行政撤职、撤销党内职务处分。

(18)王保东,中共党员,中石化管道分公司安全环保监察处副处长。未认真履行职责,对潍坊输油处及下属单位履行管道保护的综合监督、检查不力,对输油管道泄漏事故危害性辨识不清、判断失误。对事故发生负有重要领导责任,建议给予行政降级、党内严重警告处分。

(19)宋天博,中石化管道分公司管道管理处党支部书记、处长。工作失职,贯彻落实公司规章制度不力,对潍坊输油处履行管道保护指导、监督、检查不力,开展管道防腐层检测及管道保护工作不力。对事故发生负有主要领导责任,建议给予行政撤职、撤销党内职务处分。

(20)王克强,中石化管道分公司管道管理处副处长。贯彻落实公司规章制度不到位,未认真履行管道防腐层检测及管道保护相关职责,对潍坊输油处及下属单位管理人员履行管道保护指导、监督、检查不力。对事故发生负有重要领导责任,建议给予行政降级处分。

(21)殷振兴,中石化管道分公司潍坊输油处党委书记兼副处长。未认真履行职责,对青岛站疏于管理;到达泄漏事故现场后,对管道泄漏事故现场应急处置工作领导不力,未及时发现和纠正救援过程中存在的问题。对事故发生负有重要领导责任,建议给予行政撤职、撤销党内职务处分。

(22)康保成,中共党员,中石化管道分公司潍坊输油处副处长,分管管道科、管道监察巡护中心。未认真履行职责,对分管部门和青岛站安全生产工作监督检查不到位，对东黄输油管道长期存在的安全隐患问题失察。对事故发生负有重要领导责任，建议给予行政降级、党内严重警告处分。

(23)苏中刚，中共党员，中石化管道分公司潍坊输油处副处长，分管安全监察科。未认真履行职责，对青岛站安全教育和培训工作指导督促不到位，对该站有关人员未认真履行职责的问题失察。对事故发生负有重要领导责任，建议给予行政降级、党内严重警告处分。

(24)张民，中石化管道分公司青岛管理处培训中心党支部副书记。担任青岛站站长期间，未认真履行职责，在组织青岛站日常管理和安全隐患排查治理等方面工作不力，对该站开展职工安全生产教育工作不力。对事故发生负有重要领导责任，建议给予党内严重警告处分。

(25)张新起，青岛市委副书记、市长。作为青岛市人民政府安全生产第一责任人，履行安全生产领导职责不到位，贯彻落实国家安全生产法律法规不到位，对青岛市及开发区管委会履行安全生产监管、监督职责不力的问题失察。对事故发生负有重要领导责任，建议给予行政警告处分。

(26)牛俊宪，青岛市委常委、副市长，分管经济和信息化、安全生产等工作。作为青岛市分管安全生产的副市长，履行安全生产领导职责不到位，贯彻落实国家安全生产法律法规不到位，督促指导青岛市行业主管部门、安全生产监管及开发区管委会履行安全生产监管、监督职责不到位。对事故发生负有重要领导责任，建议给予行政记大过处分。

(27)张大勇，青岛市委常委、开发区党工委书记。作为开发区主要负责人，贯彻落实党的安全生产方针政策不到位，督促指导开发区管委会及有关部门履行安全生产监管、监督职责工作不到位。对事故发生负有重要领导责任，建议给予党内严重警告处分、免职。

(28)孙恒勤,开发区党工委副书记、管委会主任。作为管委会安全生产第一责任人,工作失职,履行政府安全生产领导职责不力,贯彻落实国家油气管道保护法律法规不力,督促检查开发区管委会及有关部门履行安全生产监管、监督职责不到位,对管委会及有关部门履行安全生产监管、监督职责不力、原油泄漏应急处置不力等问题失察。对事故发生负有主要领导责任,建议给予行政撤职、撤销党内职务处分。

(29)陈勇,青岛市人民政府副秘书长、办公厅党组成员,联系市经济和信息化委员会、市安全监管局。协助分管副市长联系督促市经济和信息化委员会履行油气管道保护职责、市安全监管局履行安全生产监管职责不到位。对事故发生负有重要领导责任,建议给予行政记大过处分。

(30)庄贵相,开发区党工委常委、管委会副主任,分管安全生产、应急等工作。作为政府分管领导,工作失职,履行安全生产领导职责不力,贯彻落实国家油气管道保护法律法规不力,督促检查安全生产监管、监督部门履行职责不力;管道泄漏事故发生后,未按规定参与现场救援,拖延、压制事故信息上报,同意谎报事故信息。对事故发生负有主要领导责任。建议给予行政撤职、留党察看两年处分。

(31)薛仁龙,黄岛区薛家岛街道党工委书记,2007 年 1 月至 2012 年 2 月任青岛市规划局黄岛分局局长。担任青岛市规划局黄岛分局局长期间,指导开展建设项目规划审批工作不到位,对规划分局因审批把关不严而致使市政排水设施划入青岛信泰物流有限公司厂区的问题失察。对事故发生负有重要领导责任,建议给予党内警告处分。

(32)孙业安,黄岛区辛安街道党工委书记,2007 年 1 月至 2009 年 11 月任开发区行政执法局(市政公用局)局长。担任开发区行政执法局(市政公用局)局长期间,督促指导相关部门履行职责不到位,对青岛信泰物流有限公司绿化方案审批中存在的问题失察。对事故发生负有重要领导责任，建议给予党内严重警告处分。

(33)薛少华，黄岛区黄岛街道党工委副书记、办事处主任。督促指导黄岛街道办事处执法中队监督检查工作不力，对青岛丽东化工有限公司在厂区内排水暗渠上违章搭建临时工棚问题失察。对事故伤亡扩大负有责任，建议给予行政记大过处分。

(34)杨希珍，中共党员，山东省油区工作办公室主任。贯彻落实国家油气管道保护法律法规不到位，督促指导管道企业和山东省、青岛市油区工作办公室履行油气管道保护工作职责不到位。对东黄输油管道安全隐患治理不力、安全生产大检查不彻底等问题失察。对事故发生负有重要领导责任，建议给予行政记过处分。

(35)谭少华，中共党员，山东省油区工作办公室副主任，分管综合管理处，兼任省石油天然气管道监督管理中心副主任、省油区和管道监管总队总队长。作为行业主管部门分管领导，履行油气管道监管领导职责不到位，督促指导管道企业和山东省、青岛市油区工作办公室履行油气管道保护工作职责不到位。对东黄输油管道安全隐患治理不力、安全生产大检查不彻底等问题失察。对事故发生负有重要领导责任，建议给予行政记大过处分。

(36)孟凡志，中共党员，山东省油区工作办公室综合管理处处长。未认真履行油气管道保护工作监管职责，督促指导管道企业开展东黄输油管道安全隐患治理不力，督促和指导青岛市油区工作办公室开展安全生产大检查工作不到位。对事故发生负有重要领导责任，建议给予行政降级、党内严重警告处分。

(37)项阳青，青岛市经济和信息化委员会主任、党委书记。督促指导青岛市油区工作办公室履行油气管道保护工作职责不到位，对青岛市油区工作办公室存在的东黄输油管道安全隐患排查治理不力、安全生产大检查不彻底、指导应急救援不力等问题失察。对事故发生负有重要领导责任，建议给予行政记大过处分。

(38)宋继宽，青岛市经济和信息化委员会党委委员、副主任兼经济运行局局长，分管青岛市油区工作办公室。作为青岛市行业主管部门分管领导，工作失职，履行油气管道保护工作监管职责不力，督促指导市油区工作办公室履行油气管道保护工作职责不力，督促管道企业治理东黄输油管道安全隐患不力；东黄输油管道发生泄漏事故后，对危险程度认识不足，指导应急处置不力。对事故发生负有主要领导责任，建议给予行政撤职、撤销党内职务处分。

(39)李明超，中共党员，青岛市油区工作办公室主任。作为青岛市行业主管部门负责人，未认真履行油气管道保护工作监管职责，督促管道企业治理东黄输油管道安全隐患不力，安全生产大检查不彻底，东黄输油管道发生泄漏事故后，对原油泄漏事故风险辨识不足。对事故发生负有重要领导责任，建议给予行政撤职、党内严重警告处分。

(40)李爱国，中共党员，青岛市油区工作办公室调研员，负责全市石油天然气管道设施保护监督管理工作。未认真履行油气管道保护工作监管职责，督促管道企业治理东黄输油管道安全隐患不力，安全生产大检查不彻底，东黄输油管道发生泄漏事故后，对事故风险辨识不足。对事故发生负有重要领导责任，建议给予行政降级、党内严重警告处分。

(41)薛凌，开发区安全监管局党组书记、局长。工作失职，领导组织安全生产监管和油气管道保护工作不力；泄漏事故发生后，督促本单位人员执行事故报告制度不力，没有按照应急预案要求前往事故现场参与应急救援。对事故发生负有主要领导责任，建议给予行政撤职、留党察看两年处分。

(42)刘振声，中共党员，青岛市黄岛区城市建设局局长，2010 年 11 月至 2013 年 2 月任开发区行政执法局(市政公用局)局长。担任行政执法局(市政公用局)局长期间，对相关部门履行市政道路工程建设管理职责督促检查不到位，未就秦皇岛路综合整治工程涉及输油管道安全保护与管道企业沟通协商等问题失察。对事故发生负有重要领导责任，建议给予行政记大过处分。

(43)马启杰，中共党员，开发区行政执法局(市政公用局)副局长，2008年11月至2012年6月任开发区行政执法监察大队队长。未认真履行职责，对市政园林环卫中心和执法监察大队指导督促不力，在秦皇岛路综合整治工程项目中，未了解工程路段输油管道具体情况，未与管道企业进行沟通协商；对青岛丽东化工有限公司在厂内排水暗渠上违章搭建临时工棚问题失察。对事故发生负有重要领导责任，建议给予行政降级、党内严重警告处分。

(44)金宝忠，中共党员，青岛市规划局黄岛分局副局长。对建筑管理处履行规划审批工作督促指导不到位，对青岛信泰物流有限公司项目规划中将市政排水设施划入建设单位规划建设问题未认真核实，把关不严。对事故发生负有重要领导责任，建议给予行政记过处分。

(45)李梅，中共党员，青岛市规划局开发区分局规划管理处处长，2007年12月至2011年7月任青岛市规划局黄岛分局建筑管理处处长。担任建筑管理处处长期间，对青岛信泰物流有限公司项目规划方案审批工作把关不严、审查不细致，未对市政排水设施划入该项目规划建设问题进行认真核实。对事故发生负有重要领导责任，建议给予行政记大过处分。

(46)綦振学，中共党员，开发区国有资产管理处处长，2005年12月至2009年9月任开发区行政执法局(市政公用局)公用事业管理处处长。担任公用事业管理处处长期间，未认真履行职责，对青岛信泰物流有限公司厂区绿化方案中涉及明渠改暗渠等审批工作存在疏漏，把关不严，对相关规定认识把握不到位。对事故发生负有重要领导责任，建议给予行政降级、党内严重警告处分。

(47)陈鑫，开发区公用事业管理中心主任，2005年12月至2012年4月任开发区行政执法局(市政公用局)副科级干部。任行政执法局(市政公用局)副科级干部和公用事业管理中心主任期间，未认真履行职责，对青岛信泰物流有限公司厂区绿化方案涉及明渠改暗渠等审批把关不严；对秦皇岛路综合整治工程项目建设管理不严格，未了解工程路段输油管道具体情况，也未就管道保护问题与输油管道企业进行沟通协商。对事故发生负有重要领导责任，建议给予行政降级处分。

(48)薛伟宏，中共党员，开发区行政执法监察大队大队长。未认真履行职责，监督检查不力，未发现青岛丽东化工有限公司在厂内排水暗渠上违章搭建临时工棚问题。对事故伤亡扩大负有责任，建议给予行政降级、党内严重警告处分。

3. 相关行政处罚及问责建议

(1)依据《安全生产法》、《生产安全事故报告和调查处理条例》等有关法律法规的规定，责成山东省安全监管局对中石化管道分公司处以规定上限的罚款，对中石化管道分公司党委书记田以民、总经理钱建华各处以2012年度收入80%的罚款。

(2)建议责成山东省人民政府、中石化集团公司向国务院作出深刻检查，并抄送国家安全监管总局和监察部；责成青岛市人民政府向山东省人民政府作出深刻检查。

(五)事故防范措施建议

1. 坚持科学发展安全发展，牢牢坚守安全生产红线

中石化集团公司和山东省、青岛市人民政府及其有关部门要深刻吸取山东省青岛市“11·22”中石化东黄输油管道泄漏爆炸特别重大事故的沉痛教训，牢固树立科学发展、安全发展理念，牢牢坚守“发展决不能以牺牲人的生命为代价”这条红线。要把安全生产纳入经济社会发展总体规划，建立健全“党政同责、一岗双责、齐抓共管”的安全生产责任体系，坚持管行业必须管安全、管业务必须管安全、管生产经营必须管安全的原则，把安全责任落实到领导、部门和岗位，谁踩红线谁就要承担后果和责任。在发展地方经济、加快城乡建设、推进企业改革发展的过程中，要始终坚持安全生产的高标准、严要求，各级各类开发区招商引资、上项目不能降低安全环保等标准，不能不按相关审批程序搞特事特办，不能违规"一路绿灯"。政府规划、企业生产与安全发生矛盾时，必须服从安全需要；所有工程设计必须满足安全规定和条件。要坚决纠正单纯以经济增长速度评定政绩的倾向，科学合理设定安全生产指标体系，加大安全生产指标考核权重，实行安全生产和重特大事故"一票否决"。中央企业不管在什么地方，必须接受地方的属地监管；地方政府要严格落实属地管理责任，依法依规，严管严抓。

2. 切实落实企业主体责任，深入开展隐患排查治理

中石化集团公司及各油气管道运营企业要认真履行安全生产主体责任，加大人力物力投入，加强油气管道日常巡护，保证设备设施完好，确保安全稳定运行。要建立健全隐患排查治理制度，落实企业主要负责人的隐患排查治理第一责任，实行谁检查、谁签字、谁负责，做到不打折扣、不留死角、不走过场。要按照《国务院安委会关于开展油气输送管线等安全专项排查整治的紧急通知》（安委〔2013〕9号）要求，认真开展在役油气管道，特别是老旧油气管道检测检验与隐患治理，对与居民区、工厂、学校等人员密集区和铁路、公路、隧道、市政地下管网及设施安全距离不足，或穿（跨）越安全防护措施不符合国家法律法规、标准规范要求的，要落实整改措施、责任、资金、时限和预案，限期更新、改造或者停止使用。国务院安委会于2014年3月组织抽查，对不认真开展自查自纠，存在严重隐患的企业，要依法依规严肃查处问责。

3. 加大政府监督管理力度，保障油气管道安全运行

山东省、青岛市各级人民政府及相关部门要严格执行《石油天然气管道保护法》、《城镇燃气管理条例》（国务院令第583号）等法律法规，认真履行油气管道保护的相关职责。各级人民政府要加强本行政区域油气管道保护工作的领导，督促、检查有关部门依法履行油气管道保护职责，组织排查油气管道的重大外部安全隐患。市政管理部门在市政设施建设中，对可能影响油气管道保护的，要与油气管道企业沟通会商，制定并落实油气管道保护的具体措施。油气管道保护工作主管部门要加大监管力度，对打孔盗油、违章施工作业等危害油气管道安全的行为要依法严肃处理；要按照后建服从先建的原则，加大油气管道占压清理力度。安全监管部门要配备专业人员，加强监管力量；要充分发挥安委会办公室的组织协调作用，督促有关部门采取不发通知、不打招呼、不听汇报、不用陪同和接待，直奔基层、直插现场的方式，对油气管道、城市管网开展暗查暗访，深查隐蔽致灾隐患及其整改情况，对不符合安全环保要求的立即进行整治，对工作不到位的地区要进行通报，对自查自纠等不落实的企业要列入"黑名单"并向社会公开曝光。对瞒报、谎报、迟报生产安全事故的，要按有关规定从严从重查处。

4. 科学规划合理调整布局，提升城市安全保障能力

随着经济高速发展及城市快速扩张，开发区危险化学品企业与居民区毗邻、交错，功能布局不合理，对该区域的安全和环境造成一定影响，也不利于城市的长远发展。青岛市人民政府要对该区域的安全、环境状况进行整体评估、评价，通过科学论证，对产业结构和区域功能进行合理规划、调整，对不符合安全生产和环境保护要求的，要立即制定整治方案，尽快组织实施。各级人民政府要加强本行政区域油气管道规划建设工作的领导，油气管道规划建设必须符合油气管道保护要求，并与土地利用整体规划、城乡规划相协调，与城市地下管网、地下轨道交通等各类地下空间和设施相衔接，不符合相关要求的不得开工建设。

5. 完善油气管道应急管理，全面提高应急处置水平

中石化集团公司和山东省、青岛市各级人民政府及其有关部门要高度重视油气管道应急管理工作。各级领导干部要带头熟悉、掌握应急预案内容和现场救援指挥的必备知识，提高应急指挥能力；接到事故报告后，基层领导干部必须第一时间赶到事故现场，不得以短信形式代替电话报告事故信息。油气管道企业要根据输送介质的危险特性及管道状况，制定有针对性的专项应急预案和现场处置方案，并定期组织演练，检验预案的实用性、可操作性，不能“一定了之”、“一发了之”；要加强应急队伍建设，提高人员专业素质，配套完善安全检测及管道泄漏封堵、油品回收等应急装备；对于原油泄漏要提高应急响应级别，在事故处置中要对现场油气浓度进行检测，对危害和风险进行辨识和评估，做到准确研判，杜绝盲目处置，防止油气爆炸。地方各级人民政府要紧密结合实际，制定包括油气管道在内的各类生产安全事故专项应急预案，建立政府与企业沟通协调机制，开展应急预案联合演练，提高应急响应能力；要根据事故现场情况及救援需要及时划定警戒区域，疏散周边人员，维持现场秩序，确保救援工作安全有序。

6. 加快安全保障技术研究，健全完善安全标准规范

要组织力量加快开展油气管道普查工作，摸清底数，建立管道信息系统和事故数据库，深入研究油气管道可能发生事故的成因机理，尽快解决油气管道规划、设计、建设、运行面临的安全技术和管理难题。要吸取国外好的经验和做法，开展油气管道安全法规标准、监管体制机制对比研究，完善油气管道安全法规，制定油气管道穿跨越城区安全布局规划设计、检测频次、风险评价、环境应急等标准规范。要开展油气管道长周期运行、泄漏检测报警、泄漏处置和应急技术研究，提高油气管道安全保障能力。

三、河北省唐山市恒源实业有限公司“12·7”特别重大瓦斯煤尘爆炸事故

2005 年 12 月 7 日 15 时 14 分，河北省唐山市恒源实业有限公司（原刘官屯煤矿，以下简称“刘官屯煤矿”）发生一起特别重大瓦斯煤尘

爆炸事故，造成108人死亡、29人受伤，直接经济损失4870.67万元。

(一)矿井概况

刘官屯煤矿为基建矿井。该矿原属地方国有煤矿，几经转让改制，2005年转为民营企业。设计生产能力30万吨/年。原设计为低瓦斯矿井。可采煤层属高挥发份煤种，均有煤尘爆炸危险性。矿井无冲击地压威胁。

(二)事故原因

经调查认定这是一起责任事故。

事故的直接原因：刘官屯煤矿1193(下)工作面切眼遇到断层，煤层垮落，引起瓦斯涌出量突然增加；9号煤层总回风巷三、四联络巷间风门打开，风流短路，造成切眼瓦斯积聚；在切眼下部用绞车回柱作业时，产生摩擦火花引爆瓦斯，煤尘参与爆炸。

事故的主要原因如下：

(1)刘官屯煤矿无视国家法律法规，拒不执行停工指令，管理混乱、违规建设、非法生产。

①违规建设。该矿私自找没有设计资质的单位修改设计，“安全专篇”未经批复，擅自施工；煤矿安全监察机构下达停止施工的通知，该矿拒不执行。

②非法生产。该矿在基建阶段，在未竣工验收的情况下，从2005年3月至11月累计出煤63300 t。存在非法生产行为。

③“一通三防”管理混乱，造成重大安全生产隐患。

④劳动组织管理混乱，违法承包作业。

(2)有关职能部门履行职责不到位。

①开平区煤矿安全监督局对刘官屯煤矿未认真履行监管职责。多次检查均未发现该矿违规建设、非法生产、“一通三防”等问题。

②唐山市安全生产监督管理局履行监管职责不到位。组织安全

生产检查中未发现其违规建设、非法生产、“一通三防”等问题。

③河北煤矿安全监察局冀东监察分局履行煤矿监察职责不到位，对该矿违规建设、非法生产监察不力。对拒不执行停工指令行为，未报请依法吊销其《采矿许可证》。

(3)开平区、唐山市政府贯彻落实国务院有关煤矿停产整顿的要求不力。

①开平区人民政府未履行职责；对刘官屯煤矿违规建设、非法生产、“一通三防”等问题失察。

②唐山市人民政府贯彻落实煤矿安全生产方针政策不力；督促有关职能部门依法履行煤矿安全生产监管职责不到位。

另外，在事故调查期间，发生了刘官屯煤矿矿主朱文友在押期间出境外逃，同时发现干部入股煤矿问题。

(三)对事故责任人员的处理

1. 公安机关已批准逮捕10人

(1)尚福奎，中共党员，刘官屯煤矿技术科技术员。涉嫌伪造国家公文罪。

(2)郑建华，刘官屯煤矿瓦斯检查员。涉嫌重大责任事故罪。

(3)李金刚，刘官屯煤矿瓦斯检查员。涉嫌重大责任事故罪。

(4)周炳义，刘官屯煤矿安全员兼调度员。涉嫌重大责任事故罪。

(5)吕学增，中共党员，刘官屯煤矿党支部书记兼保卫科长。涉嫌重大劳动安全事故罪。

(6)刘文成，刘官屯煤矿通风科长。涉嫌重大责任事故罪。

(7)李守耕，中共党员，刘官屯煤矿生产副矿长兼调度室主任。涉嫌重大劳动安全事故罪。

(8)李启新，中共党员，刘官屯煤矿技术副矿长兼安全科长。涉嫌重大劳动安全事故罪。

(9)尚知国，中共党员，刘官屯煤矿矿长。涉嫌重大劳动安全事故罪和伪造国家公文罪。

(10)朱文友，中共党员，刘官屯煤矿矿主。涉嫌重大劳动安全事故罪。

2. 已被检察机关立案侦查5人

(1)李春民，中共党员，开平区煤矿安全监督局安全科科长。

(2)荆志祥，中共党员，开平区煤矿安全监督局副局长、纪检委员。

(3)张新民，中共党员，河北煤矿安全监察局冀东监察分局综合科科长、党支部书记。

(4)白春华，中共党员，原河北煤矿安全监察局冀东监察分局副局长。

(5)张国安，中共党员，原河北煤矿安全监察局冀东监察分局局长。

3. 给予党纪、政纪处分11人

(1)董子友，中共党员，开平区煤矿安全监督局生产技术科科长。对事故发生负有主要责任。给予撤职、党内严重警告处分。

(2)姚满忠，中共党员，开平区煤矿安全监督局副局长，分管煤矿安全生产技术工作，分工负责刘官屯煤矿。对事故发生负有主要领导责任。给予撤职、党内严重警告处分。

(3)谷孝存，开平区煤矿安全监督局局长、党总支书记。对事故发生负有重要领导责任。给予降级、党内严重警告处分。

(4)刘国，开平区人民政府副区长、区委委员，分管煤矿安全生产。对事故发生负有重要领导责任。给予降级、党内严重警告处分。

(5)卢宏秋，开平区人民政府区长、区委副书记。对事故的发生负有重要领导责任。给予记大过、党内警告处分。

(6)王洪胜，原开平区区委书记(2006年6月14日已免去其区委书记、常委、委员职务)。对事故发生负有重要领导责任。对矿主出境外逃问题负有领导责任。给予党内严重警告处分。

(7)张玉祥,中共党员,唐山市安全生产监督管理局煤矿安全协调处副处长。对事故发生负有主要领导责任。给予撤职、党内严重警告处分。

(8)董广俊,中共党员,唐山市安全生产监督管理局副局长,分管煤矿安全监管工作。对事故发生负有重要领导责任。给予降级、党内严重警告处分。

(9)王树立,唐山市安全生产监督管理局局长、党组书记。对事故发生负有重要领导责任。给予记过处分。

(10)张羽,唐山市副市长,分管煤矿安全生产工作。对事故发生负有重要领导责任。给予记大过处分。

(11)张耀华,唐山市政协主席、党组书记(2006 年 9 月 30 日免去市长职务,2007 年 2 月任唐山市政协主席)。对事故发生负有重要领导责任。给予党内警告处分。

4. 对刘官屯煤矿矿主在押期间出境外逃和开平区有关干部入股煤矿问题有关人员进行处理

移送司法机关如下 4 人:

(1)张洪学,开平区公安分局副局长。以徇私枉法罪判处有期徒刑二年缓刑三年。

(2)李国君,开平区公安分局党委副书记、副局长。以徇私枉法罪判处有期徒刑二年缓刑三年。

(3)朱文彪,个体矿主。以行贿罪判处有期徒刑三年缓刑五年。

(4)杨胜利,个体经商者。以行贿罪判处有期徒刑一年缓刑二年。

给予党纪处分如下 3 人:

(1)何汇东,开平区区委副书记、政法委书记。给予党内严重警告处分。

(2)翟子波,开平区政法委副书记。给予撤职处分。

(3)纪俊祥,开平区公安分局党委书记、局长。给予党内严重警告处分并免去其党内外职务。

(四)对事故矿井的处罚

(1)没收非法所得948.6万元,并处3倍罚款2845.8万元,共计3794.4万元。

(2)依法实施关闭。

(3)责成河北省人民政府向国务院做出深刻检查。

四、陕西省延安市子长县瓦窑堡镇煤矿"4·29"特别重大瓦斯爆炸事故

2006年4月29日16时20分,陕西省延安市子长县瓦窑堡镇煤矿发生特别重大瓦斯爆炸事故,造成32人死亡、7人受伤,直接经济损失1031万元。

(一)矿井概况

瓦窑堡镇煤矿属私营股份制煤矿。该矿现有的3个立井均在采矿许可证批准的井田边界外,为违法生产矿井。该矿2005年核定的生产能力3万吨/年,而2005年全矿生产原煤68994.8 t,2006年1—4月份生产原煤23810.4 t,属严重超能力生产。

(二)事故原因

经调查认定这是一起责任事故。

事故的直接原因:由于矿井通风系统混乱,设施不完善,副井系统风量严重不足,采掘工作面长期处于微风或无风状态,导致三号工作面瓦斯积聚,达到爆炸界限;违章放炮产生火花引起瓦斯爆炸,局部煤尘参与了爆炸。

事故的主要原因：

(1)瓦窑堡镇煤矿违规建井，超层越界开采，拒不执行停产指令，违法组织生产；安全管理、技术管理混乱；严重超能力生产，劳动组织混乱。

(2)瓦窑堡镇政府对辖区内煤矿监管不力，未发现瓦窑堡镇煤矿长期存在的违规建井、超层越界开采、管理混乱等问题，对所属机构煤矿安全监管人员未能认真履行职责的问题失察。

(3)子长县、延安市煤炭工业局未认真履行职责，对瓦窑堡镇煤矿监管不力，有关人员工作失职。

(4)子长县、延安市国土资源局对矿产资源开采监管不到位。未发现该矿长期存在的超层越界和界外建井问题，对所属矿产办没有认真履行职责失察。

(5)子长县、延安市人民政府对辖区内煤矿安全专项整治工作检查、督促不力，对所属职能部门违规审批问题失察。

(6)铜川煤矿安全监察分局未能认真履行职责，对瓦窑堡镇煤矿安全监察不力。在审查、验收《子长县瓦窑堡镇煤矿安全出口设计安全专篇》和对瓦窑堡镇煤矿申办安全生产许可证进行现场审查时把关不严。

(三)对事故责任人员的处理

(1)移送司法部门处理13人。其中：

①石向阳，瓦窑堡镇煤矿副井瓦检员。涉嫌重大责任事故罪。

②郝连行，瓦窑堡镇煤矿股东、法人代表、矿长。涉嫌重大责任事故罪、非法采矿罪。

③吴小征，中共党员，瓦窑堡镇煤矿股东、子长县电力总公司副总经理。涉嫌重大责任事故罪、非法采矿罪。2003年开始在瓦窑堡镇煤矿入股，2005年在国家清理纠正国家机关工作人员和国有企业负责人投资入股煤矿时，虽然主动登记上报撤股，但仍然参与对该矿

的管理，为矿上购买火工品，并组织分配等，实际是明撤暗持。

④吴海源，子长县国土资源局党总支书记、矿产办主任。涉嫌玩忽职守罪。

⑤贾胜强，中共党员，子长县煤炭工业局局长、县人大代表。涉嫌滥用职权罪。

(2)给予党纪、政纪处分 18 人。其中：

①李建社，子长县瓦窑堡镇政府镇长、党委副书记，县人大代表。对事故发生负有主要领导责任。给予撤职、撤销党内职务处分。建议依法罢免其子长县人大代表资格。

②杨永春，子长县瓦窑堡镇党委书记。对事故发生负有重要领导责任。给予党内严重警告处分。

③孙合家，中共党员，子长县国土资源局局长。对事故发生负有重要领导责任。给予降级、党内严重警告处分。

④薛志明，中共党员，子长县煤炭工业局总工程师。对事故发生负有主要领导责任。给予降级、党内严重警告处分。

⑤钞中东，中共党员，子长县煤炭工业局副局长、子长县政协常委。对事故发生负有主要领导责任。给予撤职、党内严重警告处分。建议罢免其县政协常委职务。

⑥杨继武，子长县县长、县委副书记、市人大代表。对事故发生负有重要领导责任。给予记大过处分。

⑦孙杰，中共党员，延安市煤炭工业局总工程师。对事故发生负有重要领导责任。给予记大过、党内警告处分。

⑧杨晓鹤，中共党员，延安市煤炭工业局局长。对事故发生负有主要领导责任。给予降级、党内严重警告处分。

⑨徐文岳，延安市国土资源局局长、党组书记。对事故发生负有重要领导责任。给予记大过、党内警告处分。

⑩郝宝仓，延安市政府副市长。对事故发生负有重要领导责任。给予警告处分。

⑪常增随，中共党员，陕西煤矿安全监察局铜川监察分局副局长。对事故发生负有重要领导责任。给予降级、党内警告处分。

⑫南胜利，中共党员，铜川煤矿设计院子长设计室主任。对事故发生负有重要领导责任。给予党内严重警告处分。

(四)对事故矿井的处罚和有关责任单位的处理

(1)没收瓦窑堡镇煤矿全部违法所得2110.7万元，并处违法所得1倍的罚款2110.7万元。

(2)吊销瓦窑堡镇煤矿相关证照，依法予以关闭。

(3)陕西德诚安全生产评价有限公司评价人员在2005年为瓦窑堡镇煤矿办理安全生产许可证工作时，明知该矿存在5号煤和3号煤两套生产系统，存在图与实际不符、界外建井、违法开采等问题，仍出具该矿没有问题的证明材料。依法取消陕西德诚安全生产评价有限公司安全评价资质，并按规定对责任人员予以处罚。

五、重庆市“10·1”特别重大道路交通事故

2006年10月1日13时33分，重庆公路运输(集团)利民出租汽车有限公司(以下简称公运利民公司)711路客车驾驶员吕富华驾驶宇通客车途经嘉陵江石门大桥南引桥时发生坠桥事故，造成30人死亡、20人受伤(其中10人重伤)，直接经济损失739万元。

(一)事故单位及驾驶人基本情况

公运利民公司是重庆市交通运输控股(集团)有限责任公司所属企业重庆市公路运输(集团)公司下属的独立法人企业，为重庆市公路运输(集团)公司的子公司。该公司实行单车承包经营方式，全部车辆以公司名义购置，购车款和客运车辆指标费由车主出资。对车主实行“定额上缴、超收自留、欠收自负”的经济责任制，车主按合同

约定向公司一次性交纳“责任车辆安全及财产保证金”，按月定额缴纳“经营经济指标费”。

肇事驾驶人吕富华，男，31 岁，小学文化，有大型客车准驾证和从事旅客运输(大客)、货物运输从业资格证。吕富华曾于 2006 年 3 月 31 日凌晨驾驶渝 B41067 客车在重庆市五桂路水口合药厂路段发生一起重大道路交通事故(以下简称“3·31”重大道路交通事故)，造成 1 人死亡，经重庆市公安局交通警察总队第八支队认定，吕富华和死者在此次事故中负同等责任。

(二)事故原因

经调查认定这是一起责任事故。

事故的直接原因：驾驶人吕富华在限速 40 公里/小时的路段上，在雨天路面湿滑的条件下，驾驶大客车进入嘉陵江石门大桥南引桥右转弯时，未降低行驶速度，车辆后轮出现向左侧滑，因处置不当，车辆冲上人行道，撞坏护栏，坠落引桥下，导致事故发生。

事故的主要原因如下：

(1)利民公司安全管理混乱，安全规章制度不落实。对运营车辆“以包代管”，没有纠正和处理承包人及驾驶人员的违法违规行为。

(2)重庆市公路运输(集团)公司未履行出资人的权利和义务，对公运利民公司管理不力。对利民公司有关人员不认真履行安全管理职责的问题失察。

(3)重庆市交通运输控股(集团)有限责任公司对本公司安全工作机构和重庆市公路运输(集团)公司履行安全生产管理职责督促检查不力，工作失察。

(4)重庆市道路运输管理局对主城区客运安全管理不到位。对上述运输企业管理混乱“以包代管”等问题失察。

(三)对事故责任人员的处理

(1)肇事车辆驾驶人吕富华已在事故中死亡,不再追究责任。对事故发生负有主要责任的人员中,移交司法机关处理4人:

①吕嘉,事故车辆承包人吕建国的代理人、驾驶人。没有认真履行承包代理人的责任,明知吕富华驾车造成“3·31”重大道路交通事故且负有同等责任后,违反有关规定继续聘用吕富华,对事故发生负有主要责任。

②杨宗义,公运利民公司安全科负责人。没有认真履行安全管理职责,明知吕富华驾车造成“3·31”重大道路交通事故且负有同等责任后,未向公司提出处理意见,对事故发生负有主要责任。

③张焘,公运利民公司总经理,安全生产工作的主要负责人。没有认真履行安全管理职责,明知吕富华驾车造成“3·31”重大道路交通事故且负有同等责任后,未进行处理(应解聘),对事故发生负有主要责任。

④张雷,公运利民公司董事长。对运营车辆的安全生产工作“以包代管”,造成对驾驶人员的管理失控,对事故的发生负有主要责任。

(2)给予党纪、政纪处分9人。其中:

①汤传明,重庆市公路运输(集团)公司总经理、党委委员,公司安全生产委员会主任。对事故发生负有主要领导责任。给予撤职、撤销党内职务处分。

②曾祥普,1994年至2006年6月任重庆市公路运输(集团)公司总经理、公司安委会主任;2006年6月后任重庆市交通运输控股(集团)有限责任公司董事长、党委书记、安全生产委员会主任。对事故发生负有主要领导责任。给予降级、党内严重警告处分。

③陈炜,重庆市公安局交警总队第八支队干警,负责交通事故处理工作。陈炜在处理吕富华“3·31”重大交通事故时,当时扣留了吕富华的驾驶证及肇事车辆。但在没有对此起事故作出认定的情况

下，违反规定，于 2006 年 4 月 4 日私自将肇事车辆发还吕富华营运。弄虚作假，擅自将事故档案中的放车时间改写为 2006 年 5 月 1 日，使之与送达车辆技术检验鉴定书复印件时间相吻合，对此负有主要责任。给予降级处分。

④何平，重庆市公安局交警总队第八支队支队长、党支部副书记。对陈炜违规私自将渝 B41067 客车放行，擅自改写事故档案的错误行为失察，对此负有重要领导责任。给予记大过、党内警告处分。

（四）对事故单位及有关部门的处理

(1)由重庆市人民政府及相关部门依据《安全生产法》和有关行政法规的规定，对相关生产经营单位及其主要负责人予以行政处罚。

(2)按照有关规定，重庆市人民政府向国务院作出书面检查报告。

六、山西省同煤集团轩岗煤电公司焦家寨煤矿“11·5”特别重大瓦斯爆炸事故

2006 年 11 月 5 日 11 时 38 分，山西省同煤集团轩岗煤电公司焦家寨煤矿发生一起特别重大瓦斯爆炸事故，造成 47 人死亡、2 人受伤，直接经济损失 1213.03 万元。

（一）矿井概况

山西省同煤集团轩岗煤电有限责任公司（以下简称轩煤公司）的前身为轩岗矿务局，成立于 1954 年。2002 年 1 月进入政策性关闭破产法律程序，同年 6 月由大同煤矿集团公司整体收购，重组改制成立轩煤公司。现该公司有刘家梁矿、焦家寨矿、梨园河矿和六亩地矿四个生产矿井。

焦家寨煤矿是国有重点煤矿，隶属于轩煤公司。属高瓦斯矿井。该矿证照齐全有效。2005 年矿井核定生产能力为 150 万吨/年。2006 年 1—10 月份生产原煤 116 万吨。

(二)事故原因

经调查认定这是一起责任事故。

事故的直接原因：51108 进风掘进巷，局部通风机无计划停电停风造成瓦斯积聚，并达到爆炸界限；由于瓦斯—电不闭锁，在未采取排放瓦斯措施的情况下，违章送电、送风；距巷口 630 m 处的动力电缆两通接线盒失爆产生火花，引爆瓦斯。

事故的主要原因如下：

(1)焦家寨煤矿未严格执行国家有关安全生产的法律法规，安全管理混乱，突出表现在机电管理、送风和瓦斯管理混乱。未严格执行停送电制度，机电设备失爆现象严重；51108 掘进工作面瓦斯经常超限报警，虽进行了治理但一直未彻底消除隐患，工作面停电、停风后，工人经常不撤离，且在未按规定排放瓦斯的情况下重新送电；事发当天，51108 进风掘进工作面曾三次停电，通风调度、生产调度和有关值班领导等均没有采取措施将作业人员撤至安全地带。此外，该矿存在超能力生产状况。

(2)轩岗煤电公司对国家有关煤矿安全生产的法律法规贯彻落实不力，安全生产责任制落实不到位，对焦家寨煤矿通风瓦斯管理混乱、机电管理混乱、超能力生产等问题督促检查不力。

(三)对事故责任人员的处理

(1)焦家寨煤矿掘进二队队长高继成已在事故中死亡，不再追究责任。移交司法机关处理 3 人：

①王治光，焦家寨煤矿掘进二队机电维修工。对事故发生负有直接责任。

②张进德，中共党员，焦家寨煤矿通风调度员。对事故发生负有主要责任。

③郭建邦，中共党员，焦家寨煤矿生产调度员。对事故发生负有主要责任。

(2)受到党纪、政纪处分19人。其中：

①郎全红，中共党员，焦家寨煤矿总工程师。对事故发生负有主要领导责任。给予撤职、党内严重警告处分。

②李俊怀，中共党员，焦家寨煤矿副矿长。对事故发生负有主要领导责任。给予撤职、党内严重警告处分。

③李万怀，焦家寨煤矿矿长、党委委员。对事故发生负有主要领导责任。给予撤职、撤销党内职务处分；吊销其矿长资格证和煤矿企业主要负责人安全资格证，5年内不得颁发。

④郝焕金，焦家寨煤矿党委书记。对事故发生负有主要领导责任。给予撤销党内职务处分。

⑤罗如明，轩煤公司机电处处长、党支部书记。对事故发生负有主要领导责任。给予撤职、撤销党内职务处分。

⑥王宝宝，中共党员，轩煤公司副总经理。对事故发生负有重要领导责任。给予撤职、党内严重警告处分。

⑦卢国梁，中共党员，轩煤公司董事长、总经理，同煤集团副总经理。对事故发生负有领导责任。给予记大过、党内警告处分；吊销其煤矿企业主要负责人安全资格证，3年内不得颁发，并免去轩煤公司总经理职务。

(四)对事故矿井的处罚

山西省人民政府有关部门按规定暂扣焦家寨煤矿的采矿许可证、煤炭生产许可证等有关证照，山西煤矿安全监察局暂扣焦家寨煤矿的安全生产许可证。由山西省人民政府有关部门和同煤集团负责监督焦家寨煤矿停产整顿，限期整改。经验收合格后，方能恢复生产;逾期验收不合格,应依法实施关闭。

七、云南省曲靖市富源县后所镇昌源煤矿“11·25”特别重大瓦斯爆炸事故

2006年11月25日16时55分,云南省曲靖市富源县后所镇昌源煤矿发生一起特别重大瓦斯爆炸事故,造成32人死亡、35人受伤,直接经济损失1660万元。

(一)矿井概况

昌源煤矿属个体私营企业。2003年7月开始筹建。2004年3月,在未取得采矿许可证、无初步设计、安全专篇未经审查批准的情况下,一号井和二号井同时违法违规开工建设;2005年12月,云南省煤炭工业局同意建设昌源煤矿。该矿未进行瓦斯等级鉴定,未安装瓦斯监测监控系统。2005年1月—2006年10月,昌源煤矿原煤产量为45927.4 t,其中二号井41527.4 t。此次事故发生在昌源煤矿二号井。

2006年1月,该矿因手续不全被国家煤矿安监局和云南省人民政府公告为关闭矿井。

(二)事故原因

经调查认定这是一起责任事故。

事故的直接原因:矿井通风系统不合理,通风设施不合格,矿井漏风严重,放炮后涌出的瓦斯和掘进作业点溢出的瓦斯致使瓦斯积聚,达到爆炸浓度界限;因煤电钻综合保护装置供电电缆绝缘损坏,造成芯线短路,产生火花,引起瓦斯爆炸。

事故的主要原因如下:

(1)昌源煤矿无视国家法律、法规,拒不执行停产指令,违规建

设，非法生产。昌源煤矿二号井以包代管，特殊工种无证上岗；矿井无正规设计，采掘布置混乱；矿井漏风严重，串联通风，未安装瓦斯监测监控系统；井下机电设备失爆现象严重。

(2)后所镇煤炭分局未采取有效措施彻底制止昌源煤矿违规建设和非法生产。富源县煤炭工业局明知昌源煤矿手续不全却违规向该矿下发开工通知，明知昌源煤矿属于违规建设、非法生产矿井，却研究上报置换保留该矿，且在煤矿整顿关闭工作中弄虚作假。富源县煤矿安全监督管理局对昌源煤矿违反停建指令多次打开密闭违规建设和非法生产的问题监管不力。曲靖市煤炭工业局明知昌源煤矿属于违规建设、非法生产矿井，却研究同意置换保留该矿，对煤矿整顿关闭工作中存在弄虚作假的问题失察。

(3)富源县、后所镇国土资源管理部门明知昌源煤矿在没有取得采矿许可证的情况下开工建设，却未对昌源煤矿进行查处和取缔。富源县、后所镇公安部门在昌源煤矿未提交有效工商营业执照的情况下，违规审核、批准该矿购买火工品。

(4)后所镇人民政府未能督促有关部门采取有效措施制止昌源煤矿违规建设和非法生产的违法行为。富源县人民政府对县煤炭工业局在煤矿整顿关闭工作中存在的弄虚作假问题失察。曲靖市人民政府对富源县人民政府上报的关闭矿井方案审核把关不严。

(5)南方电网集团富源县供电有限责任公司在昌源煤矿未能提供用电工程项目批准文件及完整的相关用电资料情况下违规批准供电。

(6)云南煤矿安全监察局曲靖监察分局监察三室在未到矿井现场检查的情况下，违反执法程序下达对昌源煤矿的现场处理决定书。

(三)对事故责任人员的处理

(1)移送司法部门处理 12 人。其中：

①严帮汝，昌源煤矿矿长。涉嫌重大责任事故罪。

②黄买权，昌源煤矿二号井投资人、承包人。涉嫌重大责任事故罪。

③蒋成辉，富源县煤炭工业局后所分局局长。涉嫌玩忽职守罪。

④敖成壁，富源县煤炭工业局党委书记、局长。涉嫌滥用职权罪。

(2)给予党纪、政纪处分22人。其中：

①肖焕春，富源县煤炭工业局后所分局职工。对事故发生负有主要责任。给予留用察看一年处分。

②董默，中共党员，富源县煤炭工业局中安分局局长。对事故发生负有主要责任。给予撤职、党内严重警告处分。

③刘永家，富源县煤炭工业局党委副书记、县煤矿安全监督管理局局长。对事故发生负有重要领导责任。给予降级、党内严重警告处分。

④徐尤坤，曲靖市煤炭工业局党委书记、局长。对事故发生负有主要领导责任。给予撤职、撤销党内职务处分。

⑤孙家奇，富源县林业局党总支书记。2003年1月至2006年10月任中安镇镇长、党委副书记。期间，明知富源县关闭矿井情况呈报表中遣散职工花名册、矿井建设投入统计表以及关闭井口前后照片是伪造的，却在关闭矿井情况呈报表上签字同意上报，对此负有主要责任。给予撤销党内职务处分。

⑥王绍江，中共党员，富源县国土资源局局长。对事故发生负有重要领导责任。给予记大过、党内警告处分。

⑦胡永海，中共党员，富源县公安局治安大队副大队长，负责火工品审批工作。对事故发生负有重要领导责任。给予记大过、党内警告处分。

⑧袁常德，富源县后所镇党委书记。对事故发生负有主要领导责任。给予撤销党内职务处分。

⑨陈金林，富源县县委常委、常务副县长。对事故发生负有重要

领导责任。给予降级、党内严重警告处分。

⑩彭志能，富源县县委副书记、县长。对事故发生负有重要领导责任。给予记大过、党内警告处分。

⑪张浩兴，中共党员，南方电网集团富源县供电有限责任公司市场营销部主任。对事故发生负有重要责任。给予记大过、党内警告处分。

(四)对事故煤矿的处罚及对有关部门的处理

(1)没收昌源煤矿违法所得734.8万元，并处违法所得5倍的罚款3674万元。

(2)依法关闭昌源煤矿。

八、山西晋城“3·18”矿难22名责任人被判刑

2007年4月27日上午，山西省晋城市中级人民法院对苗匠煤矿“3·18”矿难瞒报事故责任人进行公开宣判，苗匠煤矿投资人王建军被判处无期徒刑，同时获刑的还有晋城市城区西上庄办事处主任姬建龙等22名相关人员。至此，造成21名矿工死亡的责任人终于受到了法律的制裁。

2007年3月18日18时许，山西省晋城市城区西上庄办事处苗匠煤矿发生特大瓦斯燃烧事故，致使井下21名矿工死亡。

晋城市人民检察院指控，苗匠煤矿在停产整顿期间，该矿投资人王建军、副矿长宋天炉购买炸药70箱计1680 kg、雷管400枚用来非法生产，案发后从井下查获炸药169.2 kg、雷管39枚。2006年1月1日，晋城市城区安全生产监督管理局给该矿下达了停产(业)通知书后，同年3月，经山西省资源整合领导组核准为整合保留矿井。至2007年1月，该矿采矿许可证等主要证件相继过期，并被主管部门暂扣，处于停产整顿阶段。同年2月起，王建军、宋天炉与该矿另一

投资人潘完旦、法人代表（矿长）苗明庆、安全副矿长赵永军在许可证被暂扣的情况下，未经批准，非法组织生产，期间，相关监管部门多次下达停产通知书，该矿置之不理，继续生产。2007 年 1 月中旬，该矿擅自越层开采，造成煤炭资源破坏，总价值为 869.44 万元。2007 年 1 月起，该矿为开采 9# 煤层，擅自拆除 3# 煤层安全出口转梯改为提升井，并向下延伸开采 9# 煤层，形成独眼井。在不具备安全生产条件的情况下，该矿井下打工人员包工头吴兴林、小包工头（带班长）汪大志、乐世洪组织未经安全培训的工人违章冒险井下作业。期间，赵永军在明知该矿存在诸多重大安全隐患的情况下，不履行职责，未予制止纠正。2007 年 3 月 18 日 18 时许，该矿发生特大瓦斯燃烧事故，致井下 21 名矿工死亡。

检察机关指控，事故发生后，宋天炉、潘完旦、王建军三人未积极采取有效救助措施，对该起事故隐瞒不报，还安排有关人员封锁事故消息，并安排吴兴林将矿上的其他外地民工遣散，将遇难矿工家属集中到河南省焦作市私下协商赔偿事宜。3 月 20 日下午，晋城市煤监局工作人员到苗匠煤矿查问是否发生事故时，宋天炉、王建军答复没有发生事故。当日下午，为防止主管部门再次检查，王建军和宋天炉组织该矿机电工苗炳生和苗广忠、技术员张全太和秦末顺、铲车司机李小会等人将出事井口电缆线剪断，风机藏起，并用铲车将绞车、电缆线等掩埋。

晋城市中级人民法院对此案进行公开审理后认为，被告人王建军、宋天炉、苗明庆违反国家对爆炸物品的管理规定，非法购买爆炸物，情节严重；违反矿产资源法的规定，未取得采矿许可证擅自采矿，经责令停止开采拒不停止，造成矿产资源严重破坏；在生产作业中违反有关安全管理的规定，违章冒险作业，造成 21 人死亡的严重后果，情节特别恶劣；在事故发生后，不报、谎报事故情况，贻误事故抢救，情节严重。被告人王建军、宋天炉的行为均已构成非法买卖爆炸物罪，非法采矿罪，重大责任事故罪，不报、谎报安全事故罪；被告人苗明庆的行为构成非法买卖爆炸物罪、非法采矿罪、重大责任事故罪、不报安全事故罪；对该三被告人均应数罪并罚。

经法院审理，被告人王建军被依法判处无期徒刑，剥夺政治权利终身，并处罚金100万元；被告人苗明庆有期徒刑二十年，并处罚金20万元；被告人宋天炉有期徒刑二十年，并处罚金100万元；被告人潘完旦有期徒刑十三年，并处罚金200万元；被告人赵永军有期徒刑十一年，并处罚金40万元；被告人李小会、秦末顺等人分别被判处有期徒刑一年六个月到六年六个月不等。

此外，与案件有关的晋城市城区西上庄办事处主任姬建龙、西上庄办事处副主任兼安检站站长陈会方、晋城市安全生产监督管理局安监一科西上庄安全监察站站长刘朝阳、西上庄办事处企业管理办公室煤管员兼煤矿安全检查组组长宋歧屯、晋城市城区安监局派驻西上庄办事处苗匠煤矿驻矿安监员李林屯、西上庄办事处企业管理办公室主任兼安检站办公室主任、矿业秩序整顿检查组组长宋复马等7名被告人也被一审依法以犯玩忽职守罪判处三年至七年不等的有期徒刑。晋城市国土资源局城区分局西上庄国土资源所所长刘新元被一审依法以玩忽职守罪和挪用公款罪判处有期徒刑七年。

附　录　相关法规标准

附录一　最高人民法院、最高人民检察院关于办理非法制造、买卖、运输、储存毒鼠强等禁用剧毒化学品刑事案件具体应用法律若干问题的解释

《最高人民法院、最高人民检察院关于办理非法制造、买卖、运输、储存毒鼠强等禁用剧毒化学品刑事案件具体应用法律若干问题的解释》已于2003年8月29日由最高人民法院审判委员会第1287次会议、2003年2月13日由最高人民检察院第九届检察委员会第119次会议通过，现予公布，自2003年10月1日起施行。

二〇〇三年九月四日

为依法惩治非法制造、买卖、运输、储存毒鼠强等禁用剧毒化学品的犯罪活动，维护公共安全，根据刑法有关规定，现就办理这类刑事案件具体应用法律的若干问题解释如下：

第一条　非法制造、买卖、运输、储存毒鼠强等禁用剧毒化学品，危害公共安全，具有下列情形之一的，依照刑法第一百二十五条的规定，以非法制造、买卖、运输、储存危险物质罪，处三年以上十年以下有期徒刑：

（一）非法制造、买卖、运输、储存原粉、原液、制剂50克以上，或者饵料2千克以上的；

（二）在非法制造、买卖、运输、储存过程中致人重伤、死亡或者造成公私财产损失 10 万元以上的。

第二条 非法制造、买卖、运输、储存毒鼠强等禁用剧毒化学品，具有下列情形之一的，属于刑法第一百二十五条规定的“情节严重”，处十年以上有期徒刑、无期徒刑或者死刑：

（一）非法制造、买卖、运输、储存原粉、原液、制剂 500 克以上，或者饵料 20 千克以上的；

（二）在非法制造、买卖、运输、储存过程中致 3 人以上重伤、死亡，或者造成公私财产损失 20 万元以上的；

（三）非法制造、买卖、运输、储存原粉、原药、制剂 50 克以上不满 500 克，或者饵料 2 千克以上不满 20 千克，并具有其他严重情节的。

第三条 单位非法制造、买卖、运输、储存毒鼠强等禁用剧毒化学品的，依照本解释第一条、第二条规定的定罪量刑标准执行。

第四条 对非法制造、买卖、运输、储存毒鼠强等禁用剧毒化学品行为负有查处职责的国家机关工作人员，滥用职权或者玩忽职守，致使公共财产、国家和人民利益遭受重大损失的，依照刑法第三百九十七条的规定，以滥用职权罪或者玩忽职守罪追究刑事责任。

第五条 本解释施行以前，确因生产、生活需要而非法制造、买卖、运输、储存毒鼠强等禁用剧毒化学品饵料自用，没有造成严重社会危害的，可以依照刑法第十三条的规定，不作为犯罪处理。

本解释施行以后，确因生产、生活需要而非法制造、买卖、运输、储存毒鼠强等禁用剧毒化学品饵料自用，构成犯罪，但没有造成严重社会危害，经教育确有悔改表现的，可以依法从轻、减轻或者免除处罚。

第六条 本解释所称“毒鼠强等禁用剧毒化学品”，是指国家明令禁止的毒鼠强、氟乙酰胺、氟乙酸钠、毒鼠硅、甘氟（见附表）。

序号	通用名称	中文名称		英文名称		分子式	CAS号
		化学名	别名	化学名(英文)	别名(英文)		
1	毒鼠强	2,6-二硫-1,3,5,7-四氮三环[3,3,1,1,3,7]癸烷-2,2,6,6-四氧化物	四亚甲基二砜四胺	2, 6-dithia-1, 3, 5, 7-tetrazatricyclo[3, 3, 1, 1, 3, 7]decane-2,2,6,6-tetraoxide	tetramine	$C_4H_9N_4O_4S_2$	80-12-6
2	氟乙酰胺	氟乙酰胺	敌蚜胺	Fluoroacetamide	Fluorakil 100	C_2H_4FNO	640-19-7
3	氟乙酸钠	氟乙酸钠	一氟乙酸钠	Sodium monofluo fluoroacetate	Compound 1080	$C_2H_2FNaO_2$	62-74-8
4	毒鼠硅	1-(对氯苯基)-2,8,9-三氧-5氮-1-硅双环(3,3,3)十二烷	氯硅宁、硅灭鼠	1-(p-chloropenyl)-2, 8, 9-trioxo-5-nitrigen-1-silicon-dicyclo(3,3,3) undencane	RS-150, silatrane	$C_{12}H_6ClNO_3Si$	29025-67-0
5	甘氟	1,3-二氟内醇-2和1-氯-3氟丙醇-2混合物	伏鼠酸、鼠甘伏	1,3-difluoirhydrine of glycerin and 2-chloroflurohydrine of glycerin	Glyfuor Gliftor	$C_3H_6F_2O$, C_3H_6ClFO	

附录二 《生产安全事故报告和调查处理条例》罚款处罚暂行规定(2011年修正版)

《〈生产安全事故报告和调查处理条例〉罚款处罚暂行规定》已经2007年7月3日国家安全生产监督管理总局局长办公会议审议通过，现予公布，自公布之日起施行。《国家安全监管总局关于修改〈〈生产安全事故报告和调查处理条例〉罚款处罚暂行规定〉部分条款的决定》已经2011年8月29日国家安全生产监督管理总局局长办公会议审议通过，现予公布，自2011年11月1日起施行。

第一条 为防止和减少生产安全事故，严格追究生产安全事故发生单位及其有关责任人员的法律责任，正确适用事故罚款的行政处罚，依照《生产安全事故报告和调查处理条例》(以下简称《条例》)的规定，制定本规定。

第二条 安全生产监督管理部门和煤矿安全监察机构对生产安全事故发生单位(以下简称事故发生单位)及其主要负责人、直接负责的主管人员和其他责任人员等有关责任人员实施罚款的行政处罚，适用本规定。

法律、行政法规对行政处罚的种类、幅度和决定机关另有规定的，依照其规定。

第三条 本规定所称事故发生单位是指对事故发生负有责任的生产经营单位。

本规定所称主要负责人是指有限责任公司、股份有限公司的董事长或者总经理或者个人经营的投资人，其他生产经营单位的厂长、经理、局长、矿长(含实际控制人、投资人)等人员。

第四条 本规定所称事故发生单位主要负责人、直接负责的主管人员和其他直接责任人员的上一年年收入，属于国有生产经营单位的，是指该单位上级主管部门所确定的上一年年收入总额；属于非国有生产经营单位的，是指经财务、税务部门核定的上一年年收入总额。

第五条 《条例》所称的迟报、漏报、谎报和瞒报，依照下列情形认定：

(一)报告事故的时间超过规定时限的，属于迟报；

(二)因过失对应当上报的事故或者事故发生的时间、地点、类别、伤亡人数、直接经济损失等内容遗漏未报的，属于漏报；

(三)故意不如实报告事故发生的时间、地点、初步原因、性质、伤亡人数和涉险人数、直接经济损失等有关内容的，属于谎报。

(四)隐瞒已经发生的事故，超过规定时限未向安全监管监察部门和有关部门报告，经查证属实的，属于瞒报。

第六条 对事故发生单位及其有关责任人员处以罚款的行政处罚，依照下列规定决定：

(一)对发生特别重大事故的单位及其有关责任人员罚款的行政处罚，由国家安全生产监督管理总局决定；

(二)对发生重大事故的单位及其有关责任人员罚款的行政处罚，由省级人民政府安全生产监督管理部门决定；

(三)对发生较大事故的单位及其有关责任人员罚款的行政处罚，由设区的市级人民政府安全生产监督管理部门决定；

(四)对发生一般事故的单位及其有关责任人员罚款的行政处罚，由县级人民政府安全生产监督管理部门决定。

上级安全生产监督管理部门可以指定下一级安全生产监督管理部门对事故发生单位及其有关责任人员实施行政处罚。

第七条 对煤矿事故发生单位及其有关责任人员处以罚款的行政处罚，依照下列规定执行：

(一)对发生特别重大事故的煤矿及其有关责任人员罚款的行政处罚，由国家煤矿安全监察局决定；

（二）对发生重大事故和较大事故的煤矿及其有关责任人员罚款的行政处罚，由省级煤矿安全监察机构决定；

（三）对发生一般事故的煤矿及其有关责任人员罚款的行政处罚，由省级煤矿安全监察机构所属分局决定。

上级煤矿安全监察机构可以指定下一级煤矿安全监察机构对事故发生单位及其有关责任人员实施行政处罚。

第八条 特别重大事故以下等级事故，事故发生地与事故发生单位所在地不在同一个县级以上行政区域的，由事故发生地的安全生产监督管理部门或者煤矿安全监察机构依照本规定第六条或者第七条规定的权限实施行政处罚。

第九条 安全生产监督管理部门和煤矿安全监察机构对事故发生单位及其有关责任人员实施罚款的行政处罚，依照《安全生产违法行为行政处罚办法》规定的程序执行。

第十条 事故发生单位及其有关责任人员对安全生产监督管理部门和煤矿安全监察机构给予的行政处罚，享有陈述、申辩的权利；对行政处罚不服的，有权依法申请行政复议或者提起行政诉讼。

第十一条 事故发生单位主要负责人有《条例》第三十五条规定的行为之一的，依照下列规定处以罚款：

（一）事故发生单位主要负责人在事故发生后不立即组织事故抢救的，处上一年年收入 80%的罚款；

（二）事故发生单位主要负责人迟报或者漏报事故的，处上一年年收入 40%至 60%的罚款；

（三）事故发生单位主要负责人在事故调查处理期间擅离职守的，处上一年年收入 60%至 80%的罚款。

第十二条 事故发生单位有《条例》第三十六条第一项规定行为之一的，处 200 万元的罚款；同时贻误事故抢救或者造成事故扩大或者影响事故调查的，处 300 万元的罚款；同时贻误事故抢救或者造成事故扩大或者影响事故调查，手段恶劣，情节严重的，处500万元的罚款。

事故发生单位有《条例》第三十六条第二至六项规定行为之一的，处100万元以上200万元以下的罚款；同时贻误事故抢救或者造成事故扩大或者影响事故调查的，处200万元以上300万元以下的罚款；同时贻误事故抢救或者造成事故扩大或者影响事故调查，手段恶劣，情节严重的，处300万元以上500万元以下的罚款。

第十三条　事故发生单位的主要负责人、直接负责的主管人员和其他直接责任人员有《条例》第三十六条规定的行为之一的，依照下列规定处以罚款：

(一)伪造、故意破坏事故现场，或者转移、隐匿资金、财产、销毁有关证据、资料，或者拒绝接受调查，或者拒绝提供有关情况和资料，或者在事故调查中作伪证，或者指使他人作伪证的，处上一年年收入80％至90％的罚款；

(二)谎报、瞒报事故或者事故发生后逃匿的，处上一年年收入100％的罚款。

第十四条　事故发生单位对造成3人以下死亡，或者3人以上10人以下重伤(包括急性工业中毒)，或者300万元以上1000万元以下直接经济损失的事故负有责任的，处10万元以上20万元以下的罚款。

事故发生单位有本条第一款规定的行为且谎报或者瞒报事故的，处20万元的罚款。

第十五条　事故发生单位对较大事故发生负有责任的，依照下列规定处以罚款：

(一)造成3人以上6人以下死亡，或者10人以上30人以下重伤(包括急性工业中毒)，或者1000万元以上3000万元以下直接经济损失的，处20万元以上30万元以下的罚款；

（二）造成6人以上10人以下死亡，或者30人以上50人以下重伤（包括急性工业中毒），或者3000万元以上5000万元以下直接经济损失的，处30万元以上50万元以下的罚款。

事故发生单位对较大事故发生负有责任且有谎报或者瞒报行为的，处50万元的罚款。

第十六条 事故发生单位对重大事故发生负有责任的，依照下列规定处以罚款：

（一）造成10人以上15人以下死亡，或者50人以上70人以下重伤（包括急性工业中毒），或者5000万元以上7000万元以下直接经济损失的，处50万元以上100万元以下的罚款；

（二）造成15人以上30人以下死亡，或者70人以上100人以下重伤（包括急性工业中毒），或者7000万元以上1亿元以下直接经济损失的，处100万元以上200万元以下的罚款。

事故发生单位对重大事故发生负有责任且有谎报或者瞒报行为的，处200万元的罚款。

第十七条 事故发生单位对特别重大事故发生负有责任的，处200万元以上500万元以下的罚款。

事故发生单位有本条第一款规定的行为且谎报或者瞒报事故的，处500万元的罚款。

第十八条 事故发生单位主要负责人未依法履行安全生产管理职责，导致事故发生的，依照下列规定处以罚款：

（一）发生一般事故的，处上一年年收入30%的罚款；

（二）发生较大事故的，处上一年年收入40%的罚款；

（三）发生重大事故的，处上一年年收入60%的罚款；

（四）发生特别重大事故的，处上一年年收入80%的罚款。

第十九条 法律、行政法规对发生事故的单位及其有关责任人员规定的罚款幅度与本规定不同的，按照较高的幅度处以罚款，但对同一违法行为不得重复罚款。

第二十条 违反《条例》和本规定，事故发生单位及其有关责任人员有两种以上应当处以罚款的行为的，安全生产监督管理部门或者煤矿安全监察机构应当分别裁量，合并作出处罚决定。

第二十一条 对事故发生负有责任的其他单位及其有关责任人员处以罚款的行政处罚，依照相关法律、法规和规章的规定实施。

第二十二条 本规定自公布之日起施行。

附录三 煤矿生产安全事故报告和调查处理规定

第一章 总 则

第一条 为了规范煤矿生产安全事故报告和调查处理，落实事故责任追究，防止和减少煤矿生产安全事故，依照《生产安全事故报告和调查处理条例》、《煤矿安全监察条例》和国务院有关规定，制定本规定。

第二条 本规定所称煤矿生产安全事故（以下简称事故），是指各类煤矿（包括与煤炭生产直接相关的煤矿地面生产系统、附属场所）发生的生产安全事故。

第三条 特别重大事故由国务院或者根据国务院授权，由国家安全生产监督管理总局组织调查处理。

特别重大事故以下等级的事故按照事故等级划分，分别由相应的煤矿安全监察机构负责组织调查处理。

未设立煤矿安全监察分局的省级煤矿安全监察机构，由省级煤矿安全监察机构履行煤矿安全监察分局的职责。

第二章 事故分级

第四条 根据事故造成的人员伤亡或者直接经济损失，煤矿事故分为以下等级：

（一）特别重大事故，是指造成30人以上死亡，或者100人以上重伤（包括急性工业中毒，下同），或者1亿元以上直接经济损失的事故；

（二）重大事故，是指造成10人以上30人以下死亡，或者50人以上100人以下重伤，或者5000万元以上1亿元以下直接经济损失的事故；

（三）较大事故，是指造成3人以上10人以下死亡，或者10人以上50人以下重伤，或者1000万元以上5000万元以下直接经济损失的事故；

（四）一般事故，是指造成3人以下死亡，或者10人以下重伤，或者1000万元以下直接经济损失的事故。

本条所称的"以上"包括本数，所称的"以下"不包括本数。

第五条 事故中的死亡人员依据公安机关或者具有资质的医疗机构出具的证明材料进行确定，重伤人员依据具有资质的医疗机构出具的证明材料进行确定。

第六条 事故造成的直接经济损失包括：

（一）人身伤亡后所支出的费用，含医疗费用（含护理费用），丧葬及抚恤费用，补助及救济费用，歇工工资；

（二）善后处理费用，含处理事故的事务性费用，现场抢救费用，清理现场费用，事故赔偿费用；

（三）财产损失价值，含固定资产损失价值，流动资产损失价值。

第七条 事故发生单位应当按照规定及时统计直接经济损失。发生特别重大事故以下等级的事故，事故发生单位为省属以下煤矿企业的，其直接经济损失经企业上级政府主管部门（单位）审核后书面报组织事故调查的煤矿安全监察机构；事故发生单位为省属以上（含省属）煤矿企业的，其直接经济损失经企业集团公司或者企业上级政府主管部门审核后书面报组织事故调查的煤矿安全监察机构。特别重大事故的直接经济损失报国家安全生产监督管理总局。

第八条 自事故发生之日起30日内,事故造成的伤亡人数发生变化的,应当按照变化后的伤亡人数重新确定事故等级。

第九条 事故抢险救援时间超过30日的,应当在抢险救援结束后重新核定事故伤亡人数或者直接经济损失。重新核定的事故伤亡人数或者直接经济损失与原报告不一致的,按照重新核定的事故伤亡人数或者直接经济损失确定事故等级。

第三章 事故报告

第十条 煤矿发生事故后,事故现场有关人员应当立即报告煤矿负责人;煤矿负责人接到报告后,应当于1小时内报告事故发生地县级以上人民政府安全生产监督管理部门、负责煤矿安全生产监督管理的部门和驻地煤矿安全监察机构。

情况紧急时,事故现场有关人员可以直接向事故发生地县级以上人民政府安全生产监督管理部门、负责煤矿安全生产监督管理的部门和煤矿安全监察机构报告。

第十一条 煤矿安全监察分局接到事故报告后,应当在2小时内上报省级煤矿安全监察机构。

省级煤矿安全监察机构接到较大事故以上等级事故报告后,应当在2小时内上报国家安全生产监督管理总局、国家煤矿安全监察局。

国家安全生产监督管理总局、国家煤矿安全监察局接到特别重大事故、重大事故报告后,应当在2小时内上报国务院。

第十二条 地方人民政府安全生产监督管理部门和负责煤矿安全生产监督管理的部门接到煤矿事故报告后,应当在2小时内报告本级人民政府、上级人民政府安全生产监督管理部门、负责煤矿安全生产监督管理的部门和驻地煤矿安全监察机构,同时通知公安机关、劳动保障行政部门、工会和人民检察院。

第十三条 报告事故应当包括下列内容：

（一）事故发生单位概况（单位全称、所有制形式和隶属关系、生产能力、证照情况等）；

（二）事故发生的时间、地点以及事故现场情况；

（三）事故类别（顶板、瓦斯、机电、运输、放炮、水害、火灾、其他）；

（四）事故的简要经过，入井人数、生还人数和生产状态等；

（五）事故已经造成伤亡人数、下落不明的人数和初步估计的直接经济损失；

（六）已经采取的措施；

（七）其他应当报告的情况。

以上报告内容，初次报告由于情况不明没有报告的，应在查清后及时续报。

第十四条 事故报告后出现新情况的，应当及时补报或者续报。

事故伤亡人数发生变化的，有关单位应当在发生的当日内及时补报或者续报。

第十五条 事故报告应当及时、准确、完整，任何单位和个人不得迟报、漏报、谎报或者瞒报事故。

第四章 事故现场处置和保护

第十六条 煤矿安全监察机构接到事故报告后，按照规定，有关负责人应当立即赶赴事故现场，协助事故发生地有关人民政府做好应急救援工作。

第十七条 事故发生后，有关单位和人员应当妥善保护事故现场以及相关证据。任何单位和个人不得破坏事故现场、毁灭证据。

第十八条 因事故抢险救援必须改变事故现场状况的，应当绘制现场简图并做出书面记录，妥善保存现场重要痕迹、物证。抢险救灾结束后，现场抢险救援指挥部应当及时向事故调查组提交抢险救援报告及有关图纸、记录等资料。

第五章　事故调查

第十九条　特别重大事故由国务院组织事故调查组进行调查，或者根据国务院授权，由国家安全生产监督管理总局组织国务院事故调查组进行调查。

重大事故由省级煤矿安全监察机构组织事故调查组进行调查。

较大事故由煤矿安全监察分局组织事故调查组进行调查。

一般事故中造成人员死亡的，由煤矿安全监察分局组织事故调查组进行调查；没有造成人员死亡的，煤矿安全监察分局可以委托地方人民政府负责煤矿安全生产监督管理的部门或者事故发生单位组织事故调查组进行调查。

第二十条　上级煤矿安全监察机构认为必要时，可以调查由下级煤矿安全监察机构负责调查的煤矿事故。

第二十一条　因伤亡人数变化导致事故等级发生变化的事故，依照本规定应当由上级煤矿安全监察机构调查的，上级煤矿安全监察机构可以另行组织事故调查组进行调查。

第二十二条　事故调查组的组成应当遵循精简、效能的原则。

特别重大事故由国务院或者经国务院授权由国家安全生产监督管理总局、国家煤矿安全监察局、监察部等有关部门、全国总工会和事故发生地省级人民政府派员组成国务院事故调查组，并邀请最高人民检察院派员参加。

特别重大事故以下等级的事故，根据事故的具体情况，由煤矿安全监察机构、有关地方人民政府及其安全生产监督管理部门、负责煤矿安全生产监督管理的部门、行业主管部门、监察机关、公安机关以及工会派人组成事故调查组，并应当邀请人民检察院派人参加。

事故调查组可以聘请有关专家参与调查。

第二十三条 事故调查组成员应当具有事故调查所需要的知识和专长,并与事故发生单位和所调查的事故没有直接利害关系。

第二十四条 事故调查组应当坚持实事求是、依法依规、注重实效的三项基本要求和"四不放过"的原则,做到诚信公正、恪尽职守、廉洁自律,遵守事故调查组的纪律,保守事故调查的秘密,不得包庇、袒护负有事故责任的人员或者借机打击报复。

第二十五条 重大、较大和一般事故的事故调查组组长由负责煤矿事故调查的煤矿安全监察机构负责人担任。委托调查的一般事故,事故调查组组长由煤矿安全监察机构商事故发生地人民政府确定。

事故调查组组长履行下列职责:

(一)主持事故调查组开展工作;

(二)明确事故调查组各小组的职责,确定事故调查组成员的分工;

(三)协调决定事故调查工作中的重要问题;

(四)批准发布事故有关信息;

(五)审核事故涉嫌犯罪事实证据材料,批准将有关材料或者复印件移交司法机关处理。

第二十六条 事故调查组坚持统一领导、协作办案、公平公正、精简高效的原则。

事故调查组履行下列主要职责:

(一)查明事故单位的基本情况;

(二)查明事故发生的经过、原因、类别、人员伤亡情况及直接经济损失;隐瞒事故的,应当查明隐瞒过程和事故真相;

(三)认定事故的性质和事故责任;

(四)提出对事故责任人员和责任单位的处理建议;

(五)总结事故教训,提出防范和整改措施;

(六)在规定时限内提交事故调查报告。

第二十七条 事故调查中需要对重大技术问题、重要物证进行技术鉴定的,事故调查组可以委托具有国家规定资质的单位或直接组织专家进行技术鉴定。进行技术鉴定的单位、专家应当出具书面技术鉴定结论,并对鉴定结论负责。技术鉴定所需时间不计入事故调查期限。

第二十八条 事故调查组应当自事故发生之日起60日内提交事故调查报告。

特殊情况下,经上级煤矿安全监察机构批准,提交事故调查报告的期限可以适当延长,但延长的期限最长不超过60日。

第二十九条 事故抢险救灾超过60日,无法进行事故现场勘察的,事故调查时限从具备现场勘察条件之日起计算。

瞒报事故的调查时限从查实之日起计算。

第三十条 事故调查报告应当包括下列内容:

(一)事故发生单位基本情况;

(二)事故发生经过、事故救援情况和事故类别;

(三)事故造成的人员伤亡和直接经济损失;

(四)事故发生的直接原因、间接原因和事故性质;

(五)事故责任的认定以及对事故责任人员和责任单位的处理建议;

(六)事故防范和整改措施。

事故调查组成员应当在事故调查报告上签名。

第三十一条 事故调查报告报送至负责事故调查的国家安全生产监督管理总局或者煤矿安全监察机构后,事故调查工作即告结束。

第三十二条 事故调查的有关资料应当由组织事故调查的煤矿安全监察机构归档保存。归档保存的材料包括技术鉴定报告、重大技术问题鉴定结论和检测检验报告、尸检报告、物证和证人证言、直接经济损失文件、相关图纸、视听资料、批复文件等。

第六章　事故处理

第三十三条　特别重大事故调查报告报经国务院同意后，由国家安全生产监督管理总局批复结案。

重大事故调查报告经征求省级人民政府意见后，报国家煤矿安全监察局批复结案。

较大事故调查报告经征求设区的市级人民政府意见后，报省级煤矿安全监察机构批复结案。

一般事故由煤矿安全监察分局批复结案。

第三十四条　重大事故、较大事故、一般事故，煤矿安全监察机构应当自收到事故调查报告之日起15日内作出批复。特别重大事故的批复时限依照《生产安全事故报告和调查处理条例》的规定执行。

第三十五条　事故批复应当主送落实责任追究的有关地方人民政府及其有关部门或者单位。

有关地方人民政府及其有关部门或者单位应当依照法律、行政法规规定的权限和程序，对事故责任单位和责任人员按照事故批复的规定落实责任追究，并及时将落实情况书面反馈批复单位。

第三十六条　煤矿安全监察机构依法对煤矿事故责任单位和责任人员实施行政处罚。

第三十七条　事故发生单位应当落实事故防范和整改措施。防范和整改措施的落实情况应当接受工会和职工的监督。

负责煤矿安全生产监督管理的部门应当对事故责任单位落实防范和整改措施的情况进行监督检查。

煤矿安全监察机构应当对事故责任单位落实防范和整改措施的情况进行监察。

第三十八条 特别重大事故的调查处理情况由国务院或者国务院授权组织事故调查的国家安全生产监督管理总局和其他部门向社会公布，特别重大事故以下等级的事故的调查处理情况由组织事故调查的煤矿安全监察机构向社会公布，依法应当保密的除外。

附录四 企业职工伤亡事故经济损失统计标准(GB 6721—1986)

（国家标准局1986年8月22日发布，1987年5月1日起实施）

本标准规定了企业职工伤亡事故经济损失的统计范围、计算方法和评价指标。

1 基本定义

1.1 伤亡事故经济损失

指企业职工在劳动生产过程中发生伤亡事故所引起的一切经济损失，包括直接经济损失和间接经济损失。

1.2 直接经济损失

指因事故造成人身伤亡及善后处理支出的费用和毁坏财产的价值。

1.3 间接经济损失

指因事故导致产值减少、资源破坏和受事故影响而造成其他损失的价值。

2 直接经济损失的统计范围

2.1 人身伤亡后所支出的费用

2.1.1 医疗费用（含护理费用）

2.1.2 丧葬及抚恤费用

2.1.3 补助及救济费用

2.1.4 歇工工资

2.2　善后处理费用

2.2.1　处理事故的事务性费用

2.2.2　现场抢救费用

2.2.3　清理现场费用

2.2.4　事故罚款和赔偿费用

2.3　财产损失价值

2.3.1　固定资产损失价值

2.3.2　流动资产损失价值

3　间接经济损失的统计范围

3.1　停产、减产损失价值

3.2　工作损失价值

3.3　资源损失价值

3.4　处理环境污染的费用

3.5　补充新职工的培训费用(见附录 A)

3.6　其他损失费用

4　计算方法

4.1　经济损失计算见公式(1)：

$$E = E_d + E_i \tag{1}$$

式中：E——经济损失，万元；

E_d——直接经济损失，万元；

E_i——间接经济损失，万元。

4.2　工作损失价值计算见公式(2)：

$$V_W = D_L \cdot M/(S \cdot D) \tag{2}$$

式中：V_W——工作损失价值，万元；

D_L——一起事故的总损失工作日数，死亡一名职工按 6000 个工作日计算，受伤职工视伤害情况按 GB 6441—1986《企业职工伤亡事故分类标准》的附表确定，日；

M——企业上年税利(税金加利润)，万元；

S——企业上年平均职工人数，人；

D——企业上年法定工作日数，日。

4.3 固定资产损失价值按下列情况计算：

4.3.1 报废的固定资产，以固定资产净值减去残值计算；

4.3.2 损坏的固定资产，以修复费用计算。

4.4 流动资产损失价值按下列情况计算：

4.4.1 原材料、燃料、辅助材料等均按账面值减去残值计算；

4.4.2 成品、半成品、在制品等均以企业实际成本减去残值计算。

4.5 事故已处理结案而未能结算的医疗费、歇工工资等，采用测算方法计算(见附录 A)。

4.6 对分期支付的抚恤、补助等费用，按审定支出的费用，从开始支付日期累计到停发日期，见附录 A。

4.7 停产、减产损失，按事故发生之日起到恢复正常生产水平时止，计算其损失的价值。

5 经济损失的评价指标和程度分级

5.1 经济损失评价指标

5.1.1 千人经济损失率

计算按公式(3)：

$$R_s(‰) = E/S \times 1000 \qquad (3)$$

式中：R_s——千人经济损失率；

E——全年内经济损失，万元；

S——企业平均职工人数，人。

5.1.2 百万元产值经济损失率

计算按公式(4)：

$$R_v(\%) = E/V \times 100 \qquad (4)$$

式中：R_v——百万元产值经济损失率；

E——全年内经济损失，万元；

V——企业总产值，万元。

5.2　经济损失程度分级

5.2.1　一般损失事故

经济损失小于1万元的事故。

5.2.2　较大损失事故

经济损失大于1万元(含1万元)但小于10万元的事故。

5.2.3　重大损失事故

经济损失大于10万元(含10万元)但小于100万元的事故。

5.2.4　特大损失事故

经济损失大于100万元(含100万元)的事故。

附录A　几种经济损失的测算法

(补充件)

A.1　医疗费按公式(A1)测算：

$$M = M_b + M_b / P \cdot D_c \qquad \text{(A1)}$$

式中：M——被伤害职工的医疗费，万元；

M_b——事故结案日前的医疗费，万元；

P——事故发生之日至结案之日的天数，日；

D_c——延续医疗天数，指事故结案后还须继续医治的时间，由企业劳资、安全、工会等按医生诊断意见确定，日。

注：上述公式是测算一名被伤害职工的医疗费，一次事故中多名被伤害职工的医疗费应累计计算。

A.2　歇工工资按公式(A2)测算：

$$L = L_q(D_a + D_k) \qquad \text{(A2)}$$

式中：L——被伤害职工的歇工工资，元；

L_q——被伤害职工日工资，元；

D_a——事故结案日前的歇工日，日；

D_k——延续歇工日，指事故结案后被伤害职工还须继续歇工的时间，由企业劳资、安全、工会等与有关单位酌情商定，日。

注：上述公式是测算一名被伤害职工的歇工工资，一次事故中多名被伤害职工的歇工工资应累计计算。

A.3 补充新职工的培训费用

A.3.1 技术工人的培训费用每人按2000元计算。

A.3.2 技术人员的培训费用每人按1万元计算。

A.3.3 补充其他人员的培训费用，视补充人员情况参照A.3.1，A.3.2酌定。

A.4 补助费、抚恤费的停发日期

A.4.1 被伤害职工供养未成年直系亲属抚恤费累计统计到16周岁（普通中学在校生累计到18周岁）。

A.4.2 被伤害职工及供养成年直系亲属补助费、抚恤费累计统计到我国人口的平均寿命68周岁。

附录五 国务院关于特大安全事故行政责任追究的规定

第一条 为了有效地防范特大安全事故的发生，严肃追究特大安全事故的行政责任，保障人民群众生命、财产安全，制定本规定。

第二条 地方人民政府主要领导人和政府有关部门正职负责人对下列特大安全事故的防范、发生，依照法律、行政法规和本规定的规定有失职、渎职情形或者负有领导责任的，依照本规定给予行政处分；构成玩忽职守罪或者其他罪的，依法追究刑事责任：

（一）特大火灾事故；

（二）特大交通安全事故；

（三）特大建筑质量安全事故；

（四）民用爆炸物品和化学危险品特大安全事故；

（五）煤矿和其他矿山特大安全事故；

（六）锅炉、压力容器、压力管道和特种设备特大安全事故；

（七）其他特大安全事故。

地方人民政府和政府有关部门对特大安全事故的防范、发生直接负责的主管人员和其他直接责任人员，比照本规定给予行政处分；构成玩忽职守罪或者其他罪的，依法追究刑事责任。

特大安全事故肇事单位和个人的刑事处罚、行政处罚和民事责任，依照有关法律、法规和规章的规定执行。

第三条 特大安全事故的具体标准，按照国家有关规定执行。

第四条 地方各级人民政府及政府有关部门应当依照有关法律、法规和规章的规定，采取行政措施，对本地区实施安全监督管理，保障本地区人民群众生命、财产安全，对本地区或者职责范围内防范特大安全事故的发生、特大安全事故发生后的迅速和妥善处理负责。

第五条 地方各级人民政府应当每个季度至少召开一次防范特大安全事故工作会议，由政府主要领导人或者政府主要领导人委托政府分管领导人召集有关部门正职负责人参加，分析、布置、督促、检查本地区防范特大安全事故的工作。会议应当作出决定并形成纪要，会议确定的各项防范措施必须严格实施。

第六条 市（地、州）、县（市、区）人民政府应当组织有关部门按照职责分工对本地区容易发生特大安全事故的单位、设施和场所安全事故的防范明确责任、采取措施，并组织有关部门对上述单位、设施和场所进行严格检查。

第七条 市（地、州）、县（市、区）人民政府必须制定本地区特大安全事故应急处理预案。本地区特大安全事故应急处理预案经政府主要领导人签署后，报上一级人民政府备案。

第八条 市（地、州）、县（市、区）人民政府应当组织有关部门对本规定第二条所列各类特大安全事故的隐患进行查处；发现特大安全事故隐患的，责令立即排除；特大安全事故隐患排除前或者排除过程中，无法保证安全的，责令暂时停产、停业或者停止使用。法律、行政法规对查处机关另有规定的，依照其规定。

第九条 市（地、州）、县（市、区）人民政府及其有关部门对本地区存在的特大安全事故隐患，超出其管辖或者职责范围的，应当立即向有管辖权或者负有职责的上级人民政府或者政府有关部门报告；情况紧急的，可以立即采取包括责令暂时停产、停业在内的紧急措施，同时报告；有关上级人民政府或者政府有关部门接到报告后，应当立即组织查处。

第十条 中小学校对学生进行劳动技能教育以及组织学生参加公益劳动等社会实践活动，必须确保学生安全。严禁以任何形式、名义组织学生从事接触易燃、易爆、有毒、有害等危险品的劳动或者其他危险性劳动。严禁将学校场地出租作为从事易燃、易爆、有毒、有害等危险品的生产、经营场所。

中小学校违反前款规定的，按照学校隶属关系，对县（市、区）、乡（镇）人民政府主要领导人和县（市、区）人民政府教育行政部门正职负责人，根据情节轻重，给予记过、降级直至撤职的行政处分；构成玩忽职守罪或者其他罪的，依法追究刑事责任。

中小学校违反本条第一款规定的，对校长给予撤职的行政处分，对直接组织者给予开除公职的行政处分；构成非法制造爆炸物罪或者其他罪的，依法追究刑事责任。

第十一条 依法对涉及安全生产事项负责行政审批（包括批准、核准、许可、注册、认证、颁发证照、竣工验收等，下同）的政府部门或者机构，必须严格依照法律、法规和规章规定的安全条件和程序进行审查；不符合法律、法规和规章规定的安全条件的，不得批准；不符合法律、法规和规章规定的安全条件，弄虚作假，骗取批准或者勾结串通行政审批工作人员取得批准的，负责行政审批的政府部门或者机构除必须立即撤销原批准外，应当对弄虚作假骗取批准或者勾结串通行政审批工作人员的当事人依法给予行政处罚；构成行贿罪或者其他罪的，依法追究刑事责任。

负责行政审批的政府部门或者机构违反前款规定，对不符合法律、法规和规章规定的安全条件予以批准的，对部门或者机构的正职负责人，根据情节轻重，给予降级、撤职直至开除公职的行政处分；与当事人勾结串通的，应当开除公职；构成受贿罪、玩忽职守罪或者其他罪的，依法追究刑事责任。

第十二条 对依照本规定第十一条第一款的规定取得批准的单位和个人，负责行政审批的政府部门或者机构必须对其实施严格监督检查；发现其不再具备安全条件的，必须立即撤销原批准。

负责行政审批的政府部门或者机构违反前款规定，不对取得批准的单位和个人实施严格监督检查，或者发现其不再具备安全条件而不立即撤销原批准的，对部门或者机构的正职负责人，根据情节轻重，给予降级或者撤职的行政处分；构成受贿罪、玩忽职守罪或者其他罪的，依法追究刑事责任。

第十三条 对未依法取得批准，擅自从事有关活动的，负责行政审批的政府部门或者机构发现或者接到举报后，应当立即予以查封、取缔，并依法给予行政处罚；属于经营单位的，由工商行政管理部门依法相应吊销营业执照。

负责行政审批的政府部门或者机构违反前款规定，对发现或者举报的未依法取得批准而擅自从事有关活动的，不予查封、取缔、不依法给予行政处罚，工商行政管理部门不予吊销营业执照的，对部门或者机构的正职负责人，根据情节轻重，给予降级或者撤职的行政处分；构成受贿罪、玩忽职守罪或者其他罪的，依法追究刑事责任。

第十四条 市（地、州）、县（市、区）人民政府依照本规定应当履行职责而未履行，或者未按照规定的职责和程序履行，本地区发生特大安全事故的，对政府主要领导人，根据情节轻重，给予降级或者撤职的行政处分；构成玩忽职守罪的，依法追究刑事责任。

负责行政审批的政府部门或者机构、负责安全监督管理的政府有关部门，未依照本规定履行职责，发生特大安全事故的，对部门或者机构的正职负责人，根据情节轻重，给予撤职或者开除公职的行政处分；构成玩忽职守罪或者其他罪的，依法追究刑事责任。

第十五条 发生特大安全事故，社会影响特别恶劣或者性质特别严重的，由国务院对负有领导责任的省长、自治区主席、直辖市市长和国务院有关部门正职负责人给予行政处分。

第十六条 特大安全事故发生后，有关县（市、区）、市（地、州）和省、自治区、直辖市人民政府及政府有关部门应当按照国家规定的程序和时限立即上报，不得隐瞒不报、谎报或者拖延报告，并应当配合、协助事故调查，不得以任何方式阻碍、干涉事故调查。

特大安全事故发生后，有关地方人民政府及政府有关部门违反前款规定的，对政府主要领导人和政府部门正职负责人给予降级的行政处分。

第十七条 特大安全事故发生后，有关地方人民政府应当迅速组织救助，有关部门应当服从指挥、调度，参加或者配合救助，将事故损失降到最低限度。

第十八条 特大安全事故发生后，省、自治区、直辖市人民政府应当按照国家有关规定迅速、如实发布事故消息。

第十九条 特大安全事故发生后，按照国家有关规定组织调查组对事故进行调查。事故调查工作应当自事故发生之日起60日内完成，并由调查组提出调查报告；遇有特殊情况的，经调查组提出并报国家安全生产监督管理机构批准后，可以适当延长时间。调查报告应当包括依照本规定对有关责任人员追究行政责任或者其他法律责任的意见。

省、自治区、直辖市人民政府应当自调查报告提交之日起30日内，对有关责任人员作出处理决定；必要时，国务院可以对特大安全事故的有关责任人员作出处理决定。

第二十条 地方人民政府或者政府部门阻挠、干涉对特大安全事故有关责任人员追究行政责任的，对该地方人民政府主要领导人或者政府部门正职负责人，根据情节轻重，给予降级或者撤职的行政处分。

第二十一条 任何单位和个人均有权向有关地方人民政府或者政府部门报告特大安全事故隐患，有权向上级人民政府或者政府部门举报地方人民政府或者政府部门不履行安全监督管理职责或者不按照规定履行职责的情况。接到报告或者举报的有关人民政府或者政府部门，应当立即组织对事故隐患进行查处，或者对举报的不履行、不按照规定履行安全监督管理职责的情况进行调查处理。

第二十二条 监察机关依照行政监察法的规定，对地方各级人民政府和政府部门及其工作人员履行安全监督管理职责实施监察。

第二十三条 对特大安全事故以外的其他安全事故的防范、发生追究行政责任的办法，由省、自治区、直辖市人民政府参照本规定制定。

第二十四条 本规定自公布之日起施行。

致　谢

本书在编写过程中，黎忠文、舒建华、李立奎、孟文勇、陆启宣、张旭东、汪晶、倪高飞、雷明川、倪艳艳、杨红卫、卿晓峰、尹士军、袁晓国、赵菲菲、赵旭东等有关专家同仁给予了大力支持与帮助，并参与了部分编写和审读工作，特此表示感谢！